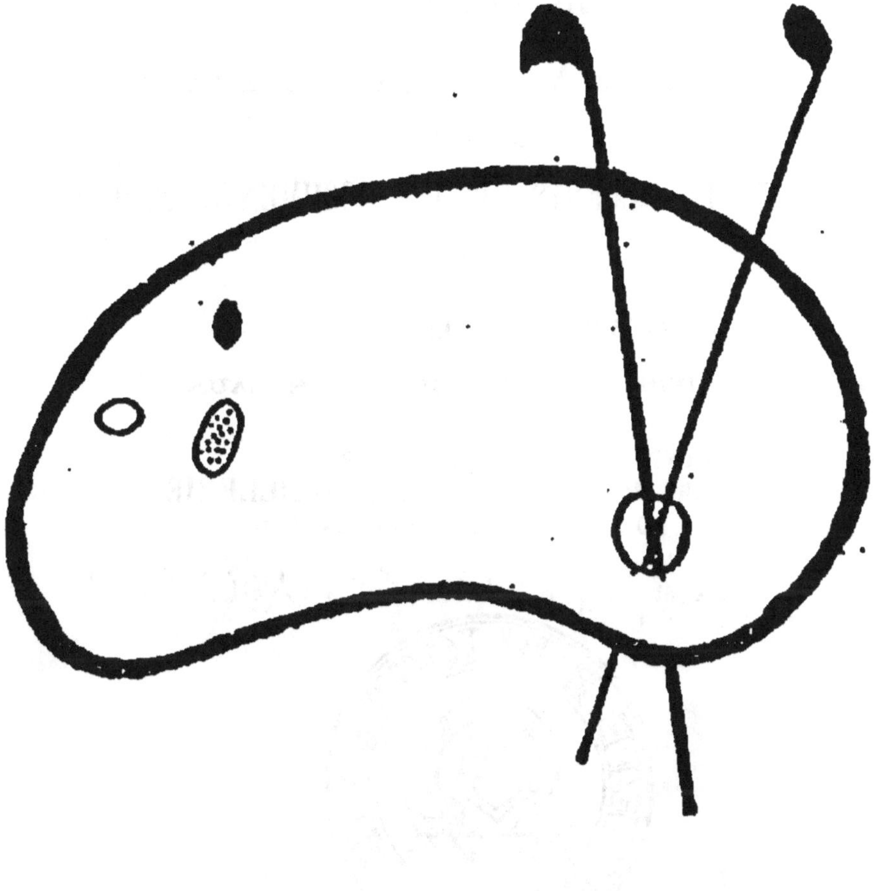

DEBUT D'UNE SERIE DE DOCUMENTS
EN COULEUR

L'INSTRUCTION
PRIMAIRE
EN FRANCE
AVANT LA RÉVOLUTION
D'APRÈS
LES TRAVAUX RÉCENTS ET DES DOCUMENTS INÉDITS
PAR
L'Abbé ALLAIN
ARCHIVISTE DU DIOCÈSE DE BORDEAUX

OUVRAGE PRÉCÉDÉ D'UNE PRÉFACE
DE S. GR. MONSEIGNEUR DE LA BOUILLERIE
COADJUTEUR DE BORDEAUX.

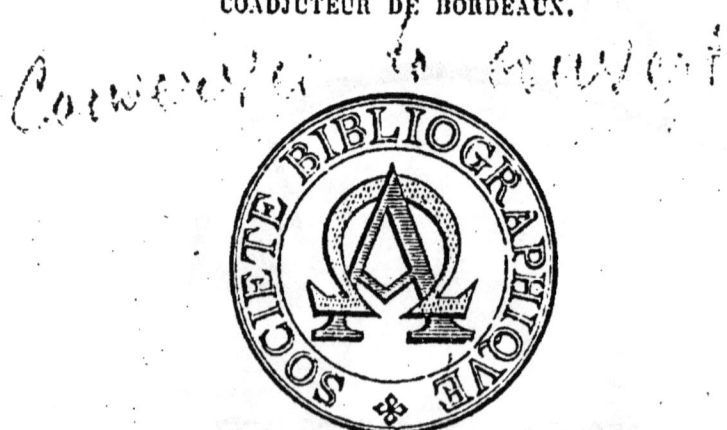

PARIS
LIBRAIRIE DE LA SOCIÉTÉ BIBLIOGRAPHIQUE
MAURICE TARDIEU, DIRECTEUR
35, RUE DE GRENELLE, 35

1881

En vente à la même librairie

La ligue de l'enseignement, histoire, doctrines, œuvres, résultats et projets, par Jean de Moussac, deuxième édition. 1 vol. in-12... 2 fr. 50

La guerre à l'enseignement chrétien en Belgique : la nouvelle législation de l'enseignement primaire et le mouvement des écoles catholiques libres, par Paul Gouy, avec une préface, par Mgr l'Évêque de Viviers. 1 vol. in-12............... 2 fr.

L'École sous la Révolution française, d'après des documents inédits par Victor Pierre. 1 vol. in-12.................. 2 fr.

L'instruction primaire avant 1789, par E. Allain. 1 vol. in-32, 2e édition.. 25 c.

Les écoles populaires et le droit des pères de famille, discours prononcé par M. Baragnon, sénateur. In-18.... 10 c.

Les Écoles populaires, discours prononcé par M. Depeyre. In-18. 10 c.

L'Éducation chrétienne et l'École sans Dieu, discours prononcé par M. Chesnelong, sénateur. In-18............. 10 c.

Quelques mots sur l'instruction obligatoire, par Frédéric Rouvier. In-18... 15 c.

La vérité sur l'instruction gratuite, par le même. In-18. 15 c.

Qu'est-ce que l'instruction laïque, par le même. In-18. 15 c.

La liberté d'enseignement devant la Chambre des députés, par Am. de Margerie. In-18........................... 50 c.

La liberté d'enseignement et l'Université; défense de l'école Sainte-Marie devant le conseil supérieur de l'instruction publique, par M. du Bellomayre. In-18................... 60 c.

L'instruction obligatoire, discours prononcé par M. Keller, à la Chambre des députés. In-18....................... 20 c.

— Discours prononcé par M. Villiers et Mgr Freppel, députés du Finistère................................. 25 c.

Les projets de loi sur l'enseignement primaire, par E. de Fontaine de Resbecq, ancien sous-directeur de l'enseignement primaire au Ministère de l'Instruction publique. In-18 60 c.

Le Conseil d'État, le Tribunal des conflits et les Conseils académiques, par le marquis de Ségur. In-18......... 60 c.

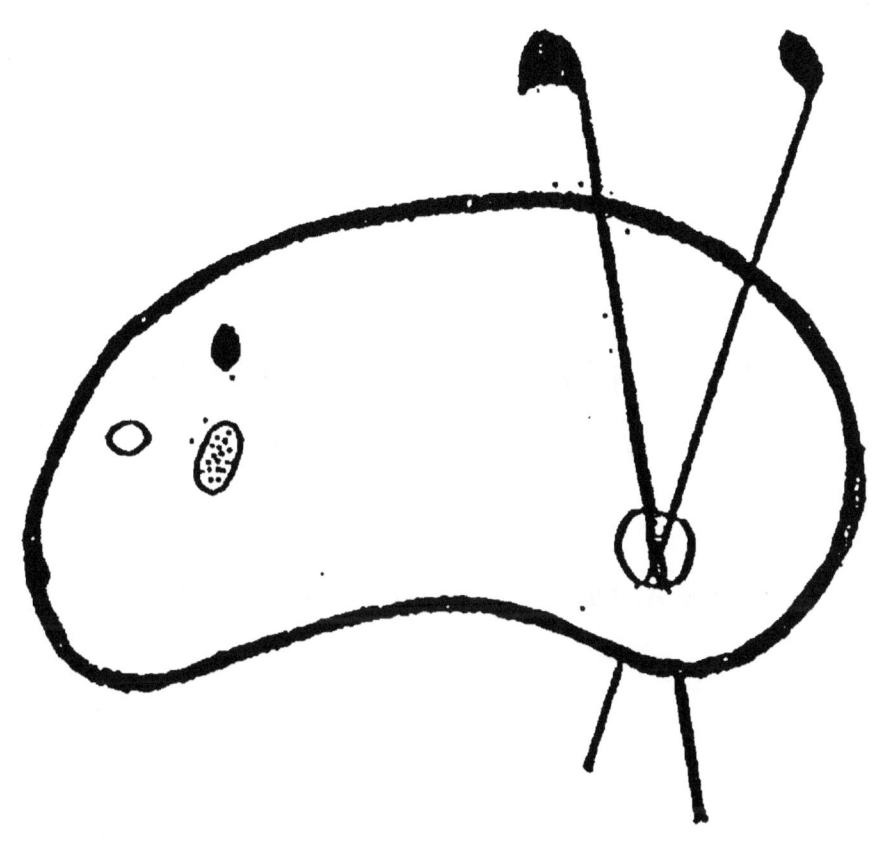

FIN D'UNE SERIE DE DOCUMENTS
EN COULEUR

L'INSTRUCTION
PRIMAIRE
EN FRANCE
AVANT LA RÉVOLUTION

(Offert de l'exemplaire à qui par l'errata qui se trouve à la fin.)

SAINT-QUENTIN. — IMPRIMERIE JULES MOUREAU.

L'INSTRUCTION PRIMAIRE EN FRANCE AVANT LA RÉVOLUTION

D'APRÈS

LES TRAVAUX RÉCENTS ET DES DOCUMENTS INÉDITS

PAR

L'Abbé ALLAIN

ARCHIVISTE DU DIOCÈSE DE BORDEAUX

OUVRAGE PRÉCÉDÉ D'UNE PRÉFACE
DE S. GR. MONSEIGNEUR DE LA BOUILLERIE
COADJUTEUR DE BORDEAUX.

PARIS
LIBRAIRIE DE LA SOCIÉTÉ BIBLIOGRAPHIQUE
MAURICE TARDIEU, DIRECTEUR
35, RUE DE GRENELLE, 35
—
1881

PRÉFACE

Le livre que publie M. l'abbé Allain est la réédition très augmentée d'une excellente étude qu'il avait fait paraître, il y a quelques années.

L'étude était pleine d'intérêt, le livre acquiert une très véritable importance.

Son opportunité d'abord saute aux yeux.

Depuis un an, nous assistons aux attentats inouïs que la Révolution ose commettre contre l'instruction primaire chrétienne.

On ouvre des écoles sans Dieu : on raye le catéchisme du programme des études ; on défend à l'instituteur de prêter son concours aux pieuses pratiques de l'enfant, et le prêtre ne pénètre à l'école qu'à certaines heures, à la suite d'une foule de précautions prises pour que l'enfant ne soit chrétien qu'après le visa bien constaté du père et de la mère. Somme toute, on imite à l'égard de l'enfance chrétienne ce que l'histoire rapporte des conquérants barbares qui, pour ravager un pays, coupaient impitoyablement toutes les moissons en herbe, afin qu'au bout de l'année, il n'y eût, ni épi, ni récolte. On arrache de l'âme de l'enfant jusqu'aux premiers principes qu'il avait reçus d'une mère chrétienne, afin que plus tard, il n'y ait plus de chrétiens.

Mais en même temps, on déclare très haut que jusqu'à la fin du dernier siècle, il n'y avait en France ni instituteurs, ni écoles, et on essaye de nous persuader que c'est la Révolution qui a inventé chez nous l'instruction primaire.

M. l'abbé Allain répond victorieusement à ce gros mensonge historique, et il démontre facilement que notre belle France chrétienne, glorieuse sur tous les champs de bataille et dans tous les arts de la paix ne négligeait en rien son plus humble et plus important devoir, l'éducation de l'enfant.

C'est toute la thèse du livre.

A mon sens, le chapitre VIII intitulé : *Le pouvoir civil et l'instruction primaire avant la Révolution*, explique le malentendu dont on a fait un crime à l'Église. Le procès repose sur cet argument : l'ancienne France pour instruire les enfants, n'alignait pas de très gros millions sur son budget. Donc dans l'ancienne France, il n'y avait ni maîtres, ni écoles, ni instruction primaire.

L'argument est naïf, mais quand on étudie le temps présent, on comprend qu'il ait cours.

Notre siècle, il faut l'avouer, est possédé par une bizarre manie, celle de l'État.

Autrefois, le pays et l'État, c'était tout à fait deux choses.

Les communes n'étaient pas l'État.

Les provinces n'étaient pas l'État.

Les corporations n'étaient pas l'État.

Les universités n'étaient pas l'État.

La magistrature n'était pas l'État.

L'Église n'était pas l'État, et l'idée seule qu'un évêque ou un prêtre pût être classé parmi les fonctionnaires de l'État eût fait hausser toutes les épaules.

Ces grands corps vivaient de leur propre vie et en une atmosphère de liberté, que nous ne soupçonnons même plus. Aujourd'hui l'État est partout; ce qui fait que la liberté n'est nulle part.

L'État est tout, mais par dessus toute chose, il a voulu se faire maître d'école.

C'est lui qui trace les programmes, c'est

lui qui jauge à une mesure convenue par lui, l'esprit et l'intelligence de chacun, c'est lui qui, par exemple, en seconde et en rhétorique interdit le vers latin. Virgile et Horace sont sous sa férule. Comme il a tracé les programmes, c'est lui qui se charge des examens; et, s'il s'agit d'une école rivale, tout simplement, il se fait juge et partie.

Ce n'est pas tout : de même qu'il instruit l'enfant, il prétend bien aussi l'*élever*. Il se fait maître de morale tout aussi aisément que maître de science. En vérité, l'État ne doute de rien. Sa morale, il est vrai, demeure indépendante de la religion et de l'Évangile — mais, en revanche, elle dépend de lui.

Maintenant, je l'avoue et je le proclame, si l'État fait la classe, il la paye et la paye bien. Partout où il l'ordonne, une école surgit, et comme l'école devient obligatoire, partout les ordres sont donnés. On aide largement à toutes les constructions, on rétribue grassement les maîtres. Jamais l'instruction publique n'a été si bien rentée, et lorsqu'on lit que sous l'Ancien régime, l'État ne payait quasi rien, on en conclut très facilement qu'alors le pauvre peuple n'apprenait et ne savait quasi rien.

Malheureusement cette conclusion ne tient plus contre les savantes recherches qu'a faites

M. l'abbé Allain. Il a fouillé nos vieilles archives, et il y a trouvé des trésors. Quelle belle chose que nos vieilles archives! Exhumées de leurs vieux cartons et très minutieusement explorées, elles sont la revanche victorieuse de l'ancienne France contre notre temps qui l'insulte et voudrait la déshonorer. Sous l'Ancien régime, l'État payait peu, cela est vrai : mais comme tout le monde payait librement, cela revenait au même. Les communes payaient, les provinces payaient, les universités payaient, l'Église payait, surtout l'Église; et les extraits des visites pastorales des évêques s'enquérant, dans chaque paroisse, si elle possédait un régent capable sont assurément un des plus curieux monuments invoqués par M. l'abbé Allain.

Mais quel était alors le programme des écoles? Nouveau grief qu'on nous impute et qu'on ne nous pardonne pas.

Eh ! mon Dieu, les régents des écoles apprenaient d'abord à lire, à écrire et à calculer comme font les instituteurs d'aujourd'hui. Le programme était peut-être moins complet sur un point, il l'était davantage sur un autre. On ne connaissait pas alors cette raideur d'esprit et de programme d'où il suit que chacun doit partout apprendre la même chose, avec la même méthode et aux mêmes heures ; il y avait alors pleine liberté d'enseignement. M. l'abbé Allain nous donne à cet égard des détails pleins d'intérêt et de charme. Quelle réclame je me permettrais en faveur de son livre, si je n'étais assuré d'avance qu'il aura pour lecteur tout le public honnête et chrétien ! Mais l'impardonnable tort des anciennes écoles, le voici : on y laissait une très large place à l'enseignement chrétien.

Il y aurait tout un livre à faire sur l'état intellectuel du passé de la France comparé à l'état présent.

Au fond l'esprit humain est toujours actif ; il ne se repose jamais, et il travaille toujours : mais la nature et la portée de ses travaux dépendent nécessairement beaucoup des idées qui prédominent en chaque siècle.

On ne saurait nier que le christianisme n'ait transformé l'intelligence. Ses hautes spéculations religieuses, l'union cimentée dès le principe, entre les vérités rationnelles et les vérités de la foi, la direction puissante inspirée à l'œuvre par la pensée chrétienne, durent nécessairement agir sur la plus noble de nos facultés et si les esprits éminents obéirent à cette influence, elle ne pouvait ne pas se faire sentir sur les bancs des plus humbles écoles.

Dans les régions supérieures du savoir, le Christianisme produisait les œuvres immortelles du xiiie siècle et portait jusqu'à leur apogée les deux sciences maîtresses de toutes les autres, la philosophie et la théologie. Et lorsque l'esprit humain étendit son cercle d'action, soit par une connaissance plus complète des grands auteurs de l'antiquité, comme à l'époque de la Renaissance, soit par une notion plus exacte et plus développée des sciences naturelles et expérimentales, comme dans les siècles qui suivirent, les études religieuses tinrent toujours le premier rang. Sur ce point, aucune différence entre les cours savants des universités et les classes modestes des écoles populaires.

La crise définitive n'eut lieu que lorsque, dans l'enseignement supérieur, la domination par trop exclusive des sciences naturelles vint se substituer à la philosophie chrétienne, et qu'à l'école, par une conséquence fatale du renversement des idées, le catéchisme lui-même fut retranché du programme scolaire.

On l'a dit avec raison ; le catéchisme est la philosophie du peuple. Là seulement, il apprend à connaître ces grandes vérités rationnelles et chrétiennes qui sont la base de notre intelligence. Un peu de lecture et d'écriture, un peu de calcul et de grammaire, un peu de géographie et d'histoire, voilà aujourd'hui le programme de l'instruction populaire !... J'oubliais la gymnastique.

M. l'abbé Allain fait d'abord observer avec raison que si autrefois on apprenait moins de choses, on les retenait beaucoup mieux. A vingt ans, dans nos campagnes, que sait le jeune homme qui a fréquenté l'école ? Il sait lire à peu près le mauvais journal et le mauvais roman, il sait juste assez d'histoire pour demeurer convaincu que la France ne date pas de plus loin que de l'ère de la Révolution. En somme, ces premières notions, en cultivant l'esprit, aident souvent à le dépraver, je le montrais tout à l'heure, mais surtout, elles ne l'*élèvent* pas.

Or l'esprit humain est ainsi fait, qu'il lui faut les hauteurs de la vérité. Autrefois cette vérité on l'enseignait dans toutes les écoles grandes et petites ; aujourd'hui l'État la repousse et nous lance sur une pente qui mène droit à l'abîme de l'athéisme et du matérialisme. Je doute fort qu'arrivée à ce bas fond, la France moderne vaille l'ancienne France. Avec nos anciennes méthodes tout simplement chrétiennes, nous avions fait le treizième et le dix-septième siècle. J'en appelle au vingtième pour juger Monsieur Ferry.

L'ARCHEVÊQUE DE PERGA,
COADJUTEUR DE BORDEAUX.

AVANT-PROPOS

La question des origines de l'enseignement primaire en France a été vivement discutée depuis quelques années; elle a servi de thème à des controverses nombreuses dans la presse, à la tribune des assemblées délibérantes et jusque dans les clubs et les réunions publiques. Presque partout on a affirmé hardiment que l'enseignement primaire datait en France de notre siècle et que nos pères n'avaient rien connu qui lui ressemblât.

Il n'est pas difficile d'expliquer ce courant d'opinion, d'ailleurs soigneusement dirigé et entretenu. Notre génération a beaucoup fait pour l'enseignement primaire; dans notre vanité naïve, nous nous sommes volontiers flattés d'en avoir découvert la nécessité et les bienfaits. Ce fut la prétention du second Empire, très vivement reprise par la troisième République. D'ailleurs l'intérêt politique était là qui commandait de propager cette erreur historique. Il fallait bien persuader au peuple que l'Ancien Régime n'avait rien fait pour le développement intellectuel des classes laborieuses; il fallait lui faire croire à une coalition de l'Église et de l'État, avant la Révolution, pour maintenir nos pères dans une ignorance qui servait les desseins de l'absolutisme et de la théocratie; il fallait surtout opposer aux justes revendications de l'Église réclamant sa part d'influence dans l'enseignement public, une fin de non recevoir basée sur son hostilité séculaire aux intérêts de l'instruction du peuple. Tel est le secret de cette campagne menée depuis plus de dix ans avec une infatigable activité pour nier un fait considérable pourtant et certain de notre histoire nationale. Voilà pourquoi on a dit, on a répété de toutes parts et de toutes manières que l'enseignement primaire, nul sous l'Ancien Régime, n'a commencé d'exister que sous la Restauration et qu'il n'a pris une assiette solide qu'après 1830.

Tandis que journalistes, conférenciers et députés répétaient à l'envi, sans l'ombre d'une preuve, ces affirmations gratuites, l'attention d'érudits justement considérés était éveillée par cette controverse. Ils se mettaient courageusement à l'œuvre, appliquaient à la recherche des documents concernant nos anciennes écoles leur sagacité et leur labeur, et bientôt paraissaient des mémoires de haute valeur, dont quelques-uns ont pris les proportions d'ouvrages considérables, où la question était étudiée d'après les règles de la vraie critique historique.

Les catholiques ne se sont pas fait faute de publier le résultat de ces travaux, ils ont parlé de leur côté, ils ont répandu des brochures de propagande les mettant à la portée des classes populaires. Leurs efforts n'ont pas été stériles. Les détracteurs de l'ancienne France ont été obligés de reculer, ils ont dû reconnaître l'inanité de leurs négations. Ils veulent bien convenir aujourd'hui que l'enseignement primaire existait dans une certaine mesure avant 1789, que dans quelques provinces les écoles étaient assez nombreuses ; ils en viennent même à confesser « que l'action du clergé sur le développement de l'instruction primaire fut considérable (1). » Les sectaires l'avouent avec toutes sorte de précautions oratoires, de réticences et de réserves. Les indifférents de bonne foi l'affirment nettement (2). La vérité commence à se faire jour.

Nous voudrions, dans la faible mesure de nos forces, contribuer à dissiper les nuages de jour en jour moins nombreux qui l'obscurcissent encore, et pour cela mettre à la portée du grand public des travaux qui jusqu'ici n'ont guère été connus que du public spécial qui s'intéresse aux choses de l'érudition. Bien des lecteurs sont effrayés de l'ap-

---

(1) *République française* du 15 juin 1880 : « C'est ici le moment de parler de l'action du clergé sur le développement des études primaires. Elle fut considérable. Le catholicisme, au moment où il s'aperçut qu'il aurait tout avantage à suivre l'exemple donné par les dissidents, et qu'il aurait meilleur marché de la science en entreprenant de la diriger qu'en essayant de la vaincre, n'avait pas d'ailleurs à s'écarter de ses précédentes traditions. Il est certain que les anciens conciles et synodes s'étaient appliqués à encourager le développement de l'instruction... » — (2) Voir dans la *Revue des Deux Mondes* du 15 janvier 1877, un travail de M. Ch. Louandre, *Les études historiques en France depuis la guerre*, p. 452-453, et dans le même recueil (15 octobre 1879,) un intéressant et judicieux article de M. F. Brunetière, intitulé *L'Instruction primaire avant 1789*. Pendant l'impression de ce volume, la *Revue des Deux-Mondes* (15 avril 1881) a donné un article très remarqué de M. Albert Duruy (*L'Instruction publique en 1789*) où notre thèse est soutenue.

pareil scientifique que revêtent forcément des mémoires faits uniquement sur les sources originales. Ces mémoires d'ailleurs sont ordinairement tirés à petit nombre; beaucoup d'entre eux sont dispersés dans les Revues provinciales ou les Recueils des Sociétés savantes. Nous avons essayé de les résumer et de grouper les faits et les chiffres qu'ils ont établis; pour cela nous avons analysé la plupart de ces études récentes; nous avons recherché dans quelques ouvrages anciens tout ce qui pouvait se rapporter à la question et contribuer à l'éclaircir; notre travail a été complété au moyen de documents inédits empruntés par nous à différents dépôts d'archives ou communiqués par des amis bienveillants.

Il nous a paru nécessaire d'indiquer très exactement les sources auxquelles nous avons emprunté les faits qui motivent nos conclusions. Le lecteur pourra ainsi se convaincre de la vérité de nos affirmations, et il nous rendra, nous l'espérons, cette justice que nous n'avons rien avancé qui ne soit appuyé sur de graves autorités. Nous avons du reste écrit de bonne foi, avec le désir sincère de faire connaître la vérité, et nous avons eu soin d'éviter les affirmations trop absolues et d'indiquer les réserves qui nous ont paru justifiées.

Notre plan est des plus simples. Après une rapide étude des sources de l'histoire de l'enseignement primaire, nous traitons successivement de son existence au moyen âge, au xvi° siècle, aux xvii° et xviii° siècles, de la condition des instituteurs, de celle des écoles, de la gratuité sous l'Ancien Régime, de l'influence de l'État et de l'Église sur l'enseignement populaire avant la Révolution.

Nous ne terminerons pas cette préface sans remercier les personnes bienveillantes qui nous ont aidé de leurs conseils, nous ont fourni des renseignements précieux, nous ont facilité l'accès des bibliothèques et des dépôts d'archives où nous avons puisé les éléments de notre travail. Nous devons beaucoup à notre vénérable ami, M. L. Maggiolo. Personne ne connaît mieux que lui l'histoire des origines de notre enseignement populaire. Il a mis à notre disposition, avec une bienveillance inépuisable, les trésors de sa collection de documents inédits. Presque à chaque page, le lecteur trouvera son nom et pourra se rendre compte de la large part qu'il a prise à notre travail. Qu'il nous permette de lui offrir l'hommage de notre vive reconnaissance. — Il y a quelques années, M. l'abbé Trochon, alors bibliothécaire de l'évêché de Coutances, et M. L. Audiat, bibliothécaire de Saintes, nous communiquèrent les notes qu'ils avaient recueillies et qui malheureusement sont restées inédites. — Mlle de Villaret a bien voulu nous faire connaître les résultats de ses recherches sur les écoles de l'Orléanais. M. l'abbé André nous a renseigné sur la situation scolaire du Comtat-Venaissin. Nous devons quelques indications précieuses au respectable M. Fayet, à M. de Dion, à M. A. Delaire, et au très docte et très bienveillant prieur de Solesmes, Dom P. Piolin.

La riche bibliothèque du grand séminaire de Bordeaux nous a été largement ouverte par un de nos maîtres, M. l'abbé Bertrand, dont la science bibliographique et historique n'est jamais en défaut et dont la complaisance est inépuisable comme le savoir. Nous avons toujours trouvé le meilleur accueil à la bibliothèque de la Ville de Bordeaux, grâce à l'honorable M. Messier et à ses dévoués auxiliaires. Enfin l'efficace concours de l'érudit archiviste de la Gironde, M. Gouget et de ses dignes collaborateurs, MM. Ducaunnès-Duval et Roborel de Climens, nous a été bien précieux. Ils ont bien voulu guider notre inexpérience à travers les riches collections du dépôt qu'ils classent et qu'ils conservent avec tant d'intelligence et dévouement et nous signaler des pièces intéressantes.

E. ALLAIN.

Bordeaux, 19 mars 1881.

L'INSTRUCTION PRIMAIRE
EN FRANCE
AVANT LA RÉVOLUTION

CHAPITRE PREMIER

DES SOURCES DE L'HISTOIRE DE L'INSTRUCTION PRIMAIRE.

Nous nous proposons de résumer dans un travail d'ensemble, les résultats actuellement acquis touchant l'histoire de l'instruction primaire en France avant la Révolution. Avant tout, il convient de faire connaître les sources inédites auxquelles ont puisé les érudits qui ont étudié cette question en diverses provinces, les mémoires qu'ils ont publiés, enfin les principaux ouvrages qui, sans traiter spécialement notre sujet, peuvent nous apporter un sérieux contingent d'informations. D'une part le lecteur pourra ainsi se convaincre de la valeur des preuves alléguées, d'autre part ce rapide exposé pourra être de quelque utilité aux travailleurs qui voudraient s'adonner à l'étude de l'histoire de l'enseignement populaire dans les départements encore trop nombreux dont les petites écoles n'ont été jusqu'ici l'objet d'aucune publication.

I

Les fonds les plus riches en documents sur la question qui nous occupe, sont avant tout les fonds ecclésiastiques. La raison de ce fait est bien simple : sous l'Ancien Régime, le droit public attribuait aux évêques la nomination et l'inspection des instituteurs. Quand les prélats visitaient les paroisses, ils ne manquaient pas de faire dans leur enquête, une large part aux petites écoles ; ils appelaient devant eux le régent et les écoliers, et le procès-verbal de la visite des écoles faisait partie intégrante du procès-verbal de visite de la paroisse (1). « Peu de documents plus que ces procès-verbaux peuvent présenter avec autant d'exactitude et de fidélité un état religieux, moral, économique, *scolaire*, monumental et statistique, pendant les deux derniers siècles. Sous le rapport de la fidélité, ces documents sont inattaquables. Chaque visite avait lieu publiquement, avec le concours des habitants de la paroisse et après un débat contradictoire où chacun était admis à faire valoir ses plaintes et ses réclamations. Un procès verbal était rédigé à l'instant et revêtu de la si-

(1) C'est ainsi que dans l'*Estat des demandes qui seront faites et des articles qui seront examinez lors de la visite de Mgr l'archevêque de Bordeaux dans les paroisses de son diocèse*. Bordeaux, 1731, in-12 de 25 p. on trouve (p. 20) une série de 21 questions touchant les petites écoles.

gnature de tous les individus présents (1). » Partout où les *procès-verbaux de visite* existent encore, ils fournissent donc les plus précieux renseignements sur l'existence, le fonctionnement et la statistique des écoles. Ils sont conservés soit aux archives des départements (*série G*), soit dans les archives particulières de certains archevêchés et évêchés, auxquelles les préfets ont remis à une époque déjà éloignée, une partie des papiers qui en provenaient (2).

Les *registres des anciennes chancelleries épiscopales* donnent souvent les actes de nomination des maîtres. Des collections de *requêtes de régents* sollicitant l'approbation épiscopale, conservées dans les mêmes dépôts, nous renseignent aussi sur l'existence des écoles, leur programme et la condition des instituteurs. Nous signalerons enfin les *registres des conseils épiscopaux* ou *bureaux d'administration des diocèses* (3) où l'on trouve souvent des discussions et des décisions touchant les cas litigieux de l'administration des écoles.

Aux archives des diocèses et des départements, il ne faut pas négliger les fonds provenant des ordres religieux d'hommes et de femmes (*Archiv.*

---

(1) A. de Charmasse, *État de l'Instruction primaire dans l'ancien diocèse d'Autun pendant les XVII° et XVIII° siècles.* 2° édition. Paris, 1878, in-8, p. 103. — (2) Cette série de documents a surtout été étudiée par MM. de Beaurepaire, de Barthélémy, de Charmasse, etc. Nous y avons nous même largement puisé pour un travail encore inédit sur les petites écoles des anciens diocèses de Bordeaux et de Bazas. — (3) M. Fayet a fait le plus heureux usage du *Registre des décisions du Bureau établi par Mgr l'Illustrissime et Révérendissime Gilbert de Montmorin de St Hérem, évêque duc de Langres, pair de France, pour le gouvernement de son église*, conservé aux Arch. de la Haute-Marne.

départ. Série H) en raison, soit des communautés enseignantes, soit des nombreuses fondations d'écoles dues aux anciens établissements religieux.

Après les archives ecclésiastiques, les archives civiles. Nos dépôts départementaux conservent pour l'histoire de l'enseignement primaire un grand nombre de documents précieux. Nous indiquerons d'abord (*Arch. Départ. Série C*) les papiers des intendances conservés d'ordinaire dans les chefs-lieux des anciennes généralités. A la suite des déclarations royales de 1698 et 1724, beaucoup de régents demandèrent des *gages* fixes, imposés sur les paroisses et juridictions au marc la livre de la taille. Les paroisses, pour s'assurer de bons maîtres, sollicitèrent souvent elles-mêmes des impositions spéciales pour cet objet ; de là dans les archives des généralités, des *requêtes* pleines de faits curieux et des *ordonnances* présentant souvent un vif intérêt, de là encore dans la *Correspondance des intendants avec leurs subdélégués*, d'importants dossiers concernant les petites écoles. — Les affaires de finances étaient du ressort des intendants. Leurs archives renferment donc des séries considérables de registres et de portefeuilles remplis de pièces ayant servi à l'assiette des impôts, de *rôles de taille* et de *capitation*, de *comptes et budgets des communautés;* on y peut glaner bien des faits intéressants.

La série judiciaire (*Arch. Dép. Sér. B*) est moins féconde en renseignements, cependant elle ne doit pas être négligée. Plus d'une fois les parlements ont rendu des arrêts concernant les questions scolaires (1), quelquefois des régents ont figuré dans des procès comme témoins ou parties. Les papiers des juridictions inférieures, présidiaux, prévôtés, bailliages, sénéchaussées, justices seigneuriales, patiemment explorés par certains érudits ont également donné leur contingent d'informations. Les faits se rattachant à l'histoire de l'enseignement n'étant fournis qu'accidentellement par les documents judiciaires, il faut pour étudier utilement cette série, à notre point de vue spécial, beaucoup de temps et de bons inventaires qui malheureusement n'existent pas partout.

Dans le même ordre d'idées, nous ne devons pas oublier les *minutes des notaires*, mine inépuisable des renseignements les plus précieux pour les travailleurs qui ont le courage d'en secouer la poussière et d'en déchiffrer le grimoire. C'est là qu'on trouve les actes des fondations en faveur des petites écoles, si nombreuses aux deux derniers siècles. De plus on voit à chaque instant figurer, comme témoins, dans les actes de toute nature, de vieux régents dont la signature a son prix, soit comme constatation d'existence, soit au point de vue de la perfection plus ou moins grande de l'écriture.

La *série D* des archives départementales se com-

---

(1) C'est ainsi que les *Mémoires du Clergé* citent plusieurs arrêts du parlement de Paris se rapportant à notre sujet, notamment celui du 23 janvier 1680 dans l'affaire des écoles de charité d'Amiens (t. I, p. 999-1034 de l'éd. in-4 de 1768). — M. Sérurier (*L'Instruction primaire dans la région des Pyrénées Occidentales*. Pau, 1874, in-8, cite p. 17-19, plusieurs arrêts du parlement de Béarn).

pose des pièces relatives à l'instruction publique; néanmoins souvent elle ne renferme rien pour notre sujet, et contient exclusivement des documents concernant l'enseignement secondaire et l'enseignement supérieur. Nous n'avons rencontré que très rarement, dans les mémoires spéciaux dont nous allons parler, des textes provenant de cette série (1).

Les anciens *Registres de l'état civil* sont conservés soit aux *greffes des tribunaux de première instance*, soit dans les *Archives des communes (série GG)*, soit, exceptionnellement dans la *série E* des Archives départementales. Une patiente exploration de ces documents fournit en abondance deux catégories de renseignements précieux : les actes concernant les anciens régents et ceux où ils figurent comme témoins, (ces derniers extrêmement nombreux) donnent la preuve de l'existence des écoles à des époques déterminées ; — les signatures dont ils sont revêtus fournissent les éléments d'une statistique du degré d'instruction des populations, en telles années et dans telles communes. Nous verrons bientôt l'excellent usage qui a été fait de cette série de documents.

Dans les *registres de délibérations des municipalités (Arch. Comm. Série B B)*, on trouve à la fois la preuve de l'existence des écoles, les conditions

(1) Aux Archives du Rhône, les numéros 338-348 de la *série D* ont été formés avec les papiers du bureau d'administration des petites écoles établi en 1673 sous la direction de M. Démia par Mgr de Neuville, archevêque de Lyon. (Cuissart, *L'enseignement primaire à Lyon et dans le département du Rhône avant et après 1789. Revue du Lyonnais*, mai-août 1880.)

dans lesquelles se faisait la nomination des instituteurs, les traités ou *baux* qu'ils signaient avec les communautés d'habitants, les émoluments qui leur étaient alloués, le programme de leur enseignement.

Tels sont les principaux fonds d'archives à explorer par quiconque a dessein d'écrire une de ces monographies scolaires départementales ou communales qui sont le plus solide élément d'un travail d'ensemble comme celui que nous entreprenons ici.

II

Malheureusement ces monographies faites sur les documents originaux, quoique multipliées dans ces dernières années, sont encore loin d'embrasser toutes nos provinces. Néanmoins elles sont actuellement assez nombreuses pour fournir une large et solide base de discussion. L'étude très sommaire que nous allons en faire le prouvera, nous l'espérons, et en même temps nous permettra de rendre hommage au courageux labeur d'une pléiade d'érudits modestes (1).

(1) Nous n'avons pas la prétention de donner ici la bibliographie complète de la question ; nous signalerons seulement les mémoires les plus complets et les plus concluants, renvoyant, pour les autres, aux renseignements bibliographiques donnés, à diverses époques, par le *Polybiblion* (tome X, p. 60, 123 ; — XI, p. 82, 217 ; — XII, p. 195 ; — XXII, p. 283 ; — XXV, p. 383 ; — XXVIII, p. 382.) Nous ferons cependant observer qu'il serait nécessaire de soumettre cette bibliographie à une révision très attentive ; — certaines indications manquent d'une précision suffisante — quelques-uns des ouvrages, indiqués d'après leur titre seulement, sont étrangers à la question et traitent de l'en-

Deux hommes ont, avant tous les autres des droits à la gratitude de tous ceux qui ont à cœur la connaissance de la vérité touchant l'état ancien de l'instruction primaire dans notre pays, ce sont MM. Fayet et Maggiolo anciens recteurs. Dès 1858, M. Fayet présentait au *Congrès scientifique de France* réuni à Auxerre un *Mémoire sur l'enseignement primaire au temps passé, dans la région* (1). Il s'occupait dès lors, avec une infatigable persévérance, de cet important recueil de documents inédits, formé en grande partie dans les archives communales de la Haute-Marne par les instituteurs placés sous ses ordres, et qu'il devait compléter par un labeur acharné de plusieurs années dans les Archives départementales de la Haute-Marne et de la Côte-d'Or. Ce recueil ne comprend pas moins de 6,840 pages grand in-8 dont une copie authentique est déposée aux archives de l'inspection académique de Chaumont. Il a fourni à M. Fayet les éléments d'un ouvrage très important où des

---

seignement supérieur ou secondaire. = Pour l'histoire de la question de 1867 à 1878, on peut consulter le *Rapport sur l'histoire de l'enseignement primaire* (*Congrès bibliographique international*. Paris, 1879, in-8, p. 276-286). = Nous devons ici signaler un ouvrage ancien, important pour notre sujet, c'est le livre de Cl. Joly. *Traité historique des écoles épiscopales et ecclésiastiques*. Paris, 1678, in-12, auquel Ph. Pompée a fait de larges emprunts et qu'il a complété dans son *Rapport historique sur les écoles primaires de la ville de Paris depuis leur origine*. etc. Paris, 1839, in-8.— On trouve dans la *Bibliothèque historique de la France* de Lelong, ed. de Fevret de Fontette, t. IV, p. 5 et 6, n°° 44,576-44,590, l'indication des ouvrages relatifs au conflit qui a donné naissance au livre de Cl. Joly.

(1) *Congr. scient. de France*, 15e sess. ten. à Auxerre en 1858. Paris et Auxerre, 1859, in-8, t. II, p. 113-129. — M. Quantin présenta un mémoire sur la même question. *Ibid.* p. 130-151.

faits innombrables et d'excellentes statistiques, établies dans un ordre parfait, donnent l'idée la plus nette de l'état florissant de l'instruction primaire dans la Haute-Marne sous l'Ancien Régime (1). Par d'intéressantes brochures où il se montre polémiste vigoureux, et de solides articles de revues et de journaux, M. Fayet a défendu avec une constante énergie notre ancienne France de l'injuste reproche d'universelle ignorance qu'on a voulu lui infliger (2).

M. L. Maggiolo, ancien recteur de l'Académie de Nancy a, presque chaque année depuis 1868, donné à la réunion des sociétés savantes à la Sorbonne, puis au public des mémoires d'une haute valeur, uniquement puisés aux sources originales, sur l'histoire de l'enseignement primaire (3). — Chargé en 1877 par le Ministre de l'Instruction

(1) *Recherches historiques et statistiques sur les communes et les écoles de la Haute-Marne.* Paris, 1879, 1 vol, in-8. —
(2) *Rapport sur les écoles avant 1789.* (*Assemblée générale des comités catholiques de France.* Paris, 1873, in-12, p. 99-143). — *Les écoles de la Bourgogne, sous l'Ancien Régime.* Langres, 1875, in-8. — *Les hautes œuvres de la Révolution en matière d'enseignement.* Langres, 1874, in-8, etc., etc. —
(3) *De la condition du maître d'école en Lorraine avant 1789*, dans les *Mémoires lus à la Sorbonne* (en 1868). Paris, 1869, in-8, p. 501-515. — *Pièces d'Archives et documents inédits pour servir à l'histoire de l'Instruction publique en Lorraine* (1789-1802). Nancy, 1875, in-8. — *L'Instruction publique dans le district de Lunéville* (1789-1802). Nancy, 1876, in-8. (Ces deux mémoires s'occupent spécialement de la période Révolutionnaire ; néanmoins, ils sont fort instructifs pour l'histoire des écoles dans les dernières années de l'Ancien Régime). — *Les archives scolaires de la Beauce et du Gâtinais.* Nancy, 1877, in-8. — *Du droit public et de la législation des petites écoles de 1789 à 1808.* Nancy, 1878, in-8. — *De l'enseignement primaire dans les Hautes-Cévennes avant et après 1789.* Nancy, 1879, in-8. — *Pouillé scolaire du diocèse de Toul.* Nancy, 1880, in-8. — Le savant auteur prépare les *Pouillés scolaires* de Verdun et de Châlons.

publique d'une mission pour l'étude de la *Situation scolaire de la France sous l'Ancien Régime*, il s'est mis résolûment à l'œuvre. Centralisant des renseignements demandés avec instance, et obtenus dans presque tous les départements, il a pu mettre au jour cette vaste statistique des signatures de 1,699,985 actes de mariage, donnant pour soixante-dix-neuf départements la moyenne des conjoints lettrés et illettrés de 1686 à 1690, de 1786 à 1790, de 1816 à 1820, en 1866, de 1872 à 1876, témoignage irrécusable de la prospérité de l'enseignement primaire dans un grand nombre de nos anciennes provinces (1). Enfin son active collaboration à la partie historique et statistique d'un ouvrage dont les articles sont malheureusement d'une valeur fort inégale, le *Dictionnaire de Pédagogie et d'Instruction primaire* (2) lui permet de rectifier bien des erreurs et de faire connaître au public beaucoup de documents précieux

Des monographies fort remarquables ont été publiées dans ces dernières années par des érudits autorisés. Au premier rang nous citerons le livre magistral de M. de Beaurepaire, sur l'instruction publique dans le diocèse de Rouen. Dès 1863, le savant archiviste de la Seine-Inférieure avait donné une ébauche de son œuvre. Dans son nouvel ouvrage, il a vraiment épuisé la matière,

---

(1) *Ministère de l'Instruction publique. Statistique rétrospective. État récapitulatif et comparatif indiquant, par département le nombre des conjoints qui ont signé l'acte de leur mariage aux XVIIe, XVIIIe et XIXe siècles.* Paris, 1879, in-4. (Extr. de la *Statist. de l'Inst. primaire.* 2e vol.). —
(2) En cours de publication depuis 1877, sous la direction de M. F. Buisson. Paris, Hachette, in-8.

et produisant un très grand nombre de textes originaux, il est arrivé aux résultats les plus inattendus. Son livre est un modèle qui devrait être sans cesse sous les yeux des érudits qui traitent le même sujet (1).

M. A. de Charmasse a du donner deux éditions, la seconde fort développée, de son mémoire sur l'instruction primaire dans l'ancien diocèse d'Autun. Sa méthode est excellente : d'abord une introduction où sont traités à fond, à la lumière des faits et des textes, tous les éléments de la question, nombre des écoles aux diverses époques, leur organisation, condition et recrutement des instituteurs, rôle de l'Église et de l'État, règlements ecclésiastiques et civils. A la suite, un index développé donnant, par paroisses, l'analyse et la source de tous les documents recueillis (2).

Cette méthode est celle des mémoires très intéressants et très remarquables de M. de Fontaine de Resbecq, pour le département du Nord, œuvre considérable, fort riche en documents inédits et en études statistiques (3), de M. Quantin, pour le département de l'Yonne, où le docte archiviste a condensé, sous un petit volume, une somme considérable de renseignements précieux (4), de M. Albert Babeau, à qui l'histoire provinciale est redevable

(1) *Recherches sur l'Instruction publique, dans le diocèse de Rouen, avant 1789*. Evreux, 1872, 3 vol. in-8. — (2) *État de l'Instruction primaire dans l'ancien diocèse d'Autun pendant les XVIIe et XVIIIe siècles*. Autun, 1871, in-8. — 2e édit., Paris et Autun 1878, in-8. — (3) *Histoire de l'Instruction primaire dans les communes qui ont formé le département du Nord*. Paris, 1878, in-8. — (4) *Histoire de l'Instruction primaire avant 1789 dans les pays formant le département de l'Yonne*. Auxerre, 1874, in-8.

de tant de travaux justement estimés (1), du regretté A. Bellée, dont le livre embrasse avec l'histoire des écoles de la Sarthe sous l'Ancien Régime, celle de leur triste décadence pendant la période Révolutionnaire (2).

Parmi les travaux les plus riches en documents originaux et en chiffres précis, nous citerons ceux de MM. Tartière (3), Houdoy (4); Sérurier (5), Merlet (6), les articles de MM Edouard de Barthélemy, dans la *Revue du Monde Catholique* (7) et la *Revue de France* (8), Rameau, dans la *Revue de la Société de l'Ain* (9), Cuissart, dans la *Revue du Lyonnais* (10), Schmidt, dans la *Revue Chrétienne* (11), et surtout ceux de M. Léon Maître, dans la *Revue de Bretagne et Vendée* (12).

Quoique le Mémoire de M. Battault sur les

---

(1) *L'Instruction primaire dans les campagnes avant 1789, d'après des documents tirés des archives communales et départementales de l'Aube.* Troyes, 1875, in-8. — (2) *Recherches sur l'Instruction primaire dans la Sarthe avant et pendant la Révolution.* Le Mans, 1875, in-12. — (3) *De l'Instruction publique dans les Landes avant la Révolution et spécialement en 1789.* (Société des lettres, sciences et arts du département des Landes. 7º Bulletin. Juillet 1868.) — (4) *L'Instruction gratuite et obligatoire depuis le XVIº siècle.* Lille, 1873, in-8. — (5) *L'Instruction primaire dans la région des Pyrénées occidentales, spécialement en Béarn* (1385-1789.) Pau, 1874, in-8. — (6) *De l'Instruction publique en Eure-et-Loir avant 1789.* Chartres, 1879, pet. in-8; — (7) *De l'Instruction primaire avant 1789.* (Revue du Monde Cath. 30 janv. 1879.) — (8) *L'Instruction publique avant 1789.* (Revue de France, mai 1873. — (9) *L'Instruction primaire à Mâcon avant 1789.* (Rev. de la soc. de l'Ain, juillet et août 1876) — (10) *L'Enseignement primaire à Lyon et dans le dép. du Rhône avant et après 1789.* (Revue du Lyonnais mai-août 1880.) — (11) *L'Instruction primaire à la campagne en Lorraine, il y a cent ans d'après l'enquête de 1779.* (Revue chrétienne, avril-mai 1880.) — (12) *L'Instruction primaire dans le comté Nantais avant 1789.* (Revue de Bretagne et Vendée, avril-mai 1879.)

écoles de Chalon-sur-Saône (1), traite principalement des établissements d'instruction secondaire de cette ville, on y trouve des faits assez nombreux intéressant l'histoire de l'enseignement primaire. La même observation peut s'appliquer au substantiel travail de feu Devals sur l'enseignement à Montauban jusqu'au XVI° siècle (2), et aux articles que Dom P. Piolin a consacrés dans la *Revue de l'Anjou* aux petites écoles jansénistes de cette province. Nommer le très savant prieur de Solesmes, le digne continuateur des Sainte-Marthe et des Mabillon, c'est faire un suffisant éloge de cette remarquable étude (3).

Nous ne devons pas omettre l'importante histoire du Vénérable de la Salle, due à la plume érudite et élégante à la fois d'Armand Ravelet. Non seulement l'introduction de cet ouvrage donne un fort bon résumé des travaux antérieurs, mais le récit des fondations du saint instituteur des Frères des Écoles chrétiennes a offert à l'auteur l'occasion dont il a très bien profité, de nous renseigner sur les efforts faits jusque-là en diverses villes pour mettre l'instruction primaire à la portée de tous (4).

Parmi les ouvrages modernes qui, sans traiter spécialement de l'histoire de l'enseignement primaire fournissent dans certaines de leurs parties

---

(1) *Les écoles de Chalon-sur-Saône.* Chalon, 1873, in-4. — (2) *Les écoles publiques à Montauban du X° au XVI° siècle.* S. l. n. d. in-8. — (3) *Les petites écoles jansénistes dans l'Anjou au XVII° siècle (1655-1677)* (Revue de l'Anjou, janvier-juin (1876.) — (4) *Histoire du Vénérable J. B. de la Salle fondateur de l'Institut des Frères des écoles chrétiennes.* Paris, 1874, in-8.

une sérieuse contribution à son étude, nous signalerons tout d'abord les savantes *Etudes* de M. Léopold Delisle, *sur la Condition de la classe agricole, et l'état de l'agriculture en Normandie au moyen âge* (1). Les quelques pages qu'il consacre à l'état intellectuel des paysans normands sont pleines de faits précis puisés aux sources originales. — M. de Ribbe, dans son beau livre sur *les Familles et la Société en France avant la Révolution*, a pris l'école primaire, chez nos pères, pour sujet d'un de ses plus importants chapitres. Il y présente, avec un bon résumé des travaux antérieurs, le résultat de ses propres recherches dans les archives de la Provence (2). — Nous devons à l'abbé Mathieu un intéressant tableau de la situation en Lorraine (3). — L'abbé Tollemer dans sa très curieuse analyse des mémoires du sire de Gouberville, n'a eu garde de négliger les détails qu'ils fournissent sur quelques écoles du diocèse de Coutances, au XVIᵉ siècle (4). — N'oublions pas le *Dictionnaire de Maine-et-Loire* de M. C. Port, où les analyses de documents originaux abondent; en

(1) Évreux, 1851, in-8 pp. 175-187. — M. Baudrillart a fait un très bon usage du travail de M. Delisle, dans le rapport qu'il a fait récemment à l'Académie des sciences morales, à la suite de l'enquête dont il avait été chargé sur la situation des classes rurales en Normandie. (*La Normandie, passé et présent*. Paris. 1880, in-8). Pour les deux derniers siècles, il a mis surtout M. de Beaurepaire à contribution. On trouve cependant dans son livre quelques informations nouvelles. — (2) Nous avons sous les yeux la première édition. Paris, 1873, in-12, liv. II, ch. IV, *les Pères de famille et l'école*, pp. 266-297. — (3) *L'Ancien Régime dans la province de Lorraine et Barrois, d'après des documents inédits*. Paris, 1879, in-8, pp. 145, 153, 257-262, 311, 315. — (4) *Journal manuscrit d'un sire de Gouberville et du Mesnil-au-Val, gentilhomme campagnard dans le Cotentin*, 2ᵉ édit. Rennes, in-12, pp. 216 219.

faisant l'histoire des communes, le savant archiviste a eu soin de faire celle de leurs anciennes écoles (1). — Les chapitres que M. A. Babeau a consacrés à notre question, dans *Le Village*, et *La Ville sous l'ancien régime* présentent un vif intérêt. Peu d'érudits pratiquent aussi parfaitement que lui, l'art de grouper des faits innombrables et de mettre en lumière les conséquences générales qu'on en peut tirer (2). — Enfin il y a beaucoup à prendre dans les *Lettres à Grégoire sur les patois de France* (3). Elles sont d'une valeur fort inégale et ont besoin en général d'être discutées, mais on ne saurait négliger cette source abondante d'informations.

Il est peu d'ouvrages d'histoire municipale, au moins parmi les plus récents, qui soient muets au sujet des anciens établissements scolaires. Le lecteur comprendra que nous ne puissions entrer ici dans une énumération qui serait forcément incomplète et nous mènerait fort loin néanmoins.

Voilà les principaux ouvrages traitant plus ou moins spécialement la question des origines de l'enseignement populaire dans notre pays. Il en est d'autres où l'on peut avec de la patience et de l'attention glaner beaucoup de faits et de renseignements. Nous allons en signaler quelques-uns,

---

(1) Paris et Angers, 1874-78, 3 vol. gr. in-8. — (2) *Le Village sous l'Ancien Régime*. 2e édit. Paris, 1879, in-12, liv. v. ch. I, pp. 283-301. — *La Ville sous l'Ancien Régime*. Paris, 1880, in-8. liv. IX, ch. I, pp. 482-497. — (3) Publiées par A. Gazier. Paris, 1880, in-8.

III

Parmi les grandes collections bénédictines, *l'Histoire Littéraire* fournira surtout des vues générales, le *Gallia Christiana* quelques fondations, le *Recueil des historiens de la France* un certain nombre de textes importants pour le moyen âge (1). — Mais on pourra faire une abondante moisson, d'abord dans les grandes *collections de Conciles*, notamment aux VIIIe, IXe, XIIe siècles, et surtout au XVIe; — puis dans les *Statuts synodaux* des divers diocèses de France aux trois derniers siècles (2). L'étude de cette série d'ouvrages, qu'on trouve généralement en grand nombre dans les bibliothèques un peu importantes, fournit d'une part, l'incontestable preuve du zèle de l'Église pour l'instruction primaire et de ses efforts pour l'établir et la perfectionner partout, de l'autre, des renseignements intéressants sur la condition des instituteurs, le régime des écoles, etc. — On peut rapprocher des *Statuts synodaux*, les *livres ascétiques* et les *règlements de vie à l'usage des ecclésiastiques*. Ils complètent leur démonstration touchant la sollicitude de l'Église pour l'instruction primaire (3).

(1) Quelques-uns des mémoires que nous avons pu consulter font aux *Acta sanctorum* des Bollandistes quelques rares emprunts.
— (2) Une liste nécessairement incomplète de ces ordonnances synodales a été donnée par le *Polybiblion*. t. XII, p. 193. —
(3) Nous citerons par exemple: *Le parfaict Ecclésiastique ou diverses instructions sur toutes les fonctions cléricales par Cl. de La Croix, prestre du séminaire de Saint-Nicolas du Chardonnet*, Lyon, 1676, in-4. L'auteur revient très souvent aux devoirs

Les Procès-Verbaux des Assemblées du clergé de France doivent également être étudiés. Les députés s'occupèrent à plusieurs reprises des questions d'enseignement et défendirent les privilèges accordés aux maîtres des petites écoles par la législation en vigueur. Nous aurons à citer les doléances qu'ils portèrent plus d'une fois aux pieds du trône en faveur de l'enseignement populaire (1).

On sait quel fut l'essor pris aux deux derniers siècles par les congrégations enseignantes. Leur histoire est intimement liée à celle de l'instruction primaire en France; le récit de leurs fondations nous renseigne sur la situation scolaire antérieure des contrées où elles s'établirent, l'étude de leurs règlements offre un vif intérêt à qui veut se rendre compte des solutions adoptées par nos pères pour les questions pédagogiques qui nous préoccupent. Nous ne pouvons songer à donner la bibliographie complète de ces saints instituts, nous nous contenterons de renvoyer au grand ouvrage d'Hélyot (2).

---

des curés par rapport aux écoles de leurs paroisses. — Dinouart, *Manuel des pasteurs*. Lyon, 1768, 3 vol. in-8, t. III, p. 232-256. — *Avis plus particuliers aux curés et autres prêtres qui ont charge d'âmes dans les paroisses de la campagne.* Paris, 1711, in-18, p. 22. — Beuvelet consacre une longue méditation au soin des petites écoles (t. II. p. 456-460 de l'édition de Bar-le-Duc), etc., etc.

(1) *Collection des procès-verbaux des Assemblées générales du clergé de France depuis l'année 1560, jusqu'à présent.* Paris, 1767-1778, 9 vol. in-fol. — On y joint une *Table raisonnée* publiée chez Desprez en 1780 en 1 vol. in-fol. — On peut rapprocher de cet ouvrage la collection de documents connue sous le nom de *Mémoires du clergé*, ou *Recueil des actes, titres et mémoires concernant les affaires du clergé de France*. Paris, 1778, 12 vol. in-4. Le chap. II du tit. V est consacré aux Petites écoles, t. I, col. 969-1086. — (2) *Histoire des Ordres monastiques*.

Les vies de plusieurs saints ecclésiastiques des XVIIe et XVIIIe siècle qui montrèrent pour l'œuvre des écoles un zèle particulier, nous ont été fort utiles (1). Les preuves qu'on en peut tirer ont d'autant plus de force qu'assurément les faits cités ont été choisis par les biographes sans parti pris et sans prétentions à la thèse, l'attention ne s'étant portée sur notre question que depuis quelques années.

Un essai sur l'histoire de l'enseignement primaire ne saurait se borner à la constatation de l'existence des écoles ; la législation qui les a régies, leurs programmes, les livres qui y furent en usage, leur condition matérielle doivent être l'objet de recherches sérieuses. De là l'utilité pour notre sujet de l'étude des anciens recueils de jurisprudence. Au point de vue des faits particuliers, ils n'apprennent à peu près rien, mais leurs affirmations générales ont du poids, comme témoignages de contemporains autorisés, et l'on y trouve aisément les dispositions législatives de l'Église et de l'État par rapport à l'enseignement populaire (2).

Paris, 1719, 8 vol. in-4. Il ne faut pas oublier l'important supplément formant le 4e vol. de l'édition de Migne.

(1) Nous indiquerons par exemple : *La vie du vénérable prêtre de Jésus-Christ, M. Iacques Gallemant*, par le P. Placide Gallemant, récollect. Paris, 1653, in-4. — *La Vie de messire Félix Vialart de Herse, évêque et comte de Châlons*. Cologne, 1738, in-12. — *La vie de M. Bourdoise premier prêtre de la communauté et séminaire de S. Nicolas du Chardonnet* 2e édit. Paris, 1784, in-12. — *La vie de M. Louis Grignion de Montfort....* par J. J. Picot de Clorivière. Paris, 1785, in-12, — *Vie de M. Démia, instituteur des sœurs de S. Charles* (par M. Faillon). Lyon, 1829, in-12. — *Vie de M. de Lantages* (par le même). Lyon, 1833, in-12. — *Vie de M. Olier*, par M. Faillon. 4e édit. Paris, 1873, 3 vol. in-8. — *Vie de l'abbé Moye*, par M. J. Marchal. Paris, 1872. in-8, etc., etc. — (2) Nous avons

Un très bon résumé de ces dispositions a été fait par M. Maggiolo dans une des brochures que nous avons déjà signalées (1).

Négliger de recourir aux ouvrages anciens de pédagogie, ce serait se priver d'une multitude de renseignements intéressants sur la vie intérieure de nos anciennes écoles et les livres dont on y faisait usage. En voici trois qui nous ont été particulièrement utiles : l'*Escole paroissiale* (2), l'*Essai d'une Ecole chrétienne* (3) et la *Conduite des écoles chrétiennes* du Vénérable de la Salle (4). Les livres sur l'éducation publiés en 1762 et dans les années suivantes, après l'expulsion des jésuites, époque où furent émis de nombreux projets, généralement utopiques, pour la réforme de l'enseignement, ne sont presque d'aucune utilité pour notre sujet et nous n'avons pu leur faire que de très rares emprunts.

Nous ne pousserons pas plus loin cette étude sommaire des sources principales de l'enseignement primaire en France sous l'Ancien Régime.

fait usage surtout du *Recueil de jurisprudence canonique et bénéficiale par ordre alphabétique*, par Rousseaud de la Combe. Paris, 1755, in-fol., et du *Traité du gouvernement spirituel et temporel des paroisses*, par M. J. (D. Jousse) Paris, 1773, in-12.
(1) *Du droit public et de la législation des petites écoles*, etc. — (2) *L'Escole paroissiale ou la manière de bien instruire les enfans dans les petites escoles, par un prestre d'une paroisse de Paris*. Paris, 1654, in-12. — (3) *Essai d'une Ecole chrétienne, ou manière d'instruire chrétiennement les enfants dans les écoles*. Paris, 1724, in-18. — (4) Nous n'avons pu nous procurer d'édition ancienne de la *Conduite* que nous citons d'après A. Ravelet. — Le recueil publié par l'ordre de Cl. Joly, sous le titre de *Statuts et règlements des petites écoles de Grammaire de la ville, cité, université et banlieue de Paris*. Paris, 1672, in-18, offre, au point de vue pédagogique, beaucoup moins d'intérêt que les ouvrages précédents.

Cet aperçu nous semble suffisant pour donner quelque autorité aux conclusions que nous allons établir(1).

(1) Nous avons soigneusement vérifié autant qu'il nous a été possible les citations des auteurs que nous avons consultés. Quand cette vérification nous a été impossible, nous avons indiqué l'ouvrage auquel nous avons emprunté les textes cités.

CHAPITRE II

DE L'EXISTENCE DES PETITES ÉCOLES AU MOYEN AGE.

L'histoire de l'instruction à tous les degrés dans le haut moyen âge est uniquement celle des efforts tentés par l'Église pour conserver les sciences et sauver la civilisation menacée. Du ve au xiie siècle, le clergé seul s'occupe des choses de l'enseignement et si nous voulons avoir une idée de l'état intellectuel de nos pères en ces siècles reculés, c'est uniquement aux documents ecclésiastiques qu'il faut recourir, ce sont les collections de conciles qu'il faut étudier.

Le premier texte que nous puissions citer est celui du concile de Vaison (529) exhortant les prêtres établis dans les paroisses à recevoir chez eux de jeunes lecteurs et à les instruire. L'Église avait sans doute en vue, dans ces prescriptions, le recrutement du clergé, mais leur accomplissement avait des conséquences plus générales, car beaucoup de ces jeunes lecteurs restaient dans le monde, comme le Concile le prévoit expressément (1).

Au-dessus de ces écoles paroissiales, qui, selon Guizot « se multiplièrent fort irrégulièrement, assez nombreuses dans certains diocèses, presque nulles dans d'autres (2) » s'élevaient les écoles épiscopales dont les plus florissantes, du vi^e siècle au milieu du viiie furent celles de Poitiers, Paris, le Mans, Bourges, Clermont, Vienne, Chalon-sur-Saône, Arles et Gap (3). » A côté d'elles, des écoles dans tous les monastères où pendant longtemps, non seulement les novices, mais les étrangers furent admis. Une assemblée d'abbés et de moines tenue à Aix-la-Chapelle en 817, ayant décidé que les écoles intérieures des monastères seraient ouvertes uniquement aux oblats, dans toutes les abbayes de quelque importance, les écoles furent de deux sortes, les unes intérieures pour les oblats et les moines, les autres extérieures pour les clercs et les laïques qui les voulaient fréquenter (4). C'est ainsi que plus tard S. Guillaume, abbé de Fécamp, au dire de son ancien biographe, « institua dans tous les monastères dont il était chargé, des écoles sacrées, où, pour l'amour de Dieu, des Frères instruits et propres à l'enseignement, distribuaient gratuitement le bienfait de l'instruction à ceux qui se présentaient,

(1) Hardouin, *Conciliorum collectio Regia Maxima.* Parisiis, 1714, in-fol., t. II, p. 1105. — (2) Guizot, *Histoire de la civilisation en France* 7e édition, t. II, p. 3. — (3) *Ibid.*, p. 9. — (4) Hardouin, t. IV, p. 1231. (Conventus abbatum Franciæ cum monachis suis). — Mabillon, *Traité des études monastiques.* Bruxelles, 1672, in-12, p. 88-93.

sans exclusion de personne. Serfs et libres, pauvres et riches avaient une part égale à cet enseignement charitable. Plusieurs recevaient de ces monastères en même temps que l'instruction, la nourriture qu'ils n'auraient pas eu le moyen de se procurer, et parmi ceux-là, il s'en trouva qui prirent l'habit monastique (1). »

Nous n'ignorons pas que l'histoire de ces écoles n'a qu'un rapport éloigné avec celle de l'instruction primaire, puisque les arts libéraux et l'écriture sainte y étaient enseignés. Néanmoins nous avons dû signaler leur existence, car il est bien évident, ou bien que leurs élèves étaient préparés à recevoir leur enseignement dans des écoles inférieures, ou bien qu'elles commençaient elles-mêmes par leur donner les premières leçons.

A l'avénement de Charlemagne, la décadence était déjà venue pour ces écoles. Mais ce grand homme, admirablement secondé par les évêques de son empire, fit d'énergiques efforts pour leur rendre leur ancien lustre. A Aix-la-Chapelle, en 789, il reprend la tradition du Concile de Vaison et ordonne aux prêtres de tenir école dans leurs paroisses (2). En 797, nous avons le célèbre capitulaire de Théodulfe évêque d'Orléans, si souvent cité : « Que les prêtres établissent des écoles dans les villages et dans les bourgs, et si quelqu'un de leurs paroissiens veut leur confier ses enfants pour leur apprendre les lettres, qu'ils ne les refusent pas, mais qu'ils accomplissent cette tâche

---

(1) Cité par Beaurepaire, t. I, p. 15. S. Guillaume de Fécamp, vivait au XIe siècle. — (2) Hardouin, t. IV, p. 842.

avec une grande charité (1). » D'autres évêques s'approprièrent les prescriptions de Théodulfe, et les communiquèrent à leur clergé (2). Plusieurs conciles donnèrent aux prescriptions de Charlemagne la sanction de l'autorité ecclésiastique, par exemple, celui de Mayence en 813, enjoignant aux prêtres d'exhorter le peuple chrétien à envoyer ses enfants aux écoles (3).

Le IXe siècle nous fournit d'autres témoignages: Le capitulaire d'Hérard de Tours (858) prescrivant aux prêtres d'avoir des écoles et de bons livres (4), l'ordonnance de Vautier d'Orléans (860) rappelant la même obligation (5), enfin celle d'Hincmar de Reims enjoignant aux visiteurs des paroisses de s'enquérir si chaque prêtre a chez lui un clerc qui puisse tenir l'école (6). Il est vrai que de bons critiques ont affirmé que les écoles dont il est question dans ces textes étaient uniquement destinées au recrutement du clergé (7), mais outre qu'ils restreignent sans preuves évidentes le sens d'expressions générales, on peut leur opposer un texte presque contemporain ; c'est la constitution de Riculfe, évêque de Soissons (889) rappelant aux prêtres la modestie dont ils ne se doivent jamais départir en gouvernant leurs écoles, et leur défendant d'y recevoir des filles avec les garçons. Eut-il été besoin d'une ordonnance spéciale pour inter-

---

(1) Hardouin, t IV, p. 916. — (2) Maggiolo, *Du Droit public et de la législation des petites écoles*, p. 7. — (3) Hardouin, t. IV, p. 1016. — (4) *Ibid.*, t. V, p. 451. — (5) *Ibid.*, p. 461. — (6) *Ibid.* p. 396. — (7) Par exemple, M. J. Stanislas dans un intéressant article du *Contemporain* du 1er septembre 1880, *l'Instruction primaire avant 1789*, p. 410.

dire aux filles, l'accès d'écoles exclusivement destinées aux clercs (1).

Il est certain que ces écoles épiscopales, monastiques et paroissiales eurent beaucoup à souffrir de l'état déplorable de l'Europe aux xe et xie siècles (2). Mais quand vint la grande époque du Moyen Age, à partir du xiie siècle, grâce au concours de l'Eglise et de l'État, elles refleurirent et l'on a pu retrouver leurs traces en beaucoup de provinces.

Pour nous rendre compte de la situation de l'instruction primaire en France au Moyen Age, nous interrogerons d'abord les contemporains, nous citerons les faits particuliers qu'une étude attentive des documents originaux a fait découvrir aux érudits qui ont publié les travaux spéciaux sur notre question, enfin nous présenterons quelques considérations qui nous semblent

---

(1) Hardouin, t. VI, p. 418. L'*Histoire littéraire de la France* (t. VI, p. 29 de l'édit. de Palmé) dit à propos de cette constitution de l'évêque de Soissons : « Riculfe parle de ces petites écoles dont les curés étaient ordinairement chargés. On avait soin pour la bienséance que les filles ne fussent pas mêlées aux garçons. » — Cf. Ch. Jourdain, *Mémoire sur l'éducation des femmes au Moyen Age*. (*Mém. de l'Acad. des Inscript.*, t. XXVIII, 1re part., p. 88). — (2) Sur ces écoles primitives on peut consulter l'*Histoire littéraire* (Discours préliminaires à chaque siècle).— Launoy, *De scholis celebrioribus... liber*. Paris, 1672, in-12.— Joly, *Traité des écoles épiscopales et ecclésiastiques*. — Mabillon. *Traité des études monastiques*, part. I, ch. XI. — Guizot, *Histoire de la civilisation en France*, t. II. — Choron, *Recherches sur l'Instruction primaire dans le Soissonnais* (*Bulletin archéologique de Soissons*, 1re série, t. XX, p. 119 seq. et 2e série, t. VI, p. 250 seq. — P. Desjardins, *L'Église et les écoles* (*Études religieuses*, mars 1872). — *Patrologie latine* de Migne, t. XCV, p. 337 seq. et surtout l'excellent mémoire de M. Léon Maître : *Les écoles épiscopales et monastiques de l'Occident, de Charlemagne jusqu'à Philippe-Auguste*. Paris, 1866, in-8.

de nature à légitimer une large induction.

Voici d'abord un texte explicite de Guibert de Nogent : « Il y avait un peu avant cette époque (1065) et même encore depuis, une si grande rareté de maîtres d'école, qu'on n'en voyait pour ainsi dire aucun dans la campagne, et qu'à peine on pouvait en trouver dans les grandes villes ; encore étaient-ils d'une si faible science qu'on ne pouvait les comparer aux clercs qui sont maintenant (1110) dans les campagnes(1). » A en croire le même chroniqueur, au commencement du XIIᵉ siècle tous les hommes furent pris d'une ardeur extraordinaire pour l'étude... « Voyant, dit-il, que de tous côtés, on se livre avec fureur à l'étude de la grammaire et que le nombre toujours croissant des écoles en rend l'accès facile aux hommes les plus grossiers... (2). »

Un texte du continuateur de Guillaume de Nangis, est également significatif. Parlant des malheurs que causa l'effroyable peste de 1348, il dit : «On trouvait alors peu de maîtres qui sûssent ou voulûssent apprendre les rudiments de la grammaire aux enfants, dans les maisons, les villages et même les villes closes (3). » La pensée de signaler cette disette de maîtres fût-elle venue à l'esprit de l'historien, si elle n'eut été un fait exceptionnel et temporaire ?

Comment encore si les écoles primaires eussent

---

(1) *Vie de G. de Nogent par lui-même.* (Guizot, *Collection de Mémoires sur l'Hist. de France.* Paris, 1825, in-8, t. IX, p. 356-357. — (2) *Histoire des croisades, préface. Ibid.*, p. 5. — (3) *Continuatio altera chron. G. de Nangis* (L. d'Achery, *Spicilegium*. Parisiis, 1672, in-4, t. X, p. 810-811.)

été un mythe ou si l'on veut une exception très rare, Gerson, dans son traité de la visite des paroisses écrit dès l'an 1400, eût-il conseillé aux visiteurs de s'enquérir avec soin, « si chaque paroisse possède une école, comment les enfants y sont instruits, et d'en établir dans les lieux où il n'en existe pas (1). »

L'étude des documents inédits a prouvé la justesse des conclusions qu'on a tirées de ces textes. Il y a longtemps déjà que M. L. Delisle, a pu écrire dans son remarquable ouvrage sur la *Condition de la classe agricole en Normandie* : « Des documents nombreux établissent surabondamment combien les écoles rurales étaient multipliées au xiii° siècle et aux suivants dans la Normandie (2). » Et M. Siméon Luce n'a pas craint de dire : « On a cru longtemps que le Moyen Age n'avait connu rien qui ressemblât à ce que nous appelons l'instruction primaire. C'est une grave erreur; il est fait à chaque instant mention d'écoles dans les documents où on s'attendait le moins à trouver des renseignements de ce genre, et l'on ne peut douter que pendant les années même les plus agitées du xiv° siècle, la plupart des villages n'aient eu des maîtres enseignant aux enfants la lecture, l'écriture et un peu de calcul (3). »

De fait, nous pouvons, en nous aidant des travaux récents, citer un grand nombre d'écoles, non

---

(1) *Jo. Gersonii opera omnia, operâ et studio.* L. Ellies du Pin. Antuerpiæ, 1706, in-fol., t. II., p. 560-561. — (2) L. Delisle, *Études sur la condition de la classe agricole en Normandie*, p. 176. — (3) S. Luce, *Histoire de Duguesclin*. Paris, 1876, in-8, p. 13-16.

seulement dans les villes, mais dans des paroisses rurales peu importantes des diverses provinces de notre pays. M. L. Delisle en signale 33 en Normandie (1). Son enquête forcément restreinte a été étendue et approfondie par M. de Beaurepaire. Les archives de la Seine-Inférieure lui ont fourni la preuve irrécusable de l'existence d'écoles nombreuses à partir du xiie siècle. Et ces écoles ne se rencontrent pas seulement dans des villes ou des localités populeuses; d'humbles villages en sont pourvus, villages dont quelques-uns ont aujourd'hui trop peu d'importance pour former des communes distinctes. La mention de ces écoles de paroisses avec l'indication sommaire des documents qui en ont révélé l'existence forme un très long et très curieux chapitre du livre de l'érudit normand (2). Il faut ici, d'une part, remarquer l'absolue certitude de renseignements fournis uniquement par des textes contemporains, d'autre part se bien convaincre de la rigueur de l'induction qu'on en peut tirer. « Quand on rencontre, dit M. de Beaurepaire, des écoles dans des localités d'une aussi mince importance que celles que nous avons énumérées, il n'y a plus moyen de douter qu'il n'y en ait eu, sinon dans toutes les paroisses rurales, du moins dans la plupart, et surtout dans celles où la population était un peu considérable (3). » A l'autre extrémité de la Normandie, dans le département actuel de la Manche, M. l'abbé Trochon a retrouvé la trace des écoles

---

(1) L. Delisle, p. 177-187. — (2) Beaurepaire, t. I, p. 26-78. — (3) *Ibid.*, p. 52.

de Coutances (1). D'autre part l'auteur contemporain de la vie du B. Thomas de Biville, chapelain de Saint-Louis nous apprend qu'il enseigna en diverses écoles de ce pays (2).

M. de Charmasse a pu retrouver 8 des anciennes écoles de l'Autunois (3); M. Quantin, 28 du département de l'Yonne (4); M. Sérurier, 10 des Pyrénées occidentales (5); M. de Resbecq, 11 du département du Nord (6); M. Babeau, 7 de l'Aube (7); A. Bellée, 9 de la Sarthe (8); M. L. Maître, 3 du comté Nantais (9); M. C. Port, 13 de Maine-et-Loire (10); M. de Jussieu, 5 de la Savoie (11).

Une sentence arbitrale de l'an 1216 entre le doyen et le chapitre de Saint-Apollinaire de Valence porte que le chapitre nommera le maître des écoles. Dans un acte du doyenné de 1471, il est établi que le doyen confère les écoles à Valence et dans tout le diocèse, hormis les lieux collégiés (12). On peut également citer en Dauphiné les écoles de Montbéliard dès le XII° siècle, de Romans, de Montélimart, de Briançon (13), du Buis (14).

M. Battault a prouvé par des textes que M. Ch.

---

(1) *Renseignement communiqué par M. l'abbé Trochon.* — (2) L. Delisle, p. 183 « *Rexit scholas in grammaticalibus, multis in locis.* » — (3) Charmasse, p. 12-22. — (4) Quantin, p. 10, 11, 23, 24, 25, 43, 67, 102, 119, 122, 124, 131, 132. — (5) Sérurier, p. 13. — (6) Resbecq, p. 128, 204, 220, 225, etc. — (7) Babeau, *L'Instruction primaire dans les campagnes avant 1789*, p. 64. — (8) Bellée, p. 17, 118, 176, etc. — (9) L. Maître. *L'Instruction primaire dans le comté Nantais* (*Revue de Bretagne et Vendée.* Avril, mai 1874, p. 261, 370, 375.) — (10) C. Port, *Dictionnaire de Maine-et-Loire*, t. I. p. 1, 112, t. II p. 53, 303, etc., t. III. p. 77, 100, 103, etc. — (11) A. de Jussieu, *Histoire de l'Instruction primaire en Savoie*. Chambéry, 1875, in-8, p. 13-15. — (12) Dupré de Loire, *L'Instruction primaire dans la Drôme avant 1789*. Valence, 1874, in-8, p. 12. — (13) Buisson, p. 614, 732, 736. — (14) Dupré de Loire, p. 14, 17.

Jourdain qualifie de suffisants et décisifs, (1) qu'en Bourgogne et spécialement à Chalon, comme en beaucoup d'autres villes et villages, il a existé très anciennement des écoles dont on peut suivre la trace à dater du XIII° siècle dans la plupart des cartulaires (2). L'intéressant mémoire de M. Rameau prouve l'existence d'écoles à Mâcon dès le XIV° siècle et à Basgé au XV° (3).

Nous relevons dans le *Dictionnaire de Pédagogie* de Buisson les règlements des écoles de Bourg (Ain) en 1391, et la taxe scolaire de 1429 (4), une requête du maître d'école de Foix au XV° siècle sollicitant des officiers municipaux l'assainissement du local qu'il occupait (5), l'indication des écoles de Moulins (1424) (6); de Jaligny-sur-Allier où l'on trouve dès le XIII° siècle un *Rector Scholarum* (7); de Marseille, où l'on a retrouvé les diplômes accordés par les évêques aux XIV° et XV° siècle pour les écoles des paroisses, et une allocation accordée en 1401 à l'école communale (8), d'Antibes (1483) (9), de Brie et Redon (1096), Pornic (1113), Quimper (1260), Saint-Malo (1350) (10).

Dans la même province, M. le docteur Dupuy a signalé des écoles à Goezbriand, à Nantes, Rennes, Vannes et Tréguier (11). « L'instruction, ajoute-

---

(1) *Revue des Sociétés savantes*, 1876, t. I, p 95. — (2) Battault, p. 12-13. — (3) Rameau, *Revue de l'Ain*. Juillet-août 1876, p. 174. — (4) Buisson, p. 39 — (5) *Ibid.*, p. 111. — (6) *Ibid.*, p. 54. — (7) *Ibid.* — (8) *Ibid.*, p. 267. — (9) *Ibid.*, p. 62. — (10) *Ibid* p. 279. — (11) D' Dupuy, *Les écoles et les médecins en Bretagne au XV° siècle.* (*Bulletin de la Société académique de Brest*, 1877-1878. Brest, 1879, in-8, p. 332-333.) — Cf. Piéderrière, *Les petites écoles de la province de Bretagne.* (*Rev. de Bretagne*, août-octobre 1877, p. 132, 289, 290.)

t-il, était moins répandue au xv° siècle qu'au xix°, mais elle n'était pas entièrement négligée. Le seigneur pour administrer ses domaines, le marchand pour tenir ses comptes, le gentilhomme pauvre et le bourgeois ambitieux pour exercer quelque fonction lucrative dans le notariat ou la judicature avaient besoin de s'instruire ; les notables de chaque paroisse pouvaient devenir fabriqueurs et trésoriers. Ils avaient des recettes à noter, des dépenses à enregistrer. Il leur était nécessaire d'apprendre à écrire. Aussi les illettrés sont rares dans les nobles, la bourgeoisie et parmi les paysans qui possèdent quelque aisance (1). »

D'un canon du concile de Cognac présidé en 1260 par Pierre, archevêque de Bordeaux et interdisant aux écoliers les combats de coqs, on peut légitimement conclure que les écoles n'étaient pas inconnues au xiii° siècle dans la province ecclésiastique de Bordeaux (2). L'abbaye de la Sauve recevait les enfants du voisinage pour les instruire (3). Nous voyons d'ailleurs dans les hommages rendus en Guienne par les serfs questaux à leurs seigneurs, qu'ils s'engagent ordinairement à ne pas mettre leurs enfants à l'école sans la permission desdits seigneurs (4). Cette clause

(1) Cf. Piéderrière, p. 330. — (2) Ce canon qui n'est pas rapporté par Hardouin se trouve dans les *Constitutiones synodales Xantonensis ecclesiæ*. Poitiers, 1541, in-12, goth. sans pagination « quia ex duello gallorum quod in partibus istis, tam in *scholis grammaticæ* quam aliis fieri inolevit, nonnulla mala aliquotiens sunt exorta... » etc. — M. L. Delisle citant ce canon (*l. c.* p. 185) en tire la même conclusion. — (3) Cirot de la Ville, *Histoire de l'abbaye de la Sauve*, Bordeaux, 1844, in-8, t. I, p. 317. — (4) L. Drouyn, *Izon, étude historique et archéologique* (*Actes de l'Acad. de Bordeaux*, 1875, p. 141. seq.) et *Archives Historiques de la Gironde*, Bordeaux, in-4 t. I, p. 66, t. VIII, p. 106.

ne serait pas régulièrement insérée si les écoles rurales eussent été inconnues dans le pays. — En 1414, nous trouvons parmi les notables de la ville de Bordeaux, M⁰ Johan Andrieu « meste de l'escola (1) »

M. Maggiolo mentionne des règlements donnés aux écoles de Mende en 1286-1296, et la nomination des maîtres de cette ville en 1331 et 1361 (2), des écoles presbytérales dans toutes les paroisses de Toul en 1240 (3) des écoles presbytérales et claustrales à Nancy en 1221, 1298, 1342, 1484 (4), une école à Vézelise en 1292 (5).

Nous avons trouvé en divers ouvrages des preuves de l'existence d'écoles au xv⁰ siècle à Amiens (6), à Abbeville (7), à Corbie (8), à Saint-Omer (9), à Goupillières (10), à Decize (Nièvre) (11). Nous indiquerons encore celles de Rethel (12), d'Alby où les questions scolaires ont une grande part dans la vie municipale (13), de la Rochelle (14), de Reims (15),

(1) *Archives de la ville de Bordeaux. Serie BB. Registre de la jurade*, 1414-1417, f. 1 v. — (2) Maggiolo, *De l'Instruction primaire dans les Hautes-Cévennes*, p. 8. — (3) Maggiolo. *Pouillé scolaire de Toul*, p. 11. — (4) *Ibid.*, p. 45. — (5) *Ibid.*, p. 93. — (6) A. de Calonne, *La vie municipale au XV⁰ siècle dans le Nord de la France*. Paris, 1880, in-8, p. 213-214, (documents de 1443, 1444, 1449, 1458.) Il y a plusieurs écoles tenues dans les paroisses par des clercs et des prêtres, au détriment des grandes écoles. — (7) *Recueil des documents inédits de l'histoire du Tiers-État*. Paris, 1870, t. IV, p. 263-64. — (8) *Ibid.*, t. III, p. 592. — (9) *Revue des Sociétés savantes.* Mars-avril 1878. p. 235. Analyse d'une lecture de M. de Lauwereyns, *Le prévôt de N.-D. et le magistrat dans le gouvernement des écoles à Saint-Omer en 1366.* — (10) Schmidt, *Revue chrétienne*, mai 1880, p. 275. — (11) En 1336, les bourgeois de Decize se plaignent au chapitre de Nevers du maître de leur école, et menacent d'envoyer leurs enfants s'instruire ailleurs s'il n'est destitué. (*Archives départementales.* Paris, 1878, in-4, p. 275.) — (12) Jadart, *Les Traditions de charité dans le Rethelois.* Rhetel, 1878, in-8, p. 48. — (13) Rolland. *Histoire littéraire de la ville d'Alby.* Toulouse, 1879, in-8, p. 92-158. — (14) Delayant, *Académie de la Rochelle. Choix de pièces lues aux séances*, n° 14 (1868), p. 64. — (15) Varin, *Archi-*

de Haon-le-Châtel (Loire) (1), de Montauban (2), de Montfort-l'Amaury (3), de Sisteron (4), de Saint-Léonard (5), de Mortain (6), d'Hermant en Auvergne (7), de Beaune (8), du diocèse de Chartres (9), de Nîmes (10).

Nous terminerons cette revue rapide par quelques faits concernant les écoles de Paris au moyen âge. Dès 1292, le rôle de la taille donne les noms de 11 maîtres et d'une maîtresse d'école; ils sont taxés au cinquantième de leurs revenus (11). En 1380, le grand chantre de Paris, Guillaume de Sauvarville, réunit les maîtres, maîtresses, au nombre de 63, pour leur notifier les statuts qui les doivent régir et leur faire jurer de s'y conformer (12). Au XVe siècle, on compte à Paris environ cent écoles (13).

En l'absence de documents originaux démontrant l'existence des écoles en d'autres provinces au moyen âge, l'énumération qui précède nous donne le droit de conclure, sans violer les lois de

---

ves administratives de la Ville de Reims. Paris, 1839, in-4, t. I, p. 662 seq.
(1) Dissard, Un maître d'école au XVIIe siècle à Haon-le-Châtel. Roanne, 1880, in-12, p. 12, 13. — (2) Devals, p. 3. — (3) A. de Dion, Les écoles de Montfort-l'Amaury (Mémoires de la Société archéologique de Rambouillet, t. V, p. 12 seq.) — (4) J. Stanislas, (Contemporain du 1er sept. 1880, p. 144.) — (5) Ibid. — (6) Mémoires de la Société des Antiquaires de Normandie, t. XVIII, p. 336. — (7) A. Tardieu, Histoire du pays et de la baronnie d'Hermant. Clermont, 1866, in-4, p. 161. — (8) Revue des Sociétés savantes. Janvier 1874, p. 146. — (9) Merlet, p. 3. (Ordonnances du chapitre de Chartres sur les petites écoles, 1324. — Ordonnances de l'évêque de Chartres prescrivant aux curés d'avoir un clerc pour instruire les enfants. — (10) Goiffon, L'instruction publique à Nîmes. Nîmes, 1876, in-8, p. 3-6. — (11) H. Géraud, Paris sous Philippe-le-Bel. Paris, 1837, in-4, p. 521. — (12) Martin-Sonnet, Statuts et Règlements des petites écoles de Paris, p. 176. — (13) Ravelet, p. 28.

la logique, que ces provinces ne furent pas moins favorisées que celles dont nous avons parlé jusqu'ici. Au fond si l'on considère la nature des pièces d'archives qui ont révélé l'existence des écoles signalées par nous, il faut bien reconnaître que la plupart d'entre elles ne semblaient pas faites pour un semblable usage. Au Moyen Age, il n'y avait rien qui ressemblât à notre centralisation, à notre administration uniforme, personne ne songeait à dresser des statistiques, à cataloguer des institutions. Comment donc l'existence des écoles du moyen âge a-t-elle été révélée? Ici par un jugement d'une officialité ou d'un tribunal quelconque en matière civile ou criminelle, là par une donation, ailleurs par une enquête, un procès de canonisation où nous découvrons par hasard la trace d'une école, d'un régent. Mille fois pour une, il y a chance pour que des documents de ce genre aient péri ou n'aient pas été explorés, puisqu'ils ne peuvent être étudiés que par des érudits de profession. Force nous est donc de faire une certaine part à la conjecture, et de nous attacher à certains indices qui paraissent significatifs à des érudits autorisés. Nous terminerons ce chapitre en en signalant quelques-uns.

Tout d'abord nous ne saurions négliger un argument d'une grande valeur. C'est celui qui se base sur le grand mouvement littéraire, scientifique et artistique des beaux temps du Moyen Age. « Quand on a devant les yeux, dit excellemment M. Ch. Jourdain, le tableau des universités qui furent établies du XIII° au XV° siècle, dans les différents pays de l'Europe et particulièrement en France, quand on considère la multitude des collèges dont elles se composaient, les privilèges importants concédés aux écoliers et à leurs maîtres par les papes et par les rois, enfin le grand nombre de bourses fondées en faveur des étudiants pauvres, quelque lent que paraisse le progrès des études et des sciences durant le moyen âge, on ne saurait méconnaître que l'éducation de la jeunesse n'ait été une des plus constantes préoccupations de l'Église et de la Royauté, des seigneurs féodaux et de la bourgeoisie(1). » La prospérité de l'enseignement secondaire et de l'enseignement supérieur au moyen-âge sont incontestables, les écoliers accouraient par milliers aux universités. Cette prospérité suppose nécessairement l'existence de l'enseignement primaire.

Une autre preuve de la diffusion de l'instruction primaire au moyen âge, c'est le grand nombre de clercs mariés qui se trouvaient alors dans les campagnes. « Assez rares aux époques antérieures, dit M. S. Luce (2), frappés de mesures répressives par les papes de la fin du XIIIe siècle, les clercs mariés se multiplient au XIVe, à la faveur du relâchement de la discipline ecclésiastique et deviennent si nombreux à tous les degrés de la société qu'ils forment presque une classe nouvelle. Cette classe ne comprend pas seulement des tabellions, des avocats, des commerçants qui portent la tonsure, quoique mariés, et relèvent à

---

(1) Ch. Jourdain, *Mémoire sur l'éducation des femmes au moyen âge*, p. 78. — (2) *Hist. de Duguesclin*, p. 16-17.

ce titre de la justice épiscopale. En Normandie, un certain nombre de riches paysans sont à la fois clercs et vavasseurs. A Louviers, à Tournay, on trouve des clercs jusque parmi les teinturiers et les apprentis teinturiers ; cette qualité s'étend, à vrai dire, à toutes les professions manuelles. La noblesse elle-même apporte son contingent.... Il tend ainsi à se former une sorte de classe neutre composée de nobles, aussi bien que de gens du peuple de toutes les professions et embrassant en quelque sorte l'élite de la société que nous appellerions aujourd'hui laïque. Or on ne peut entrer dans cette classe, si l'on ne possède au moins les premiers éléments de l'instruction. Car, outre qu'il y a un droit à payer au roi, si l'on est son bourgeois, ou au seigneur si on relève de quelque justice féodale, on n'accorde généralement la tonsure qu'aux personnes qui savent lire et écrire (1). » Les registres de l'archevêché de Rouen nous ont conservé le chiffre des enfants admis à la tonsure au XV° siècle, on en compte 5,229 de 1458 à 1466 (2). Puis qu'un si grand nombre de personnes avaient été instruites des premiers éléments, des écoles existaient nécessairement.

Une autre preuve de la diffusion de l'enseignement primaire au Moyen Age se trouve dans les contrats d'apprentissage et de tutelle. Il est stipulé bien souvent que le pupille ou l'apprenti, quel-

(1) Une constitution rapportée dans le *Sexte* (liv. I, tit. IX, c. IX, *de tempore ordinat.*) porte formellement : « Nullus episcopus... illitterato..., clericalem præsumat conferre tonsuram ; qui vero contra fecerit per unum annum a collatione clericalis tonsuræ noverit se suspensum. » Le *Sexte* a été publié en 1298 par Boniface VIII. — (2) Beaurepaire, t. I, p. 53.

quefois même l'enfant placé dans une maison comme serviteur sera mis aux écoles et instruit selon sa condition (1). Du reste, l'article 220 de la coutume de Normandie, relatif à la garde noble, porte que « où les seigneurs ne feraient leur devoir tant de la nourriture et entretènement que de l'éducation des soubz-aages, les tuteurs ou parents se pourront pourvoir en justice pour les y contraindre (2). »

Les prédicateurs du moyen âge si patiemment étudiés par M. Lecoy de la Marche nous montrent maintes fois dans leurs sermons, les petits enfants s'en allant par bandes aux écoles avec un alphabet pendu à leur ceinture (3).

M. de Beaurepaire a observé qu'au moyen âge on prenait dans les actes, comme titre d'honneur, la qualité d'écolier et quelquefois même on la préférait à celle d'écuyer ou de noble homme (4).

(1) M. de Beaurepaire a cité de ce fait plusieurs exemples, t. I, p. 62-65. Nous lui en emprunterons deux des plus significatifs. « En 1398, J. Miles en baillant pour six ans à O. Louvet, de la paroisse de Royville, son fils Colinet comme serviteur, stipule que le maître trouvera à l'enfant toutes ses nécessités de boire, mangier, chaussier et tenir à l'escole. — En 1393, c'est un artisan de St Cande le jeune, qui en baillant à un maître mirouier, Cl. de Toucque, son jeune fils Perrin pour neuf ans l'oblige à tenir son apprenti à l'escole pendant les trois premières années, à lui trouver les livres nécessaires, à lui payer son escolage et à lui apprendre son mestier pendant le restant du temps de l'apprentissage. » Cet usage n'était pas particulier à la Normandie; on le retrouve à Paris (Fagniez, *Essai sur l'organisation de l'industrie à Paris aux XIIIe et XIVe siècles. — Biblioth. de l'école des Chartes*, t. XXXV, p. 489); dans l'Auxerrois (Quantin, p. 40), en Flandre (Houdoy, p. 1, 2), dans le Béarn (Sérurier, p. 19), etc.— (2) *Ap.* Beaurepaire, t. I, p. 65. — (3) Lecoy de la Marche. *L'enseignement au moyen âge* (dans *les Lettres chrétiennes*. Mai 1880, p. 29).— (4) Beaurepaire, t. I, p. 96.

Beaucoup de documents par les signatures dont ils sont revêtus, prouvent que, dès le xiii° siècle, l'instruction commençait à se répandre largement. M. L. Delisle a cité ce fait des vavasseurs de Troarn certifiant, en 1234, par leurs signatures autographes, l'exactitude du censier de la baronnie dressé par l'abbé Siffred : sept vavasseurs sont présents, sept signent (1) Évidemment des faits de ce genre ne sauraient être généralisés qu'à bon escient; mais nous croyons avoir acquis le droit d'affirmer à la fin de ce chapitre, avec M. Baudrillart « qu'on rencontre un assez grand nombre d'écoles au moyen âge et qu'il n'est pas douteux que la classe rurale en profita (2). »

Les filles elles-mêmes n'étaient pas totalement privées du bienfait de l'instruction, il suffit de lire l'important mémoire de M. Jourdain que nous avons cité pour s'en convaincre (3).

N'omettons pas, pour rester rigoureusement dans les limites de la vérité historique, une observation importante. Le degré d'instruction du peuple au moyen âge a beaucoup varié selon les lieux et les époques. Telle province, la Normandie par exemple, était infiniment plus favorisée que telle autre à cet égard. La situation scolaire de la France était bien meilleure au commencement du xiv° siècle qu'au milieu du xv°, après les désastres de la guerre de Cent-Ans. Mais il est impossible à tout esprit éclairé et au courant des résultats ob-

(1) L. Delisle, p. 121. — (2) Baudrillart, p. 19. — (3) Cf. ci-dessus, p. 25, n. 1.

tenus par l'érudition contemporaine, de nier que beaucoup de nos provinces, au moyen âge, connurent les bienfaits de l'enseignement populaire et que les éléments de l'instruction y furent mis à la portée des classes laborieuses.

CHAPITRE III

DE L'EXISTENCE DES PETITES ÉCOLES
AU XVIᵉ SIÈCLE

En France, au milieu du xvᵉ siècle, la décadence de l'enseignement primaire est incontestable. A la fin du xvıᵉ siècle, tout le monde en convient, un progrès très considérable s'est réalisé. Quelle influence détermina ce mouvement? A qui faut-il en attribuer l'honneur?

Le fait le plus important du xvıᵉ siècle est la Réforme protestante. Grâce à un sophisme qui montre une relation nécessaire de causalité entre deux faits consécutifs, les ennemis de l'Église n'ont pas manqué de faire honneur au protestantisme de la restauration de l'enseignement primaire commencée à cette époque (1).

Le grand argument est celui-ci. Le protestan-

---

(1) « La vérité est que l'enseignement primaire, partout où il s'est établi avant ce siècle, est fils du protestantisme. » (M. Bréal. *Quelques mots sur l'Inst. publique en France*, 2ᵉ éd. Paris, 1872, in-12, p. 13).

tisme recommande avant tout la lecture de la Bible, il était donc du devoir et de l'intérêt des protestants de favoriser de tout leur pouvoir le développement de l'instruction primaire (1). La preuve unique qu'on administre, c'est la fameuse lettre adressée par Luther aux conseils des villes d'Allemagne, en 1524 : « Chers Messieurs, puisqu'il faut annuellement tant dépenser pour arquebuses, routes, escaliers, digues, etc., afin qu'une ville ait la paix et la commodité temporelle, à plus forte raison devons-nous dépenser en faveur de la pauvre jeunesse nécessiteuse pour entretenir un habile homme ou deux comme maîtres d'école... Mon opinion est que l'autorité est tenue de forcer les sujets d'envoyer leurs enfants à l'école... Si elle peut obliger les sujets valides à porter la lance et l'arquebuse, à monter sur les remparts et à faire tout le service de guerre, à plus forte raison peut-elle et doit-elle forcer les sujets d'envoyer leurs enfants à l'école parce qu'il s'agit ici d'une guerre bien plus terrible avec le satané démon. Et moi-même, si je pouvais ou si je devais renoncer à mon ministère de prédicateur et à mes autres occupations, il n'est pas de métier que je ferais plus volontiers que celui d'instituteur (2). »

(1) Les membres du clergé catholique savent tous le mieux du monde combien il importe, pour l'instruction chrétienne des enfants, qu'ils sachent lire, l'enseignement de la religion étant infiniment plus difficile et moins efficace quand il s'adresse aux illettrés. Cette considération était formulée avec précision et éloquence dans un mémoire adressé, en 1769, à l'évêque d'Autun par les curés de l'archiprêtré de Vézelay (Charmasse, p. 27). — (2) Bréal, p. 13-15. Ce que Luther disait, mais ce qu'il s'est bien gardé de faire, les prêtres catholiques l'avaient dit et fait

Ce texte unique cité, on conclut hardiment que Luther a découvert l'enseignement primaire, et que partout où il s'est établi avant ce siècle, il est fils du protestantisme.

Il n'est pas fort difficile de renverser le léger échafaudage du sophisme qu'on nous oppose. Oui, Luther a recommandé aux villes d'Allemagne l'œuvre de l'enseignement, mais il ne l'a pas inventé, par l'excellente raison qu'il existait avant lui. La preuve a été faite pour la France (1). Quant à l'Allemagne, elle n'avait pas attendu la lettre de Luther pour se couvrir d'écoles. Un inspecteur général de l'Université, aussi compétent au moins que M. Bréal, l'a dit et prouvé, il y a plus de vingt-cinq ans. « Le catholicisme, écrivait en 1855 M. E. Rendu, avait peuplé l'Allemagne d'écoles populaires comme le reste de l'Europe; il avait voulu que le clergé appelât à ces écoles les fils des serfs comme ceux des hommes libres; que tout prêtre ayant charge d'âmes donnât l'instruction ou par lui-même ou par un clerc; que les évêques, dans leurs tournées, prissent soin de faire construire des écoles, là où il n'en existait point; que le curé de chaque paroisse offrît aux pauvres l'enseignement gratuit. Le catholicisme avait fait plus; devançant la pensée de J.-B. de la Salle, les disciples de Gérard van

---

avant lui, l'ont fait depuis et le font encore. Gerson, le Vénérable de la Salle, Bourdoise, et tant d'autres prêtres dont nous parlerons, ont abandonné le ministère de la prédication pour se vouer à l'enseignement. Oratoriens, doctrinaires, jésuites se sont par ____iers, obscurément et sans phrases, dévoués à cette œuvre.

(1) Voir le chapitre précédent.

Groote enseignaient aux enfants pauvres la lecture, l'écriture, la religion et quelques arts mécaniques. Des Pays-Bas où ils étaient nés, ces frères du xiv° siècle avaient porté les lumières de leur charité sur les deux rives du Rhin, en Westphalie, en Saxe, en Poméranie, en Prusse et en Silésie. En même temps les monastères de femmes avaient donné aux jeunes filles du peuple des institutrices que la Réforme devait leur enlever… Ainsi le catholicisme avait posé la pierre angulaire de l'enseignement pour le peuple comme pour les lettrés (1). »

Trois siècles et demi avant Luther, l'Église, au troisième concile de Latran portait des décrets pour donner « aux pauvres, la facilité de s'instruire » se déclarant « obligée de subvenir à leurs besoins intellectuels comme à leurs nécessités matérielles (2). » Voici les seules différences entre l'appel du Réformateur et les exhortations de l'Église : celle-ci prélève sur ses propres biens les fonds nécessaires à l'érection et à l'entretien des écoles, Luther veut ouvrir en leur faveur les trésors municipaux ; l'Église accomplit elle-même son œuvre, Luther fait appel au bras séculier ; enfin l'Église s'en tient à la persuasion, Luther invente l'obligation laïque, découverte dont nous lui laissons bien volontiers le mérite, car nous la tenons pour funeste et féconde seulement en résultats mauvais (3).

(1) E. Rendu, *De l'Instruction populaire dans l'Allemagne du Nord*, 1855, p. 5, 8. Nous empruntons cette citation à un article de M. Fayet dans la *Bibliographie catholique*, t. LIX, p. 91 (1879). — (2) Hardouin, t. VI, p. 1680 1681. — (3) On répète souvent que dans les pays protestants, l'ins-

Cependant nous devons l'avouer, la Réforme ne fut pas sans influence sur la marche et le développement de l'enseignement populaire dans notre pays. L'introduction du protestantisme en France eut une première conséquence, celle de retarder notablement la restauration de l'enseignement primaire en paralysant les efforts de l'Église et en annulant pour un temps les effets de l'invention de l'imprimerie.

Nous devons justifier par des faits cette affirmation.

Les efforts faits au XVIe siècle pour établir en notre pays la Réforme protestante eurent pour premier résultat une division profonde de la société française et des guerres qui durèrent un demi-siècle. Comme toutes les guerres civiles, celles surtout où la cause religieuse est en question, elles eurent un caractère prononcé d'acharnement souvent signalé par les historiens ; elles eurent pour conséquence la dévastation de la France presque tout entière. Combien d'églises ruinées, de monastères pillés, de bibliothèques réduites en cendres, de bénéfices ecclésiastiques tombés aux mains des laïques, des hérétiques même (1) ! Les auteurs contemporains déplorent

---

truction primaire est toujours plus répandue que dans les contrées catholiques, et l'on ne manque pas de faire honneur de cette différence au protestantisme. Voir à ce sujet, dans les *Comptes-rendus de l'Acad. des sciences morales et politiques* (2e semestre de 1873, p. 242-244), une intéressante discussion. M. Levasseur cite des pays catholiques aussi favorisés à cet égard que les pays protestants, entre autres le Wurtemberg et le Canada.

(1) « Il est incontestable que le protestantisme par cela

en maints endroits de leurs ouvrages ces monstrueux excès. Les conciles provinciaux, les synodes diocésains retentissent des plaintes arrachées au clergé par le triste état où se trouvait réduit notre pays. « Il nous faut admirer, dit Cl. de Sainctes, évêque d'Évreux, dans ses statuts de 1576, le zèle de nos pères pour l'instruction de la jeunesse. Il eût été difficile de trouver autrefois une paroisse un peu populeuse qui n'eût sa maison ou sa fondation pour les écoles, mais en même temps, il nous faut maudire la négligence ou plutôt la conduite sacrilège de notre siècle où l'on a vu les gentilshommes, les paroissiens usurper ou aliéner les maisons d'école et les biens qui y avaient été affectés, de telle sorte qu'à peine trouve-t-on maintenant une école ou un maître, nous ne dirons pas dans les campagnes, mais dans les villes et même les cités les plus considérables. » Cl. de Sainctes concluait en prescrivant la restitution, sous deux mois, des biens des écoles, lesquelles devaient être rétablies dans le même délai (1). F. Péricard, évêque d'Avranches, ordonne en 1600 que « les

---

seul qu'il alluma en France une guerre longue, sanglante et désastreuse, exerça tout d'abord sur les écoles une influence des plus fâcheuses. Ce fut comme à la suite de la guerre de Cent-Ans. Dans le pays de Caux, nombre d'églises furent démolies et, pendant longtemps, le service divin fut interrompu dans plusieurs paroisses. L'enseignement populaire était généralement confié aux ecclésiastiques, et aux clercs qui aspiraient à le devenir, il était assez ordinairement mis à la charge des fabriques, et partout il était placé sous la surveillance du clergé. Il est donc aisé de concevoir combien les écoles durent souffrir des attaques dirigées par ceux de la religion nouvelle, contre le culte catholique. » (Beaurepaire, t. I, p. 77-78.)

(1) *Ap.* Beaurepaire, t. II, p. 5.

escoles soient remises aux sièges où elles avaient accoustumé d'estre et que recherche soit faite de leurs fondations (1). » — « Nombre d'écoles ont disparu, dit M. de Resbecq, et nous entendons les plaintes de tous les évêques de nos diocèses à cet égard. Ils ordonnent de relever les écoles ruinées et d'en créer de nouvelles : « *Ubi collapsæ sunt, restituantur, et ubi conservatæ, colantur et augeantur*.(Ypres, 1577). *Ubi deletæ sunt restituantur; ubi conservatæ, magis magisque colantur* (S. Omer, 1583). *Erectione vel continuatione* (Arras, 1534). *Ut ubique locorum scholæ parochiales restituantur* (Ypres, 1609) (2). »

Le clergé n'est pas seul à tenir ce langage. Henri IV accordant au collège de la Rochelle 2,000 livres de subvention par ses lettres patentes de juin 1590 était forcé de constater « que l'ignorance prenait cours dans son royaume par la longueur des guerres civiles (3). »

A Montauban, les écoles furent souvent fermées pendant ces guerres atroces. Tantôt elles servaient de prêches, tantôt de magasins pour les armes, les munitions et l'artillerie. Et d'ailleurs quelle pouvait bien être leur utilité, alors que, au rapport du syndic de la ville dans une enquête de 1599, «la jeunesse estoit tellement desbauchée par les guerres civiles, qu'elle estoit entièrement desbordée et ne s'adonnoit qu'à la dissolution, sans aucunement vacquer à l'estude des bonnes lettres, dont aussi

---

(1) Beaurepaire, t. II, p. 5. — (2) Resbecq, p. 15. — (3) *Académie de la Rochelle. Choix de pièces lues aux séances,* n° 14. p. 122.

les moyens sont oustés en ceste ville puisqu'il n'y a ni escoles ni collieges. » Aussi, en attendant des jours plus heureux, le collège de Montauban devint en 1574 une simple école primaire (1).

En Champagne, les mêmes causes produisent les mêmes effets : « En 1572. Chaource, qui avait une école primaire, n'en a plus. A Bar-sur-Seine, après les troubles de la Ligue, la ville ne peut plus payer un précepteur pour l'instruction des enfants (2). »

Tel fut le premier résultat de l'invasion armée du protestantisme dans notre pays. La Réforme en produisit un autre tout opposé. mais dont il faut faire honneur à l'Église catholique. Ce fut un immense mouvement en faveur de l'enseignement populaire qui commença dans la seconde moitié du XVI° siècle et se continua pendant tout le XVII°. L'Église n'eut pas de peine à comprendre qu'on en voulait à l'âme des petits enfants ; elle les défendit avec la passion d'une mère. A la voix de ses conciles, de grandes âmes prirent en main la cause de l'enfance menacée par les doctrines nouvelles et, de toutes parts, notre sol se couvrit d'une magnifique floraison d'écoles chrétiennes et de congrégations vouées à l'éducation de la jeunesse.

Quelques faits empruntés aux travaux des érudits qui nous servent de guides montreront comment, dès le XVI° siècle, l'appel de l'Église fut entendu.

---

(1) Devals, p. 28, 29, 32, etc. — (2) Babeau, l'*Inst. prim. dans les campagnes avant 1789*, p. 10.

En 1534, les magistrats de Lille fondent une école dominicale gratuite ; ils la convertissent en 1505, en école journalière. Dès le commencement du xvii° siècle, 1200 enfants la fréquentent et quatre quêtes établies à cette fin permettent de leur distribuer des vêtements, des aliments et des secours de toute nature (1). Des recherches analogues étendues par M. de Resbecq à tout le département du Nord ont prouvé l'existence d'institutions du même genre, non seulement dans les villes, mais dans beaucoup de paroisses de campagne. A côté de Douai, Dunkerque, Valenciennes, nous pouvons citer Bavai, Condé, Solre-le-Château, Merville, etc. (2).

M. Quantin nous fournit des renseignements sur les écoles des anciens diocèses de Langres, Sens et Auxerre au xvi° siècle. Il cite, entre autres, ce fait remarquable : en 1546 le chapitre de la cathédrale de Sens fait visiter par ses commissaires douze paroisses dépendant de sa juridiction. Toutes, sans exception, sont pourvues d'un maître d'école (3).

Vers la même époque s'établissent les écoles charitables de Rouen ; en 1555, quatre classes sont ouvertes et confiées à « d'honnestes ecclésiastiques » auxquels on fournissait le logement et 40 livres de traitement. Il leur était enjoint d'apprendre aux écoliers « à craindre et louer Dieu, leur créance et commandements de la loi, leur petit

---

(1) Houdoy, p. 1, 6, 10-12. — (2) Resbecq, p. 30, 101, 105, 117, etc., etc. (15 paroisses). — (3) Quantin, p. 12. Le même auteur prouve l'existence d'écoles dans divers autres lieux, p. 119, 122, 123, 124, 125, 126, 132. (14 paroisses).

livre, la lecture, l'écriture, principalement les bonnes mœurs. » En 1556, deux autres écoles reçurent 160 filles ; elles étaient dirigées par deux « honnestes femmes » qui devaient les instruire et leur montrer à travailler à l'aiguille (1).

Ce n'était pas seulement à Rouen qu'il existait des écoles au xvi° siècle, toutes les villes du diocèse et de nombreuses paroisses de campagne en étaient pourvues.

Au défaut des registres de l'officialité qui ont été perdus, M. de Beaurepaire a consulté ceux des *Expéditions passées au chapitre de l'abbaye de Fécamp*. « On y voit mentionnées les commissions de maîtres d'école qui forment une catégorie d'actes assez nombreux. Ces commissions toujours révocables et données par le vicaire général, en l'absence de l'abbé, sont très fréquemment renouvelées. Il en faut nécessairement conclure qu'il y avait abondance de maîtres et que l'exercice de cette profession était généralement considéré par les clercs, comme une occupation provisoire, en attendant l'obtention d'un bénéfice plus avantageux (2). » Le savant archiviste indique ensuite de nombreuses paroisses de la juridiction de l'abbaye de Fécamp pour lesquelles il a retrouvé des commissions de maîtres d'école de 1542 à 1568 (3).

Les très curieux mémoires d'un gentilhomme

---

(1) Beaurepaire, t. II, p. 289, 290. — (2) *Ibid.*, I, 73. — (3) *Ibid.*, 74-75. Cf., p. 26-40, la preuve de l'existence d'écoles au xvi° siècle dans beaucoup d'autres villes et villages de l'ancien diocèse de Rouen.

campagnard du Cotentin, C. de Gouberville, nous fournissent aussi quelques témoignages sur l'existence des écoles rurales dans le diocèse de Coutances au xvi⁰ siècle. Son journal nous le montre favorisant l'instruction des gens de la campagne, donnant quelque monnaie aux écoliers pour les encourager, visitant les maîtres du voisinage, les accueillant chez lui, payant l'écolage des enfants de ses serviteurs, faisant même présent d'une petite somme d'argent à un jeune homme qui part pour aller étudier à Paris (1).

Indiquons rapidement les auteurs dont les recherches dans les documents originaux ont prouvé l'existence d écoles plus ou moins nombreuses dans les diverses provinces de la France au xvi⁰ siècle. M. Bellée en a exhumé 26 pour le département actuel de la Sarthe (2) ; M. C. Port, 27 pour celui de Maine-et-Loire (3); M. Babeau, 6 pour l'Aube (4); M. Sérurier, 13 pour le Béarn (5); M. de Charmasse, 6 pour l'ancien diocèse d'Autun (6) ; M. Rossignol, 12 pour l'ancien diocèse de Castres (7). Le dictionnaire de Buisson nous fournit quelques faits pour les Côtes-du-Nord, l'Aisne, l'Allier, les Bouches-du-Rhône, les Alpes-

---

(1) Tollemer, *Journal inédit d'un sieur de Gouberville*, p. 216-219 — (2) Bellée. p. 17, 68, 85, 95. 105, 107, 111, etc., etc. Nous croyons inutile de citer le nom des communes, mais nous ferons observer que presque toutes sont des paroisses rurales. La même observation s'applique aux écoles indiquées par MM. Port, Sérurier, etc, — (3) C. Port, t. I, p. 106, 210, 212, 507, 602, 717 ; t II. p. 53, 116, 149, etc., etc. — (4) Babeau, *l. c.*, p. 61. — (5) Sérurier, p. 13. (6) Charmasse, p. 22, 23. — (7) E. A. Rossignol. *Assemblées du diocèse de Castres*. Toulouse. 1878, in-8, p. 91-92.

Maritimes, la Creuse, le Doubs, la Drôme (1), le Dauphiné, où selon M. Maggiolo qui a eu en main les documents, « en 1551, le nombre des écoles était considérable (2). » Les excellents mémoires du même auteur nous permettent de signaler encore quelques écoles du xvi° siècle, celles de Mende (3), de Saint-Péravy (Loiret) (4), de Toul, Haillecourt et Vézelise en Lorraine (5).

Indiquons encore dans la même province les écoles d'Épinal, Laxon, Lamothe et Darnay (6), celles de Mâcon (7), Chambéry (8), Nantes et Château-Thébaud (9), Déols (10), Rethel (11), Saintes (12), Cherbourg et Nacqueville (13), Lagnes (Vaucluse)(14), Bordeaux (15) Blaye (16), Créon (17), Libourne (18), et diverses paroisses du diocèse de

---

(1) Voir le *Dictionnaire de Pédagogie* aux articles consacrés à chacun de ces départements. — (2) Buisson, p 644. — (3) Maggiolo, *De l'instruction primaire dans les Hautes-Cévennes*, p. 3. — (4) Maggiolo, *Les archives scolaires de la Beuce et du Gâtinais*, p. 16. — (5) Maggiolo, *Pouillé scolaire du diocèse de Toul*, p. 45, 70, 74. — (6) Schmidt, *L'Instruction primaire à la campagne en Lorraine...* p. 208, 275. — (7) Rameau, *Revue de l'Ain.* Juillet-août 1876, p. 176. — (8) A. de Jussieu, p. 14. — (9) L. Maitre, *L'instruction primaire dans le comté Nantais avant 1789* p. 263. — (10) Fayet, *Comment les cléricaux fondent des écoles, comment les autres les détruisent.* Chateauroux 1874, in-8, p. 13. — (11) Jadart, p. 48. — (12) *Renseignement communiqué par M. Audiat.* Une délibération du corps de ville de 1576 porte : « Il y a plusieurs escoles qui gastent entièrement la grande escole. » — (13) *Renseignements communiqués par M l'abbé Trochon* — (14) André, *Les communes du département de Vaucluse de 1556 à 1789. Lagnes.* Avignon 1854, in-12, p. 83. — (15) Gaullieur, *Histoire du collège de Guienne.* Paris, 1874, in-8. p. 12, 24, etc. — (16) *Archives de la ville de Blaye.* Bordeaux, 1871, in-4 p. 95. — (17) *Arch. Gir. E.,notaires minutes de S. Gealoffier,* 11 nov. 1561. — (18) Guinodie, *Histoire de Libourne.* Bordeaux, 1845, in-8, t. II, p. 222.

Bazas (1), Lyon et Beaujeu (2), Chalon-sur-Saône et Sermecey (3), Argentat (4), Romorantin (5), Semur-en-Auxois (6), Reims (7), Nîmes (8), etc.

Il est à remarquer que la plupart des écoles dont on a pu retrouver la trace appartiennent au dernier quart du XVI° siècle. Elles sont presque toutes contemporaines des conciles qui se tinrent en diverses provinces, en exécution des décrets de Trente. Ce simple rapprochement de dates est une preuve de plus à l'appui de la thèse que nous avons énoncée : c'est à l'influence de l'Église et non à l'influence du protestantisme qu'on doit la première restauration de l'enseignement primaire dans notre pays.

Il manquerait quelque chose à notre exposé si nous ne faisions remarquer combien il est forcément incomplet. Les sources fécondes entre toutes pour l'histoire de l'enseignement primaire (procès-verbaux de visites et registres de conseils épiscopaux, actes de l'État civil), nous manquent presque totalement pour cette période ou n'ont pas été

---

(1) En tête d'un ouvrage de Gerson imprimé à La Réole en 1517 dont le seul exemplaire connu est à la Bibliothèque de Bordeaux, (*L'instruction des cures, recteurs et vicaires pour instruire le simple peuple. — Bazas. — Ce présent livre est très nécessaire à tous cures, recteurs, vicaires, et maistres d'escolles...*) se trouve un mandement d'Amanieu d'Albret, évêque de Bazas (1503-1520), en prescrivant l'usage aux maîtres d'école de son diocèse. — (2) Cuissart *Revue du Lyonnais*, t. IX, p. 32, 33 ; t X. p. 12. — (3) Battault. p. 40, 127. — (4) *Revue des Questions Historiques*, avril 1880, p. 700. (Compte rendu d'une histoire d'Argentat.) — (5) *Comptes de la ville*, 1501, 1502, 1501. *Renseignement communiqué par M. Maggiolo.* — (6) Leleu, *Notice sur les écoles de Semur*. Semur, 1873, in-8, p. 69, 70. — (7) Varin, t. Ier, p. 664 *seq*. — (8) Goiffon, p. 6, *seq*.

suffisamment étudiées. De là le petit nombre de faits constatés pour cette époque déjà éloignée. C'est ce qui explique comment, à part ces érudits de profession qui possèdent à fond certains dépôts d'archives, les auteurs qui ont traité de l'histoire de l'instruction primaire se sont contentés généralement de consulter, pour le xvi° siècle, les documents qui se trouvaient le plus à leur portée, par exemple les registres municipaux. Il n'en faudrait pas conclure que l'enseignement primaire n'existait alors que dans les villes. Nous avons cité assez de faits, signalé un assez grand nombre d'écoles rurales, pour nous permettre une assez large induction, et dire que si, dans la première moitié du xvi° siècle, l'enseignement primaire se ressentit de la décadence causée par les guerres étrangères et surtout par les guerres civiles et religieuses allumées par la Réforme, dès la fin du même siècle, dans la plupart de nos provinces, grâce au zèle du clergé et aux exhortations des conciles, il eut lui aussi sa *Renaissance*.

CHAPITRE IV

DE L'EXISTENCE DES PETITES ÉCOLES AUX DEUX DERNIERS SIÈCLES.

Nous réunissons dans un même chapitre les faits que nous avons pu recueillir relativement à l'état de l'instruction primaire durant le xviie et le xviiie siècle. Nous ne prétendons pas pour cela que la situation ait été identique durant ces deux périodes, mais depuis le commencement du xviie siècle jusqu'à la Révolution française, le mouvement en faveur de l'instruction primaire ne cessa de s'accentuer et de se propager d'une manière constante et universelle ; d'autre part, pendant ces deux siècles, le régime auquel les écoles furent soumises ne changea pas sensiblement.

Une fois de plus, nous devons déplorer l'insuffisance des renseignements que nous possédons. Malgré tous nos efforts pour réunir les éléments d'un tableau d'ensemble, il est plusieurs contrées pour lesquelles nous restons dans une ignorance presque absolue. Elles ne possèdent pas de monographie scolaire et les autres sources ne nous ont fourni que des documents vagues et confus.

Nous pourrons néanmoins, pour beaucoup de provinces établir des faits nombreux et des chiffres incontestables. Nous n'en serons plus réduits à des inductions qui sans doute ont une grande valeur quand leur base est suffisamment large, mais auxquelles cependant on préfère à bon droit les résultats acquis par l'étude directe de documents précis. Pour certaines de nos provinces, ces documents étant nombreux et accessibles, ont été largement exploités et c'est surtout l'étude de la situation scolaire des deux derniers siècles qui a fait l'objet des monographies que nous avons pu consulter.

Nous demandons d'avance au lecteur de nous pardonner la monotonie nécessaire de notre exposition. Il ne s'agit pas ici de discours plus ou moins éloquents, il faut des textes et des faits, textes que nous voudrions citer assez nombreux, chiffres que nous voudrions établir assez précis pour porter la conviction dans les esprits.

1. — La Normandie était, dès le moyen âge, une des provinces de France où l'instruction primaire avait atteint le développement le plus considérable. Aux deux derniers siècles, elle avait conservé son rang, la statistique de M. Maggiolo l'a démontré. Sous l'influence de l'Église (1), des

(1) « L'intervention du clergé en Normandie parut, elle aussi, se montrer favorable aux idées de propagation de l'instruction. Les évêques de la généralité de Rouen provoquent l'établissement d'écoles dans les communautés qui en étaient dépourvues, ils engagent les parents à envoyer leurs enfants dans celles qui existent. » (Baudrillart, p. 99.)

écoles très nombreuses avaient été fondées. « Dans les campagnes, on avait pourvu à l'instruction populaire par l'établissement d'une multitude d'écoles tenues, ici par le curé, là par le vicaire, ailleurs par des clercs ou des magisters, écoles assez souvent gratuites, grâce aux fondations des fabriques ou de pieux particuliers et, quand elles ne l'étaient pas, entretenues aux conditions les plus modestes, au moyen de certains droits payés aux maîtres par les écoliers et désignés sous le nom d'écolage. La diminution progressive des ecclésiastiques dans les derniers siècles, en obligeant les paroissiens et les curés à recourir à des instituteurs laïques, avait fait sentir la nécessité d'assurer un traitement à ces derniers, et de favoriser autant que possible les donations en faveur des écoles paroissiales (1). » Les procès-verbaux de visite de l'archevêché de Rouen, soigneusement dépouillés par M. de Beaurepaire ont donné les résultats suivants :

En 1683, trente-huit paroisses visitées, vingt-deux écoles (2) ;

En 1687, cinquante-six paroisses, quarante-deux écoles (3);

En 1710-1717, onze cent cinquante-neuf paroisses, onze cent soixante et une écoles, dont trois cent six écoles de filles (4).

Le nombre des écoles s'accrut notablement dans le cours du XVIIIᵉ siècle. Dans le doyenné de Saint-

---

(1) Beaurepaire, II, p. 273. — (2) *Ibid.*, p. 382. — (3) *Ibid.* p. 383. — (4) *Ibid.*, p. 407.

Romain, en 1750, sur quarante paroisses, trente-six ont des écoles (1). Dans le district de Rouen, en 1790, sur cent deux communes, pour lesquelles on a des renseignements, treize seulement manquent d'écoles (2).

Ces chiffres parlent assez haut, mais on est encore plus frappé de leur éloquence quand on réfléchit que le nombre des paroisses était, avant la Révolution, beaucoup plus considérable qu'aujourd'hui ; que par suite, elles étaient moins étendues et moins populeuses ; et qu'en raison du nombre restreint des habitants, il était matériellement impossible à plusieurs d'entre elles d'entretenir un régent (3).

2. A la suite des guerres du XVIe siècle, le diocèse de Coutances avait perdu presque toutes ses écoles. Un relevé officiel de 1675 ne donne que cent quatre écoles de garçons et trente-deux écoles de filles pour quatre cent quatre-vingt-treize paroisses. Justement ému de cette situation, l'évêque, Mgr de Loménie de Brienne, voulait l'établissement de deux cents nouvelles écoles de garçons et de cent soixante-seize écoles de filles (4). Grâce à son zèle et à celui de ses successeurs, l'état des choses était bien différent au XVIIIe siècle. M. l'abbé Trochon a étudié aux archives de l'évêché de Coutances, les procès-verbaux de visite d'un des

---

(1) Beaurepaire, II, p. 412, 413. — (2) *Ibid.*, p. 414. — (3) Le département de la Seine-Inférieure, par exemple, qui avait plus de mille municipalités en 1790, n'en a plus aujourd'hui que sept cent cinquante-neuf. (*Ibid*, p. 408). — (4) *Archives du département de la Manche. — Rapports annuels de l'archiviste.* St-Lô 1854, in-8, p. 13.

quatre archidiaconés du diocèse, et il a pu constater que presque toutes les paroisses y étaient pourvues d'écoles tenues généralement par les vicaires ou d'autres prêtres, avec beaucoup de soin et d'exactitude (1). La situation était la même dans les autres archidiaconés du diocèse et dans l'évêché d'Avranches car la *Statistique des Conjoints* dressée par M. Maggiolo donne en 1786-1790 des moyennes fort belles pour le département de la Manche : proportion pour cent des époux ayant signé leur acte de mariage, 81, 99 ; des épouses, 65, 97 (2).

3. « Il est avéré, dit M. Baudrillart, que presque toutes les paroisses qui forment aujourd'hui le département de l'Eure, avaient avant 1789 de petites écoles. la plupart des communes supprimées en avaient aussi (3). »

4, 5. Nous n'avons pu nous procurer aucun travail spécial sur les anciennes écoles des départements actuels du Calvados et de l'Orne, mais les moyennes élevées que fournit la statistique des actes de mariage ne permet pas de douter que leur situation scolaire ne fût prospère à l'époque de la Révolution (4).

6. La même observation s'applique à l'Oise. A notre connaissance, rien n'a été publié sur l'état ancien de l'instruction primaire dans ce départe-

(1) *Renseignements communiqués par M. l'abbé Trochon.* — (2) *Statistique rétrospective de l'Instruction primaire.* Les moyennes pour toute la France en 1872-76 sont : époux, 76, 95 ; épouses, 67, 00.— (3) Baudrillart, p. 100. Les moyennes de ce département sont, d'après M. Maggiolo (1786-99), 75, 28 ; 53, 29. — (4) Calvados, 82, 50 ; 63, 12. — Orne, 67, 51 ; 45, 98.

ment. Les données de la statistique rétrospective nous permettent cependant de présumer que beaucoup de paroisses devaient être pourvues d'écoles (1).

Voici d'ailleurs un témoignage qui, sans être très précis, a cependant sa valeur pour l'histoire scolaire des départements de l'Oise, de l'Aisne et du Pas-de-Calais, qui se partagent le territoire de l'ancien évêché de Noyon. Un des grands vicaires de Noyon, M. Gohard, ancien curé de Montfort-l'Amaury, écrivait à son successeur en 1741 : « J'arrive d'une longue et pénible visite dans laquelle j'ai parcouru les deux tiers de ce diocèse; le zèle avec lequel on y pourvoit à l'instruction de la jeunesse, qui a, presque dans chaque paroisse, un maître et une maîtresse d'école, anime celui que j'ai toujours pour les pauvres garçons de Montfort (2). »

7. A défaut de monographie scolaire pour la Picardie (3), rapprochons de ce témoignage une curieuse affaire plaidée au parlement de Paris en 1630, parce qu'elle nous donnera une idée de l'organisation de l'enseignement primaire à Amiens à la fin du xviie siècle. En 1678, les curés de cette ville, imitant l'exemple qui leur avait été donné par les curés de Paris, avaient voulu doter leurs

(1) Époux : 70, 63 ; épouses : 40, 59 — Nous avertissons une fois pour toutes que les chiffres empruntés par nous à la statistique de M. Maggiolo se rapportent aux années 1786-1790. —
(2) A. de Dion. *Les écoles de Montfort-l'Amaury*, p. 33, 34. —
(3) M. Baudrillart dans son mémoire sur la condition de la classe agricole en Picardie (*Comptes-rendus de l'Acad. des sciences morales*, 1880, 1881) ne traite pas de l'état de l'instruction primaire dans cette province.

paroisses de classes gratuites pour les enfants pauvres ; ils en avaient nommé directement les maîtres, sans faire prendre à ceux-ci de lettres d'attache de l'écolâtre. Ce dignitaire voulant maintenir les droits de sa charge, saisit les tribunaux de ses réclamations, et l'affaire, après avoir été jugée aux Requêtes du Palais, vint en appel à la grand'Chambre du parlement de Paris. Tout en reconnaissant à l'écolâtre son autorité sur les écoles de la ville d'Amiens, contre les prétentions des échevins, l'arrêt maintint également les curés au droit d'établir des écoles gratuites pour leurs paroissiens et d'en nommer les maîtres de leur propre autorité (1). Le plaidoyer de l'avocat du curé de saint Jacques nous fait connaître qu'à côté des écoles payantes, il existait dans cette ville deux sortes d'écoles gratuites, celles que les curés avaient fondées dans leurs paroisses, et trois autres établies par les administrateurs des maisons hospitalières, une assez récente à l'hôpital général, une autre dans la Chapelle de saint Quentin, où elle se tenait de *temps immémorial*, la troisième connue sous le nom d'école des « Enfants bleus » datant de 1627 (2). Quant aux écoles rurales, nous joindrons au témoignage du grand vicaire de Noyon que nous venons de citer, les fortes présomptions qui résultent des chiffres de la statistique rétrospective ; on en peut inférer qu'elles étaient nombreuses (3).

8. C'est à propos de l'Artois que nous nous ser-

(1) *Mémoires du Clergé*, t. Ier, p. 999-1031. — (2) *Ibid.*, p. 1007. — (3) Époux, 68, 31 épouses, 11, 87.

virons pour la première fois des renseignements fournis par les correspondants de Grégoire quand il commença en 1790 son enquête sur les patois de France. Il avait envoyé dans tous les départements où la langue française n'était pas exclusivement en usage, un questionnaire étendu où une part avait été faite à l'état de l'instruction primaire. Nous citons intégralement ses questions et les réponses qui lui furent faites pour l'Artois par J.-B. Hennebert, chanoine de Saint-Omer (1).

« *Dans les écoles de campagne, l'enseignement se fait-il en Français ?* R. Assez généralement, excepté dans les écoles flamandes. — *Les livres sont-ils uniformes ?* R. Les catéchismes et les autres livres d'instruction varient selon les diocèses et les lieux. Je voudrais uniformité d'idiôme, de lectures et de principes.— *Chaque village est-il pourvu de maître et de maîtresse d'école ?* R. Il y a des maîtres dans tous les villages, excepté dans les hameaux. Les maîtresses d'école y sont moins communes et plus ignorantes. Les vicaires devraient présider à l'enseignement et non être assujettis à tenir l'école. Cette sujétion les détourne de leurs études sérieuses. — *Outre l'art d'écrire, de lire, de chiffrer et le catéchisme, enseigne-t-on autre chose dans ces*

---

(1) « Hennebert (1726-1795) est l'auteur de diverses œuvres littéraires aujourd'hui oubliées et d'une *Histoire générale de l'Artois* publiée en 1786, qui lui avait coûté vingt années de travail, et où l'on trouve des renseignements précieux à recueillir. Ce n'était pas un esprit supérieur, mais il avait l'habitude de regarder attentivement les choses, et c'est tout ce que Grégoire pouvait demander à ses correspondants. » (Note de M. Gazier dans les *Lettres à Grégoire sur les patois de France*, p. 235.)

écoles ? R. Peu de choses au delà. On y apprend encore à lire dans les *Heures*, la *Vie des Saints* et autres livres de piété Je crois que l'on y proscrit avec raison *Le Pédagogue Chrétien* et *Les Sept Trompettes*. — *Sont-elles assidûment surveillées par MM. les curés et vicaires ?* R. J'ai assez bonne opinion de MM. les curés et vicaires pour croire qu'ils se conforment aux intentions de MM. les évêques. Chaque doyen est chargé de cette inspection dans son district où il est à portée de connaître ce qui s'y pratique (1). » En résumé, des écoles de garçons dans toutes les paroisses, écoles souvent tenues par les vicaires, écoles de filles plus rares, enseignement très élémentaire, inspection paraissant avoir été régulièrement faite (2).

9. Nous avons pour le département du Nord un excellent guide, M. le comte de Fontaine de Resbecq, dont nous avons cité plus d'une fois le savant ouvrage. L'étude attentive des documents contemporains lui a permis d'établir que, dans

---

(1) Note de M. Guzier dans les *Lettres à Grégoire, sur le patois de France*, p. 258-259. — (2) Ajoutons quelques faits particuliers. Deux écoles avaient été établies à Calais, avant 1693, pour l'éducation des enfants des matelots. Elles étaient subventionnées par l'Etat. (De Boilisle. *Correspondance des contrôleurs généraux*. Paris, 1874, in-4, n° 1420.) — En 1701 et 1703, le Vénérable de la Salle fonda deux écoles de frères, l'une dans la ville même de Calais, l'autre au faubourg de Court-Gain, (Ravelet. p. 330-331). —A Saint-Omer, plusieurs fondations avaient pourvu à l'instruction gratuite des enfants pauvres, *les Bleuets* et le Jardin Notre-Dame, doté par l'évêque Jacques Blaseus. En 1717, cette maison n'avait pas moins de douze maîtresses. (L. Deschamps de Pas. *Recherches historiques sur les établissements hospitaliers de la ville de Saint-Omer*, Paris. 1877, in 8). Nous empruntons cette citation à un compte-rendu de la *Revue des Quest. Hist.* Janv. 1878, p. 370.

toutes les villes de la Flandre française, de nombreux établissements d'instruction primaire, richement dotés, mettaient à la portée de tous l'enseignement primaire. Les ressources accumulées pendant des siècles par la charité catholique permettaient d'en ouvrir gratuitement l'accès aux pauvres. M. de Resbecq a démontré l'existence de plus de quatre cents écoles de campagne, avec des textes qui lui ont fourni d'intéressants détails sur l'organisation et le programme de l'enseignement, plus étendu en Flandre que dans la plupart de nos anciennes provinces (1).

10 Un document intéressant sur la situation de l'instruction publique dans l'Aisne avant 1789, a été publié dans le *Dictionnaire de Pédagogie* de Buisson. C'est un rapport du comte Dauchy, préfet du département, en l'an X. Il commence par constater qu'en 1790, il y avait dans le pays trois collèges de plein exercice, trois autres enseignant les humanités, plusieurs pensionnats, enfin dans une douzaine de villes et de bourgs « pour l'instruction gratuite des enfants qui montraient des dispositions, un instituteur sous le nom de régent ou de principal qui leur enseignait les éléments de la latinité. » Il observe que les biens de ces collèges et ceux des communautés qui donnaient aux filles l'instruction gratuite ont été aliénés en grande partie à la Révolution. Il ajoute que « les fonctions de clerc laïque donnaient toujours un maître d'école plus ou moins capable dans toutes

(1) Resbecq, pp. 101-286.

les paroisses et que, dans plusieurs, on avait pour les filles la ressource d'une école séparée de celle des garçons (1). » M. l'abbé Ledouble a cité trente-six de ces écoles de filles, tenues par des religieuses de diverses congrégations (2). Nous compléterons ces renseignements, en indiquant les moyennes satisfaisantes des conjoints ayant signé leur acte de mariage : 68, 23 et 45, 74.

11. Les procès-verbaux de visite de Mgr de Saulx-Tavannes, évêque de Châlons-sur-Marne (1724-1732), étudiés par M. Ed. de Barthélemy, accusent deux cent trente cinq écoles pour trois cent dix-neuf paroisses rurales « dont bon nombre ayant une population beaucoup trop minime pour suffire aux frais de l'instruction (3). » Selon M. Maggiolo, il y en avait plus de trois cents, en 1789 (4). M. de Barthélemy affirme que dans le diocèse de Reims des écoles de garçons existaient dans la plus grande partie des paroisses (5). Quant à la ville épiscopale, M. Ch. Loriquet a prouvé « qu'avant l'établissement des Frères des écoles chrétiennes, chaque paroisse avait son maître d'école élu par l'assemblée des paroissiens et institué par l'écolâtre de l'Église de Reims sous l'autorité suprême de l'archevêque. Ce fait résulte des délibérations des fabriques locales et des registres de l'écolâtrerie, ainsi que des procès soutenus par les titulaires de

---

(1) Buisson, p. 41, 42. — (2) Ledouble. *État religieux ancien et moderne des pays qui forment aujourd'hui le diocèse de Soissons.* Soissons, 1880. in-8, p. 07, 09, 359 seq. — (3) Ed. de Barthélemy, *L'instruction publique avant 1789.* (*Revue de France*, mai 1873. p. 308.) — (4) Ap. Buisson : v° Champagne, p. 315. — 5) E. de Barthélemy, *Ibid.*, p. 307.

cette dignité du chapitre pour maintenir leur droit d'instituer et de destituer les maîtres d'école du diocèse (1). « M. Maggiolo a vu aux archives de Reims le « regis re in-quarto de l'écolâtre, servant à l'enregistrement des formules employées pour la nomination des maîtres et des maîtresses ; il y en a partout ; dans les villes, les villages, les annexes des doyennés. Il en a compté 606 ; le dernier acte est du 11 novembre 1790 (2). »

12. Pour le diocèse de Meaux, le même érudit a retrouvé aux archives de cette ville un très important recueil. « Un fort volume in-quarto de 227 pages comprend les fondations de vicaires, maîtres de latin, maîtres et maîtresses d'école dans les diverses paroisses du diocèse par le cardinal de Bissy qui « durant trente ans s'est appliqué à subvenir à tous les besoins spirituels et temporels de son troupeau et à pourvoir à l'instruction de la jeunesse des deux sexes. » Par l'acte de donation, il confie à la chambre ecclésiastique du diocèse le soin de veiller à la conservation des établissements secondaires et primaires qu'il a formés (3). »

13. Un savant travail de M. Albert Babeau a démontré qu'en 1790, les paroisses de l'Aube pri-

---

(1) Ch. Loriquet, Note sur l'Instruction primaire à Reims. (*Travaux de l'Académie de Reims* t. 53. Reims, 1874, in-8, p. 210.) — (2) *Ap.* Buisson, *Dict. de pédagogie*, p. 354. — Cf. Ravelet, p. 99, 110, 165, 197, 336. M. A. Babeau cite (*La ville sous l'Ancien Régime*, p 484.) ce passage des mémoires d'Oudart Coquault, bourgeois de Reims (1658) : « La plupart d'iceux (des prêtres) tiennent escolle de petiz enfans, à l'ayde de quoy ils vivent et sans quoi ne pourroient subsister. » — (3) *Ap.* Buisson, *l. c.*

vées d'école étaient fort peu nombreuses. Sur 446 communes, 420 en étaient pourvues. Des hameaux même avaient leur maître et leur maison d'école. Près de 180 d'entre elles étaient propriétaires du local scolaire (1).

14. Dans le département de la Haute-Marne, l'ouvrage si remarquable publié en 1879 par M. Fayet, prouve de la manière la plus péremptoire, avec des textes positifs, qu'au moment de la Révolution, 527 communes sur 550 possédaient des écoles dont bon nombre avaient des dotations suffisantes en immeubles et en rentes. Nous croyons devoir citer la conclusion du chapitre consacré à la démonstration de ce fait important, parce qu'elle résume très bien les résultats obtenus et la méthode employée par l'auteur : « L'existence des écoles avant la Révolution nous paraît maintenant surabondamment prouvée. Cette démonstration repose sur trois faits principaux positifs et incontestables : 1° sur les listes des maîtres qui ont enseigné dans les écoles (de la Haute-Marne) soit avant (2), soit depuis la Révolution, listes relevées par nos instituteurs, de 1855 à 1863, sur les actes de baptême, de mariage et de décès, et confirmées par de nombreux détails sur

---

(1) Babeau, *L'Instruction primaire dans les Campagnes avant 1789*, passim. — Le même auteur a donné au *Dictionnaire de pédagogie*, v° Aube, un très bon article sur l'état ancien de l'instruction primaire dans ce département. Il y résume son précédent travail en l'enrichissant de faits nouveaux. — (2) M. Fayet et ses collaborateurs ont sauvé de l'oubli les noms de 5,535 maîtres ayant enseigné dans la Haute-Marne avant 1789. (*Recherches*, p. 22.)

plusieurs de ces maîtres, puisés dans les archives soit des communes, soit du département ; — 2° sur les nombreuses fondations pieuses faites, soit à l'école directement, soit à la fabrique qui est alors tenue d'en donner une part au maître d'école ; — 3° sur le témoignage compétent et pratique des familles au nombre de 44 et des maîtres au nombre de 135 ayant dirigé la même école, avant et depuis la Révolution (1). »

15. Nous n'avons rien de bien précis sur le nombre des écoles primaires aux deux derniers siècles dans les Ardennes. Nous savons seulement qu'au XVII° siècle, on remarque de nombreuses fondations appliquées surtout à l'instruction gratuite des filles. Les constructions de maisons d'école et les fondations se continuent et se multiplient jusqu'à la veille de la Révolution (2). Les moyennes fournies par la Statistique des conjoints permettent d'affirmer que ces efforts n'avaient pas été inutiles (3).

Il existe un curieux témoignage relatif à l'état ancien de l'instruction primaire dans un groupe de départements de l'Est. C'est un passage d'un mémoire dû au Conventionnel Grégoire, d'abord curé d'Emberménil en Lorraine, puis évêque constitutionnel de Loir-et-Cher, témoin peu suspect

---

(1) Fayet, *Recherches Historiques et Statistiques sur les écoles de la Haute-Marne*, p. 39. — Cf. p. 361 seq. *l'État des communes* de la Haute-Marne, avec la première date où l'existence d'une école est constatée, le nombre des maîtres ayant exercé, avant et après 1801, dont les noms sont connus. —
(2) Buisson, v° Ardennes, p. 108. — Cf. Jadart, *passim*. —
(3) Epoux : 75, 67 ; épouses : 48, 87.

de partialité pour l'Ancien Régime. Ce travail date de l'époque du Directoire (1) et est intitulé : *Observations sur l'état actuel de l'instruction publique, des bibliothèques, des archives dans la Haute-Marne, la Haute-Saône, les Vosges, la Meurthe, le Haut et Bas-Rhin, le Doubs.* Or qu'y lisons nous ? « J'arrive d'un voyage dans sept ou huit départements du Nord-Est de la France. J'ai porté un œil observateur sur les mœurs, les usages, l'influence de la Révolution, l'agriculture, les manufactures, les écoles, les bibliothèques, les monuments et les archives... Il y a neuf ou dix ans que, dans chacun des départements susmentionnés, chaque commune avait un maître et souvent une maîtresse d'école. La méthode d'enseignement était bonne, surtout dans les Vosges et la Meurthe et l'usage du claquet (2) donnait la facilité de maintenir une école de cent enfants, comme une de dix. De toutes parts on stimulait le zèle des parents, on excitait l'émulation. Tout cela n'est plus ; la persécution a tout détruit. L'ignorance menace d'envahir les campagnes, les villes même avec tous les fléaux qui en sont la suite. On a beaucoup raisonné et déraisonné sur l'établissement des écoles primaires et les écoles primaires sont encore à naître (3). »

(1) Il y est question d'une mesure concernant les archives, qui doit être proposée au Conseil des Cinq-Cents. — (2) Signal en bois encore usité dans les écoles des Frères du Vénérable de la Salle. — (3) Ce Mémoire de Grégoire conservé à la Bibliothèque nationale (*ms. fs.* 11, 422) a été publié avec une introduction et des notes par M. U. Robert dans le *Cabinet historique*, septembre-décembre 1876, p. 256-276.

L'étude des mémoires spéciaux sur la situation scolaire de plusieurs de ces départements de l'Est a montré jusqu'à quel point ces affirmations de Grégoire étaient fondées. Nous en avons eu déjà la preuve pour la Haute-Marne. Nous en allons la donner pour les autres départements.

Parlons d'abord de la Lorraine.

16-18. En 1779 Mgr de la Galaizière, évêque de Saint-Dié, obtint de l'intendant de Nancy, M. de La Porte, qu'une enquête fût ouverte pour mettre à l'étude la réforme de l'enseignement primaire. Il s'agissait surtout de changer le mode de nomination des instituteurs dont l'élection directe et annuelle par les assemblées paroissiales donnait lieu à de nombreux abus, et d'établir l'uniformité dans le salaire qui leur était attribué. L'enquête embrassa non seulement le nouveau diocèse de Saint-Dié dont le territoire venait d'être distrait de l'ancien diocèse de Toul, mais toute la généralité de Nancy (1). Les dossiers sont conservés aux Archives de Nancy ; M. Maggiolo les a consciencieusement étudiés et ils ont récemment fourni à M. Schmidt la matière d'importants articles dans la *Revue Chrétienne*. Ces deux auteurs affirment de concert, qu'un fait certain résulte des rapports des subdélégués et des notables consultés, c'est l'existence d'écoles très nombreuses dans toute la

---

(1) Le territoire de la généralité de Nancy a formé douze arrondissements, Épinal, Mirecourt, Neufchâteau, Remiremont et Saint-Dié dans les Vosges; Nancy, Lunéville et Château Salins dans la Meurthe; Bar-le-Duc, et Commercy dans la Meuse; Briey et Sarreguemines dans la Moselle.

province de Lorraine et Barrois. « Il est incontestable, dit M. Schmidt, qu'en Lorraine, en 1779, presque toutes les paroisses étaient pourvues d'une école primaire recevant les enfants des deux sexes. Il s'en trouvait même jusque dans des villages et des hameaux éloignés du chef-lieu paroissial (1). » Voici d'autre part comment M. Maggiolo résume les dépositions des subdélégués, syndics, échevins, baillis, notables entendus dans l'enquête. D'après eux, si on doit se plaindre de quelque chose ce n'est pas du défaut d'écoles, c'est de leur trop grand nombre. « Il n'y aura jamais, disent-ils, de bonne éducation pour le peuple, tant qu'on n'aura pas fait disparaître des campagnes ces recteurs d'école qui dépeuplent également les champs et les ateliers. Si l'on se plaint que les campagnes manquent de bras, que le nombre des artisans diminue, que la classe des vagabonds augmente, c'est que nos bourgs et nos villages fourmillent d'une multitude d'écoles. Il n'y a pas de hameau qui n'ait son grammairien (2). »

Les dernières recherches de M. Maggiolo dans les Archives départementales et communales de la Meurthe, de la Meuse et des Vosges qui formaient la circonscription des anciens diocèses de Toul et de Verdun, ont démontré le plus clairement du monde, l'existence d'écoles dans toutes les communes de ces départements, à très peu

(1) Schmidt. *Revue chrétienne*, avril-mai 1880, p. 275. — (2) L. Maggiolo. *De la condition de l'instruction primaire et du maître d'école en Lorraine avant 1789. Mémoires lus à la Sorbonne* (en 1868), p. 514.

d'exceptions près. Les documents originaux établissent que dans le diocèse de Toul, 758 paroisses et 278 annexes, dont plusieurs sont des hameaux avec une population n'atteignant pas le plus souvent cent habitants, avaient, au moment de la Révolution, 998 écoles (1). — Dans le diocèse de Verdun, pour 284 paroisses et annexes, il existait en 1790, 266 écoles (2). — A la même date, les 99 communes du district de Lunéville possédaient 119 écoles fréquentées par 5,276 enfants (3).

L'élévation des moyennes fournies par la statistique des conjoints et par l'étude de divers autres documents (4) prouve évidemment que la Lorraine avait compris sous l'Ancien Régime l'importance de l'instruction primaire. De plus, comme l'a remarqué M. Maggiolo, « en examinant dans les archives, les registres qui comprennent avec les délibérations de l'assemblée provinciale de 1787 à 1789, un ensemble complet et curieux de requêtes, de mémoires, de lettres, de discours sur les réformes à opérer, on ne trouve aucune doléance au

---

(1) L. Maggiolo, *Pouillé scolaire du diocèse de Toul*, p. 108. — (2) Nous devons ces chiffres à la bienveillance de M. L. Maggiolo qui prépare le Pouillé scolaire du diocèse de Verdun. — (3) L. Maggiolo, *L'instruction publique dans le district de Lunéville* (1789-1802), p. 5-7. — (4) Meurthe : 88,30 ; 68,71. — Meuse : 90,65 ; 67,13 — Moselle (Arr. de Briey) : 84,80 ; 59,71. — Vosges : 89,26 ; 63,26 — (5) Moyenne de ceux qui ont signé aux élections de 1788-1789 : Nancy (ville) 98, 73. — Baccarat, 97 30.— Etat des miliciens qui ont pu signer leur acte d'engagement : Subdélégations de Ligny et Gondrecourt (Meuse) : 98, 75. — Subd. de Darney, 87 %; de Senones et Domremy (Vosges) : 97,75.—Dans les prévôtés de Pagny et Prény (Meurthe), en plus de 50 villages, pas un milicien illettré ; il en est de même à Fénétrange — à Briey, 89 %. (*Statistique rétrospective*, p. 8.)

sujet de l'instruction publique. C'est qu'en effet les hommes et les choses de l'enseignement étaient en honneur en Lorraine (1). »

19, 20. — Nous possédons bien peu de renseignements sur l'instruction primaire dans l'ancienne Alsace. Nous ne croyons pas que sa situation scolaire ait fait l'objet d'aucun mémoire spécial. D'autre part la statistique de M. Maggiolo n'a pu s'étendre aux provinces que nous avons perdues. Pour confirmer le témoignage de Grégoire cité plus haut, nous n'avons que quelques lignes du *Dictionnaire de Pédagogie*. Selon M. Jost, inspecteur primaire, auteur de l'article consacré à l'Alsace, dès la fin du XVI° siècle, les écoles y auraient été fort nombreuses (2), le clergé catholique, les ministres protestants et les magistrats des villes ayant pris à cœur de tout temps l'organisation de l'enseignement primaire. Un essai d'instruction obligatoire avait été tenté dans certains districts. Du reste dès le commencement de ce siècle et jusqu'en 1870, les départements Alsaciens ont toujours été aux premiers rangs, pour le nombre des écoles et l'assiduité de la fréquentation (3).

(1) L. Maggiolo, *Pièces d'Archives et documents inédits pour servir à l'histoire de l'instruction primaire en Lorraine* (1789-1802), p. 7,8.— (2) Nous rapprocherons de cette affirmation celle d'un livre tout récent sur la Révolution en Alsace : « L'instruction primaire avant la Révolution était aux mains des deux clergés. Les écoles étaient nombreuses... De l'enseignement primaire il ne restait rien après la Terreur, il fallut le créer à nouveau. Bon nombre des anciens maîtres reprirent leurs anciennes places. On en nomma de nouveaux dans les villages qui en manquaient. (E. Sinçuerlet, *Strasbourg pendant la Révolution*, Paris, 1881, in-8, p. 280. — (3) Buisson, p. 64-67.

21-23. — En Franche-Comté, les écoles étaient nombreuses. « Sous l'Ancien Régime, dit M. J. Sauzay, le département du Doubs possédait une université, cinq collèges et des écoles primaires dans toutes les paroisses. Le 20 avril 1799, quelques mois avant le 18 brumaire, l'administration terroriste, près de succomber pour toujours, dressa elle-même un tableau des écoles particulières existant en ce moment dans le département. Et d'après ce tableau, qui est loin d'être complet, le nombre de ces écoles si tracassées et si combattues s'élevait encore à 386. Les 90 écoles prétendues républicaines faisaient maigre figure auprès de ces magnifiques débris de l'ancienne organisation scolaire (1). »

Grégoire eut trois correspondants en Franche-Comté. L'un d'eux, qui était maire de Saint-Claude, fait profession dans sa lettre de sentiments fort peu catholiques ; le second, avocat et juge dans la même ville, semble assez réactionnaire ; le dernier est un prêtre apostat, plus tard vicaire épiscopal de Blois, J.-B. Rochejean. Ils sont unanimes à affirmer l'existence d'écoles très nombreuses dans leur province, et notamment dans le Jura. Voici leurs témoignages : « Je suis porté à croire, dit Rochejean, qu'il y a un maître ou une maîtresse d'école dans chaque paroisse de la ci-devant Franche-Comté et que le plus grand nombre des villageois y sait lire (2). »

(1) J. Sauzay. *Histoire de la persécution révolutionnaire dans le département du Doubs*, t. X, p. 399, 417. (Nous empruntons cette citation à la *Revue des Questions Historiques.* Octobre 1874, p. 553, 554.) — (2) *Lettres à Grégoire*, p. 216.

D'après le maire de Saint-Claude, « Il y a des écoles dans tous les chefs-lieux de paroisses, mais ceux qui ne le sont pas n'en ont qu'en hiver. Quelques-uns de ces maîtres d'école passent pour habiles (1). » Enfin l'avocat Joly affirme que « Chaque paroisse a son maître d'école qui habite au chef-lieu. Quelques cantons qui en sont éloignés, s'en donnent un, avec l'approbation de l'ordinaire (2). »

Nous n'avons rien de spécial pour la Haute-Saône. L'affirmation de Grégoire que nous avons citée plus haut, le caractère général des témoignages concernant la Franche-Comté tout entière, et l'étude de la Statistique des conjoints ne permettent pas de douter que la situation ne fût satisfaisante dans ce département (3).

24. — « En relevant, dans les délibérations du bureau du diocèse de Langres, les décisions concernant les maîtres ou recteurs d'école, nous avons surtout recherché, dit M. Fayet, celles de ces décisions qui se rapportent aux paroisses comprises aujourd'hui dans la Haute-Marne. Nous n'avons pas apporté la même attention à celles qui concernent les paroisses qui font aujourd'hui partie des départements de l'Aube, de l'Yonne et de la Côte-d'Or. Il est donc probable que nos relevés sur ces dernières paroisses sont incomplets. Tels qu'ils sont, ils comprennent au moins 45 paroisses appartenant aujourd'hui à ce dernier département. En les ajoutant aux 164 relevées par M. de Char-

---

(1) *Lettres* p. 205. — (2) *Ibid.* p. 210. — (3) Moyennes fournies par la *Statistique rétrospective* de M. Maggiolo : Haute-Saône, 66,97 ; 22,95. — Doubs, 80,70 ; 40,35. — Jura, 58,88 ; 24,77.

masse dans les procès-verbaux de visite de l'ancien diocèse d'Autun, nous avons la constatation positive et officielle de l'existence d'un maître d'école dès le xvii⁰ ou xviii⁰ siècle dans plus de 200 communes de la Côte-d'Or, et cela sans avoir consulté aucun des nombreux documents qui se trouvent dans les Archives communales ou départementales du pays (1). » Le langage du premier évêque de Dijon, J. Bouhier, dans ses statuts de 1744, semble indiquer que les paroisses pourvues d'école étaient en grande majorité : « S'il se trouve, dans notre diocèse, quelques paroisses qui soient sans recteurs d'école, nous ordonnons aux curés et vicaires des paroisses de veiller à ce qu'il en soit établi, à moins qu'elles ne soient trop petites ou trop pauvres pour fournir à la dépense que demanderaient ces établissements (2). »

25. — Nous avons apprécié plus haut l'excellente monographie scolaire de l'Yonne due à M. Quantin, archiviste du département. Le savant auteur, par des recherches approfondies dans le riche dépôt dont la garde lui est confiée, a exhumé de très nombreuses écoles de village (3). « En 1789,

---

(1) Fayet. *Les écoles de la Bourgogne sous l'Ancien Régime*, p. 27. — (2) *Ordonnances synodales de Dijon* (1744), p. 77. Ap. Babeau, *Le Village sous l'Ancien Régime*, p. 290. — L'article du *Dictionn. de Pédagogie* concernant la Côte-d'Or ne donne pas de vue d'ensemble, mais seulement des faits particuliers, surtout des fondations. Les données que nous possédons sont trop vagues pour que nous puissions rien affirmer de précis. La situation devait être satisfaisante, si nous nous en rapportons aux chiffres de la *Statistique des conjoints*, 54,35 ; 25,55. — (3) Quantin, *Pièces justificatives*, n⁰ˢ 12, 13, 14, 15, 16 (pp. 64-140).

il fut rédigé par l'intendant de Paris un mémoire sur le régime économique et financier de chaque paroisse, afin de fournir les éléments pour l'assiette de l'impôt. Dans cette espèce de document, il est fait mention des écoles, des gages des maîtres et de l'existence des maisons d'école. En parcourant ces enquêtes, on est frappé de ce fait, c'est qu'en 1789, il y avait dans l'élection ou l'arrondissement de Sens presque autant d'écoles que de communes (1), et que beaucoup de ces paroisses possédaient des maisons d'école (2). — A la fin du XVII° siècle, il y avait au moins 60 paroisses qui étaient pourvues d'écoles dans l'étendue de l'arrondissement actuel d'Auxerre. Les écoles s'y développent beaucoup dans la seconde moitié du XVIII° siècle. Ce ne sont plus les villes et les gros bourgs seulement, mais les plus petits villages qui en sont pourvus (3). — La seconde moitié du siècle voit des écoles partout, dans les paroisses qui formaient l'arrondissement d'Auxerre (4). Des écoles de filles se fondent non seulement dans les villes, mais encore dans les villages (5). » La ville d'Auxerre où Mgr de Caylus avait créé des écoles gratuites dites de Saint Charles, possédait alors un personnel de maîtres et de maîtresses d'école aussi nombreux qu'aujourd'hui. Car, d'après un rapport du mois de février 1792, il y avait dans cette ville « une grande école qu'on appelle école chrétienne, placée paroisse Saint-Eusèbe, avec

(1) 4 seulement sont dépourvues d'écoles.(*Ibid.*, Pièces *justif.* n° 16.) — (2) *Ibid.*, p. 15-16.— (3) *Ibid.*, p. 20-30.—(4) *Ibid.*, p. 32. — (5) *Ibid.*

4 écoles de paroisse dirigées sur le même plan. » Les commissaires de la municipalité frappés de la bonne tenue de ces écoles « qui sont gratuitement utiles à six cents pères de famille, » demandent qu'elles soient conservées sous le titre d'écoles primaires (1).

26. — Les écoles étaient probablement moins nombreuses dans l'ancien diocèse d'Autun. Voici les chiffres donnés par M. de Charmasse dans le très important mémoire auquel nous avons fait et nous ferons encore de larges emprunts. Ils lui ont été fournis principalement par les procès-verbaux des visites épiscopales. Pour 382 paroisses, 295 écoles, plus 21 dont il est fait mention dans d'autres textes (2). Dans le même département de Saône-et-Loire, Chalon avait tout à la fois une grande école (ou collège) entretenue par la ville et dans laquelle on enseigna d'assez bonne heure les éléments des belles-lettres, et de nombreuses écoles primaires dirigées par de simples particuliers, prêtres ou laïques. Celles-ci faisaient au collège une rude concurrence dont les recteurs se plaignirent plus d'une fois. Il y avait aussi des classes gratuites pour les filles (3). L'enseignement continuait à être florissant à Mâcon (4).

(1) *Lettres* — (2) Charmasse, p. 99, et *Documents justificatifs*, p. 104-210. « Cette même proportion, ajoute l'auteur, se retrouvait-elle dans les 275 paroisses dont l'absence de documents positifs n'a pas permis de déterminer la situation scolaire ? Je ne crois pas que ces paroisses aient été aussi favorisées que les paroisses bourguignonnes. » — (3) Battault, p. 134-140. Quoique M. Battault ait, en principe, restreint ses recherches aux écoles de la ville de Chalon, il cite un certain nombre de faits se rapportant aux écoles de quelques autres localités de la région, p. ex. p. 128. — (4) Rameau, p. 176, 179.

27. M. Fayet a donné au *Dictionnaire de Pédagogie* un article court, mais très nourri de faits sur l'histoire de l'instruction primaire dans l'Allier. Il y parle d'abord des collèges importants et nombreux qui existaient autrefois dans ce département, puis des résultats obtenus par M. de Charmasse pour quelques paroisses ayant appartenu au diocèse d'Autun. Il montre comment l'étude des documents a permis de grossir la liste des communes pourvues d'écoles et après avoir dit un mot des établissements religieux consacrés à l'éducation des filles, il conclut ainsi : « En résumé, il y avait des écoles déjà nombreuses et en voie d'accroissement dans le Bourbonnais, quand les lois de 1792 et 1793 en voulant tout renouveler vinrent à peu près tout détruire (1). »

28. Notre ignorance est absolue touchant les écoles du Nivernais. Nous savons seulement que, s'il faut s'en rapporter à la Statistique des Conjoints, elles devaient être bien peu nombreuses ou bien peu fréquentées (2).

29. Un correspondant anonyme de Grégoire affirme que l'instruction primaire n'était guère en honneur dans le Mâconnais, les Dombes et la Bresse (3). On peut opposer à ce témoignage un rapport officiel de M. Bossi, préfet de l'Ain (1807) où l'on remarque ce passage : « Avant la Révolu-

---

(1) Buisson, v° Allier, p. 54-55. — Les chiffres de la Statistique des Conjoints sont faibles pour ce département : 13,49 ; 9,53. — (2) 13,63 ; 5,93. — (3) « Très peu de villages sont fournis de maîtres d'école ; on n'en trouve que dans les paroisses considérables ou dans lesquelles on trouve des fondations à cet effet. »(*Lettres à Grégoire*, p. 223.)

tion, on comptait 15 collèges (63 professeurs, 1,820 élèves), et beaucoup d'écoles particulières de lecture et d'écriture répandues dans les villages. Dans tous les bourgs, on trouvait des instituteurs qui enseignaient à lire, à écrire et à chiffrer (1). » Avouons cependant que ces écoles ne devaient pas être fréquentées outre mesure puisque d'après la Statistique des conjoints le nombre des illettrés était dans l'Ain, en 1786-1790, de plus de 75 pour cent (2).

30,31. — Nous avons pu consulter sur les petites écoles du diocèse de Lyon qui, outre les départements du Rhône et de la Loire, comprenait une partie de l'Ain et de l'Isère, un travail intéressant de M. Cuissart, inspecteur primaire, publié dans la *Revue du Lyonnais*. Le Bureau des écoles fut fondé en 1673 par l'Archevêque Camille de Neuville à l'instigation du vénérable Ch. Démia dont nous dirons bientôt les grandes œuvres. « Il finit par disposer de grandes ressources en rentes, immeubles, dîmes provenant de dons, acquisitions et legs. Avec ces ressources, le bureau faisait donner du pain, des vêtements et des récompenses aux enfants pauvres et pourvoyait à tous les besoins des écoles (3). Il les faisait surveiller et visiter, réprimandait, encourageait les maîtres et veillait à l'exécution des règlements épiscopaux qui avaient reçu l'approbation Royale. C'était en un mot une organisation puissante qui n'existait à cet état de prospérité que dans le diocèse de Lyon et qui re-

(1) Buisson. vo Ain, p. 39, — (2) 24,77 ; 11,47. — (3) Cuissart, *Revue du Lyonnais*. Mai 1880, p. 340.

liait l'École à l'Église (1). » Dans la ville de Lyon, les écoles gratuites instituées par l'Œuvre de Saint-Charles étaient, dès 1689, au nombre de 16 et recevaient environ 1,600 enfants (2). Le bureau entretenait en outre 2 écoles de garçons et 2 de filles, également gratuites, et avait de plus sous sa juridiction, 50 maîtres et 50 maîtresses d'écoles payantes (3). L'Œuvre de Saint-Charles fonda des écoles dans le Beaujolais, la Bresse, le Bugey, les Dombes et même en Franche-Comté (4). M. Cuissart après avoir indiqué, de 1687 à 1736, vingt de ces fondations (5) conclut ainsi : « A en juger par la correspondance, par les lettres, rapports, titres, etc. (du bureau des écoles) qui se trouvent maintenant à la Préfecture du Rhône et dont une partie a été détruite, on peut présumer que les écoles du diocèse étaient nombreuses (6). »

32-34. — Un excellent article de M. Maggiolo (7) nous renseigne parfaitement sur l'état de l'instruction primaire en Dauphiné aux deux derniers siècles. Sous le régime de l'Édit de Nantes, catholiques et protestants avaient eu leurs écoles confessionnelles. « La révocation de l'Édit de Nantes ferma les écoles particulières des Réformés, mais l'Édit de 1686, les Déclarations de 1690, de 1700, de 1724 obligèrent toutes les communes à entretenir des écoles : on y enseignera à lire, à écrire, « le tout ainsi qu'il sera réglé par les évêques. » Si la communauté manque de ressources

---

(1) *Revue du Lyonnais*, juillet 1880, p. 13. — (2) *Ibid.*, mai, p. 340. — (3) *Ibid.*, p. 342. — (4) *Ibid.*, juillet, p. 10. — (5) *Ibid.*, p. 11. — (6) *Ibid.*, p. 13. — (7) Buisson, v° Dauphiné.

pour assurer le traitement, tous les habitants seront imposés (1). Les pères, mères, tuteurs, enverront leurs enfants à l'école jusqu'à l'âge de seize ans. Les procureurs, les haut-justiciers se feront remettre chaque mois par les curés, un état exact des enfants qui n'iront pas à l'école, pour faire les poursuites nécessaires. — Cette législation qui n'était pas lettre morte (les registres d'amende en font foi et aussi les livres d'écrou de la tour de Crest), les instructions des évêques, le zèle des congrégations enseignantes d'hommes et de femmes, la sévérité des intendants ont établi et entretenu des écoles dans toutes les communes. Aussi les documents que 453 instituteurs de l'ancien Dauphiné ont bien voulu nous adresser, ceux que nous devons à l'intelligent et honorable archiviste de la Drôme, nous permettent d'affirmer que de 1702 à 1789, il y avait dans les plus petites communes des écoles, les unes gratuites, les autres payantes (2).

Nous ajouterons à ces renseignements le témoignage du futur conventionnel Colaud-la-Sal-

(1) Il avait été pris, même avant la révocation de l'Édit de Nantes, des mesures de ce genre. C'est ainsi qu'un arrêt du Conseil d'Etat du 18 septembre 1665, confirmant une ordonnance de MM. de Bezons et Tubeuf, intendants du Languedoc, rendue à la requête des syndics du clergé, porte que « les consuls des paroisses des diocèses de Vienne, Viviers, Valence et Le Puy présenteront dans huitaine aux Archevêque et Evêques desdits diocèses, des maîtres d'école qui soient capables ; qu'à faute d'y satisfaire, les dits Archevêque et Evêques en établiront dans les lieux où il en sera besoin et que lesdits consuls et habitants des paroisses seront tenus de les payer, et pour cela permis de lever sur eux jusqu'à cent ou six-vingts livres par an. »(*Mémoires du clergé.* t. I, p. 995-996.) — (2) Maggiolo *ap.* Buisson, p. 644. Cf. *Ibid.*, p. 736-737, v° Drôme un article très nourri de documents originaux, concluant comme celui de M. Maggiolo.

cette qui écrivait de Die en 1792 à Grégoire : « Les villages un peu considérables ont des maîtres d'école depuis la Toussaint jusqu'au printemps. Les maîtres d'école viennent du Briançonnois; ils arrivent quand leurs travaux sont finis dans leurs montagnes, à la fin de l'automne, et s'en retournent à la fin de mai. Il n'y a point de maîtresses d'école. On enseigne à lire, à écrire, à chiffrer et le catéchisme... (1) »

La situation semble avoir été analogue dans les Basses-Alpes. De nombreuses écoles rurales sont indiquées, d'après des documents inédits, dans la notice que le *Dictionnaire de Pédagogie* a consacrée à ce département (2).

35. Les Hautes-Alpes étaient une des contrées où l'instruction primaire était le plus répandue avant 1789, au moins parmi les hommes. Les chiffres de la Statistique des Conjoints en font foi (3). Au rapport du préfet Bonnaire (an IX) les écoles étaient fort inégalement réparties dans les diverses régions dont se compose ce département. Tandis que la plus grande partie des habitants du Gapois et du Serrois n'avaient nul souci de s'instruire, les sauvages montagnes du Briançonnais étaient peuplées d'une race intelligente et laborieuse qui « sent le prix de l'instruction. Tous sans exception y consacrent leur jeunesse, il est rare qu'un enfant n'y sache pas lire et écrire et même un peu de calcul, mais c'est la suite d'un usage

---

(1) *Lettres à Grégoire sur les Patois*, p. 176. — (2) Buisson, p. 57,58. — (3) 74, 61 ; 27, 63.

antique et de l'impérieuse nécessité. » La pauvreté du sol condamnant les habitants à une émigration périodique, beaucoup d'entre eux « s'adonnent à lire et à écrire, à l'étude de la grammaire et même du latin et, à l'approche de la rigoureuse saison, ils vont peupler d'instituteurs l'ancienne Provence et en général les pays méridionaux (1). » L'étude des anciens registres municipaux du Briançonnais a confirmé l'exactitude de ces appréciations (2).

36,37. Le mémoire de M. de Jussieu sur l'histoire de l'instruction primaire en Savoie ne consacre qu'un petit nombre de pages à son état ancien. Il affirme seulement que le soin en fut « complètement laissé à l'initiative privée, qui du reste ne lui a pas fait défaut, et dont on ne retrouve nulle part peut-être, autant qu'en Savoie, les preuves précieuses, nombreuses et bienfaisantes.— Presque partout, dit ailleurs le docte archiviste, on était parvenu à assurer tant bien que mal l'instruction des enfants, non seulement au chef-lieu de la paroisse, mais dans toutes les sections importantes et un peu éloignées du centre (3). »

38. Selon M. l'abbé Tisserand, « les archives des Alpes-Maritimes contiennent quelques réclamations de bourgs et de villages demandant à conserver le privilège qu'ils ont, de temps immémorial, d'avoir un maître d'école, ce qui permet

---

(1) Buisson, p. 60. — (2) C. de Ribbe, p. 275-276, Cf. ci-dessous, p. 182. — (3) A. de Jussieu, p. 10-11.

de croire que, même dans les campagnes, l'instruction n'était pas absolument négligée (1). »

39,40. On sait quelle connaissance approfondie M. Ch. de Ribbe a témoignée des archives publiques et particulières de la Provence dans ses remarquables ouvrages. Quoiqu'il ne cite sur notre question qu'un nombre restreint de faits, nous pensons devoir le croire sur parole quand il affirme « avoir été étonné de rencontrer des écoles à peu près partout. — Dès l'époque, ajoute-t-il, où les budgets communaux sont dressés en Provence pour la liquidation des dettes locales, nous ne voyons pas une commune qui n'ait son maître ou son régent d'école. Nous avons consulté un grand nombre de ces budgets et nous les avons même tous recueillis pour certains cantons. Ils portent annuellement et invariablement une allocation pour le maître, quelquefois pour une maîtresse chargée de l'instruction des filles (2). »

41. Nous devons à M. l'abbé André, correspondant du ministère pour les travaux historiques, les seuls renseignements que nous possédions sur les petites écoles du Comtat Venaissin. Selon ce savant ecclésiastique, qui a étudié à fond les archives de ce pays, « le moindre village avait son

---

(1) Buisson, p. 62. — (2) Ch. de Ribbe, p. 287-288. — Nous ajouterons que les écoles de filles devaient être rares et peu fréquentées si l'on en juge par le petit nombre d'épouses qui signent leur acte de mariage de 1786 à 1790 (Bouches-du-Rhône, 9,79 °/₀. —Var 10, 31). La proportion des hommes est beaucoup plus forte, mais bien inférieure encore à celle des départements du nord et de l'est. — L'article Bouches-du-Rhône du *Dictionnaire de Pédagogie* ne traite guère dans sa partie historique que des écoles de Marseille.

« régent des escholles » nommé par le « parlement de la communauté » c'est-à-dire le conseil municipal « eslu par tous les possédants bien. » Bien souvent « le secondaire » de la paroisse, c'est-à-dire le vicaire était choisi. A la fin du XVIII® siècle, la gratuité fut établie en certains lieux, moyennant cent cinquante livres d'honoraires pour le titulaire (1).

42,43. Quelques renseignements nous ont été communiqués par M. Maggiolo sur les écoles du Gard. Celles de la ville de Nîmes étaient florissantes et nombreuses puisqu'en 1698, les officiers municipaux attribuaient un traitement à un ecclésiastique chargé de les inspecter. On a la liste des instituteurs depuis le XVI° siècle dans un certain nombre de paroisses (2). L'étude de la Statistique des Conjoints montre que les maîtres d'école pour les garçons devaient être nombreux. Les filles étaient moins favorisées (3). La situation était un peu inférieure dans l'Hérault (4).

44. L'Ardèche fut un des pays où la lutte fut le plus vive entre catholiques et protestants. Longtemps avant la Révocation de l'Édit de Nantes, le clergé s'était préoccupé de combattre la propagande protestante par des missions nombreuses dans les villes et dans les campagnes. Suivant un usage

(1) *Communication de M. l'abbé André.* — (2) *Communication de M. Maggiolo.* — Les communautés enseignantes étaient nombreuses à Nîmes: frères des écoles chrétiennes, Visitandines, Ursulines du grand couvent, Ursulines du petit couvent, sœurs des écoles royales. (Goiffon, p. 125). — (3) 57,01; 18.15. — (4) 46, 44; 11,86. Nous n'avons aucun autre renseignement sur l'Hérault.

dont nous retrouverons plus d'une trace, J. J. Olier, le fondateur des séminaires en France, pour affermir le bien produit par ses prédications et celles de ses compagnons d'apostolat, établit à Privas, vers 1655, des écoles populaires (1). A partir de la seconde moitié du XVII° siècle, les rôles de tailles des communautés étudiés par M. Giraud lui ont permis de constater que « dans la plupart des paroisses de quelque importance, on trouve chaque année, sauf un certain nombre d'interruptions, une quittance du maître ou de la maîtresse d'école (2). »

45. La lutte religieuse avait produit dans les Cévennes les mêmes résultats que dans le Vivarais. M. Maggiolo l'a démontré dans un substantiel mémoire plein de faits, de textes et de chiffres dont nous citerons la conclusion. « A la veille de 1789, il y a, dans les Hautes-Cévennes, un nombre suffisant d'écoles secondaires dirigées par des religieux dans les couvents et monastères, par des régents de latinité, la plupart laïques, dans les villes et les bourgades de quelque importance. Chaque paroisse a au moins une école primaire, les maîtres et les régentes d'école choisis par les communautés jouissent d'un traitement suffisant et d'une maison dont le loyer s'élève à 20, 30, ou même 50 francs, là où elle n'est pas la propriété de la commune. On sait lire, écrire et compter; on a étudié le catéchisme catholique ou protes-

---

(1) Faillon, *Vie de M. Olier*, t. III, p. 390. — (2) Giraud *ap.* Buisson, v° Ardèche, p. 105. Ici encore la proportion des illettrés est considérable ; plus des deux tiers.

tant, on chante des psaumes et des prières. Ainsi je ne crains pas de le dire, la situation de l'instruction publique dans les Hautes-Cévennes, sous l'Ancien Régime était généralement satisfaisante (1). »

46. Nous empruntons au *Dictionnaire de Pédagogie* quelques notes recueillies par M. Crosson, inspecteur d'Académie, touchant la situation scolaire de l'Aveyron sous l'Ancien Régime : « Il existait dans la Rouergue un certain nombre d'écoles avant 1789, mais dans les villes seulement, ou auprès des monastères qui étaient en grand nombre ;... Monteil, dans sa *Description du département de l'Aveyron*, écrit en 1801 : « Dans tous les temps l'instruction a été beaucoup plus négligée que l'éducation. Autrefois les écoles du premier degré étaient entre les mains des vicaires ou des pauvres curés. Ils montraient à lire et à écrire, et même quelquefois les premiers éléments du latin (2). » Voici d'autre part le témoignage de Chabot qui fut pour le Rouergue le correspondant de Grégoire. Il suffit de parcourir sa lettre, pour se rendre compte de son parti-pris contre l'ancien ordre de choses. Ce parti-pris trop évident n'est pas fait pour inspirer une grande confiance dans ses appréciations. Ces réserves faites, nous citons : « L'éducation est plus négligée dans ce département que partout ailleurs; l'on n'a des maîtres

---

(1) Maggiolo, *De l'enseignement primaire dans les Hautes-Cévennes*, p. 23-24. Voici les chiffres de la Statistique des Conjoints : 59,60; 14,50. — (2) Buisson, v° Aveyron, p. 165.

que pour ceux qui les paient, et en général les paysans étaient trop grevés par la gabelle, les droits féodaux et les dîmes pour envoyer leurs enfants à un maître d'école où l'on n'apprend d'ailleurs que le catéchisme. Les paysans les plus cossus se ruinaient quelquefois pour faire apprendre le latin à leurs enfants afin d'en faire des prêtres. Aussi n'y a-t-il pas de départements qui en aient un plus grand nombre. C'est le curé ou le vicaire qui, pour gagner quarante sols ou un petit écu par mois, inspiraient aux pères d'acheter un rudiment à leur fils... Les écoles ne sont surveillées par les pasteurs que sur l'article du catéchisme et des mœurs (1). » Dans le vague de cette phraséologie, on peut découvrir, ce semble, que des écoles, payantes, il est vrai, existaient dans le Rouergue, et que le clergé donnait, comme Monteil le remarquait en 1801, ses soins à l'instruction de la jeunesse. Tout cela d'ailleurs est bien peu précis et d'autre part les chiffres de la Statistique des Conjoints ont été établis pour ce département sur un si petit nombre de documents qu'on n'en peut faire la base d'une appréciation sérieuse (2).

47. La Haute-Loire fut une des contrées les plus fécondes en congrégations enseignantes. Nous parlerons avec plus de détails de ces œuvres admirables dans le chapitre qui leur sera spécialement consacré. En dehors d'une brochure de

---

(1) *Lettres à Grégoire*, p. 63). — (2) M. Maggiolo n'a eu à sa disposition que 140 actes de mariage de 1786-1790 : 46 époux et 21 épouses ont signé.

circonstance où l'étude de la situation présente de l'enseignement primaire dans le Velay tient une place considérable (1), nous ne connaissons rien qui nous renseigne sur son état ancien, sinon un passage de la vie d'un saint prêtre du xviiᵉ siècle, M. de Lantages. Dans les visites pastorales qu'il faisait avec l'évêque Henry de Maupas du Tour, « c'était ordinairement par l'instruction des enfants qu'ils jugeaient du zèle du pasteur. Mais par le malheur du temps, il n'y avait, dans la plupart des paroisses de campagne, aucune personne qui prît soin de les élever et de les instruire. M. de Lantages, connaissant par l'expérience qu'on en avait faite à Saint Sulpice, les grands résultats des écoles où l'on formait les enfants à la piété, mit tout en œuvre pour en établir dans le diocèse du Puy. Il sut inspirer les mêmes désirs à M. de Maupas, et ils en établirent une multitude dans le diocèse (2). »

48. D'intéressants détails sur les écoles de la ville d'Alby ont été recueillis par M. Rolland. Les archevêques et la municipalité travaillèrent de concert à les fonder et à les maintenir (3). Le même auteur ajoute, en renvoyant (indication un peu trop vague) aux Archives de la préfecture du Tarn : « En même temps, des écoles primaires étaient établies dans un grand nombre de petites villes secondaires et de villages, comme le prouvent

---

(1) *Les femmes et les Béates de la Haute-Loire vengées des fausses allégations de M. Ferry.* Le Puy. 1879, in-12. — (2) *Vie de M. de Lantages*, p. 93. Cette vie a été composée par l'érudit et consciencieux M. Faillon, sur les documents originaux. — (3) Rolland, p. 347-364.

les sommes allouées par les États du diocèse (1). » La propagande protestante très active, à certaines époques, dans l'Albigeois, obligea le clergé de ces contrées à donner une attention toute spéciale aux écoles primaires. Nous en avons une preuve significative dans une lettre de l'évêque de Castres au Contrôleur général, du 27 Mars 1693 : « Nos églises sont entièrement désertes, il n'y a que les écoles qui subsistent par la continuelle application que nous y donnons. Je ne manque pas d'aller moi-même deux fois la semaine visiter celles de la ville, et je visite celles de la campagne de deux mois en deux mois (2). »

49. Une des réponses les plus importantes au questionnaire de Grégoire est celle de la Société des Amis de la Constitution de Carcassonne. Si l'on s'en rapporte à cette lettre, l'instruction primaire n'était pas négligée dans l'Aude, puisque d'après ce document, il y avait des écoles « presque partout, » à la campagne, et « dans les gros lieux », des maîtres de latin (3). »

50. Nous devons à M. Maggiolo un très bon article sur la situation scolaire de l'Ariège avant la Révolution. « On pourrait croire, dit le savant

---

(1) Rolland, p. 311. « A la veille de la Révolution, Gaillac et Rabastens avaient 3 régents, Cordes 2 régents, Monestiés et Montmiral un régent et une régente. Puis venaient les paroisses qui n'avaient qu'un régent comme Cahuzac, Giroussens, Lescure, Pampelonne, Puycelsi, Valence, Villefranche, Cestayrols, Penne, S. Juery, Arthès, Castelnau de Lévis, Labastide-Montfort, etc. » — (2) A. M. de Boislisle, *Correspondance des contrôleurs généraux des finances*, t. I, n° 1175. — (3) *Lettres à Grégoire*, p. 20. Cf. dans Buisson, p. 142, l'article consacré au département de l'Aude. On n'y trouvera pas de vue générale, mais un certain nombre de faits particuliers, fondations, etc.

Recteur, que ce rude pays séparé du monde par ses âpres montagnes, absorbé par le travail des mines et des carrières, où les proscrits de tous les siècles, les Albigeois en 1240, les protestants après la Révocation de l'Édit de Nantes, vinrent chercher asile, ne connut guère, ni les écoles, ni les collèges sous l'Ancien Régime. Ce serait une erreur. On trouve dans les archives à Pamiers, à Foix, à Tarascon-sur-Ariège, à S. Girons et dans un grand nombre de communes rurales, la preuve que l'instruction y fut en honneur. » M. Maggiolo rappelle l'Université fondée à Pamiers, en 1295, par le pape Boniface VIII, le collège des jésuites de 1562, il cite divers documents qui lui permettent de conclure que dans l'Ariège « l'instruction primaire, sans être universelle, était l'objet d'une réelle sollicitude avant 1789 (1). » Il faut néanmoins reconnaître, et la statistique publiée par M. Maggiolo lui-même est là pour l'établir, que ces écoles de l'Ariège devaient être peu fréquentées (2).

51-55. Nous devons confesser notre ignorance au sujet de l'état de l'instruction primaire dans la Haute-Garonne, le Tarn-et-Garonne, le Lot, les Pyrénées-Orientales et les Hautes-Pyrénées. A notre connaissance, la situation scolaire de ces départements n'a été l'objet d'aucune publication. Nous devons donc nous contenter des moyennes fournies par la Statistique des Conjoints (3) ; et

(1) Buisson, v° Ariège. — (2) 22,13 ; 10,68. — (3) Tarn-et-Garonne : 17,70 ; 7,46. — Haute-Garonne : 18,16 ; 5,35 (une faute d'impression de la Statistique des Conjoints

nous n'avons pas même cette ressource pour le Lot.

56. Dans son étude sur l'instruction primaire en Béarn, M. le vicomte Sérurier montre aisément qu'aux deux derniers siècles, le Béarn était pourvu d'écoles nombreuses. « Aux XVIIe et XVIIIe siècles, dit-il, le nombre des actes prouvant la présence d'un régent dans les paroisses est si considérable que je les passerai sous silence. On trouve un grand nombre de paroisses ayant un régent avant 1789 et combien dont les titres scolaires sont perdus! (1) »

57. Le département actuel des Landes était avant la Révolution plus encore qu'aujourd'hui, une des parties de la France les plus désolées et les plus stériles, du moins dans cette partie occidentale et septentrionale qui s'appelait le Marsan, le Born et le Gabardan. Nous ne ferons pas difficulté de reconnaître, que dans cette contrée inculte et presque sauvage, les écoles étaient fort rares. 104 paroisses n'en avaient que 31, dont 5 pour la ville de Mont-de-Marsan. Il n'en était pas de même dans les autres arrondissements, où des régents enseignaient presque partout, de telle sorte que la statistique générale des écoles des Landes au moment de la Révolution, dressée par M. Tartière,

---

remplace ce dernier chiffre par celui-ci, qui est dérisoire : 0,03) — Pyrénées-Orientales : 22,70 ; 11,12. Hautes-Pyrénées : 42,45 ; 9,19.

(1) Sérurier, p. 13. L'appendice de ce mémoire nous donne *in-extenso* 25 textes de 1480-1789, et 335 renseignements sommaires concernant les écoles de 115 communes. — Voici d'autre part les chiffres de la statistique qui sont aussi satisfaisants pour les hommes qu'ils le sont peu pour les femmes : 71,90 ; 9,18.

archiviste du département, même en tenant compte des pays les moins favorisés, donne les résultats suivants : Paroisses, 448, aujourd'hui réduites à 330 ; écoles, 235 (1).

58. En fait de travaux modernes, nous ne possédons sur l'état ancien de l'Instruction primaire dans le département du Gers, que des mémoires isolés traitant de faits particuliers. C'est ainsi que M. Dubord a étudié, à notre point de vue spécial, les registres municipaux de quelques paroisses. Dès leurs premières pages et constamment ensuite, on trouve des délibérations concernant les régents, leur admission, leurs gages, M. Dubord cite entre autres l'exemple caractéristique de la commune de Mauroux dont le curé et les notables reconnaissant l'impossibilité où se trouve la communauté ruinée par les guerres de subvenir à l'entretien d'un régent, s'engagent eux-mêmes à lui faire un traitement et continuent pendant neuf ans ce sacrifice, jusqu'à ce que les ressources de la paroisse soient suffisantes pour lui permettre de reprendre cette charge (2). (1599-1608) — M. Laplagne-Baris (3) et M. l'abbé Ducruc (4) ont

---

(1) Tartière, p. 16. Ces écoles n'étaient malheureusement guère fréquentées. Selon des chiffres relevés par le même auteur aux archives du département, en 1789 il n'y avait que 5.173 garçons et 1.550 filles qui allassent à l'école. Cf. *Lettres à Grégoire*, p. 52. « Il y a un seul maître d'école dans quelques paroisses et point dans quelques autres, etc. » — (2) Dubord. *L'Instruction primaire avant 1789*. (*Revue de Gascogne*, juillet 1873, p. 309-320). — *L'Instruction publique à Gimont*. *Ibid*. février-octobre 1877. — (3) *De l'Instruction primaire dans nos contrées autrefois et aujourd'hui* (*Ibid.* Mai 1873.) — (4) *L'Instruction primaire à Cazaubon avant 1790* (*Ibid.*, Novembre 1876.)

publié des études du même genre. — Nous ne pouvons passer sous silence le témoignage des correspondants de Grégoire, bien que l'un d'eux semble fort suspect en raison de l'exaltation révolutionnaire que sa lettre manifeste (1). En voici donc quelques passages; nous soulignons les points importants. « *Les curés qui sont chargés de l'enseignement presque partout, parce que, à titre de régents, ils jouissent toujours de quelque métairie* ou tout au moins de quelque grande pièce de terre qui suffirait au maintien d'une famille honnête, ces *MM. les curés font mine de faire dire la leçon à tous les enfants qui se présentent*, et dans le fait ils se bornent à enseigner une ou deux fois à servir la messe. *Ces pauvres petits enfants qui sont déjà utiles à leurs parents ont la constance de revenir chaque jour chez leur curé, durant 4, 5 et quelquefois 6 ans, et jamais ils ne savent lire.* Il n'y a peut être pas une seule maîtresse d'école dans tous les villages du département du Gers ; il y en a peu où il y ait des maîtres, et s'il y en a, ce sont toujours les prêtres, fonctionnaires publics lesquels avaient trop d'intérêt à favoriser et à perpétuer l'ignorance pour se croire obligés à remplir leurs obligations. Dans nos campagnes nous ne connaissons pas d'école gratuite ou fondée... Quelque magnifiques que soient les fondations.., l'objet n'a jamais été rem-

(1) Voici l'épigraphe de cette lettre qui donnera une idée suffisante de son impartialité à l'endroit du clergé : « Presque partout la nature refuse moins aux hommes que les hommes à la nature. Elle a tout accordé à ce canton et nous lui avons tout refusé, parce que tel a été l'intérêt et la volonté de nos tyrans couronnés, chamarrés, mitrés et tonsurés. »

pli. Les écoles n'ont été que trop assidûment surveillées par MM. les Curés. Ceux qui ont trouvé des maîtres ont voulu jouir du bien et du traitement alloué à ces maîtres et ont si bien fait qu'il n'en reste plus... (1) » Pour qui sait dégager les faits des déclamations révolutionnaires et anticléricales du correspondant de Grégoire, il en résulte ceci, d'abord que de nombreuses et riches fondations avaient été faites en faveur des écoles ; ensuite qu'en beaucoup de lieux, les curés et vicaires se conformant aux ordonnances des Conciles et des Synodes faisaient eux-mêmes l'école quand on ne trouvait pas de régent. De plus les habitants des anciens diocèses d'Auch, Lectoure et Condom ne craignaient pas de s'imposer des sacrifices pour l'instruction de leurs enfants, puisqu'ils les laissaient à l'école du curé, lors même qu'ils leur étaient « déjà utiles ». S'ils n'y avaient absolument appris qu'à « servir la messe, » il est plus que probable qu'on eût préféré les appliquer au travail des champs. De fait, sans figurer, tant s'en faut, aux premiers rangs, le département du Gers offrait en 1786-90 une moyenne de 31,55 époux et 19,15 épouses signant leur acte de mariage.

(1) *Lettres à Grégoire*, p. 95-96. Cf. p. 105-106 le témoignage d'un autre correspondant. Ses affirmations sont beaucoup moins absolues et sans doute plus exactes : « Chaque village n'a pas le bonheur d'avoir des maîtres, bien moins des maîtresses d'école ; cependant il serait de la dernière importance d'avoir dans chaque municipalité des instituteurs élémentaires pour apprendre les paysans (*sic*) à lire, écrire et chiffrer. Les pères de famille font plus qu'ils ne peuvent et encore ils n'y réussissent pas. La plupart ne peuvent avoir d'autres maîtres que leurs curés et leurs vicaires qui partout ne sont que trop dépourvus de livres. »

59. Les Amis de la Constitution d'Agen firent parvenir à Grégoire un long mémoire en réponse à son questionnaire. D'après eux, « les maîtres d'écoles dans les villages où il y en a (car il s'en trouve dans peu) apprennent à lire en français et en latin... La plupart des villages, trop peu nombreux pour faire un sort à un maître d'école, sont absolument sans instruction ou n'ont que celle de leurs curés qui se distinguent, il est vrai, par le zèle et l'assiduité pour leur apprendre les devoirs qu'ils ont à remplir envers Dieu et le prochain... Nos curés n'ont pas non plus un assortiment de livres à leur prêter. Mais ils leur deviendraient inutiles, vu le petit nombre de ceux qui, dans nos campagnes, pourraient en profiter, car ceux-ci ne forment pas le douzième de nos laboureurs (1). » L'étude, un peu superficielle, il est vrai, que nous avons faite de quelques dossiers de l'intendance de Bordeaux concernant les subdélégations de l'Agenais, nous porte à croire que ces assertions sont quelque peu exagérées. Ainsi le subdélégué de Nérac écrit, en 1758, à l'intendant : « Il y a, dans tous les lieux, des régents pour les garçons, mais il n'y en a point où il y ait des régentes pour les filles. » Celui de Montflanquin : « Dans presque toutes les juridictions de cette subdélégation, il y a des maîtres d'école pour enseigner à lire et à écrire aux enfants de l'un et l'autre sexe (2). »

(1) *Lettres à Grégoire*, p. 119, 120. — (2) *Arch. Gironde*, C. 3097. Le respect de la vérité nous oblige à observer que les états joints à ces lettres accusent seulement 34 régents ou régentes pour les 100 paroisses qui formaient les

Ajoutons que de 1758 à 1789 le nombre des régents s'était notablement accru. Ce fait résulte de la correspondance des intendants de Bordeaux avec leurs subdélégués qui renferme de très nombreuses requêtes pour l'établissement de nouvelles écoles. Une chose d'ailleurs parfaitement certaine, c'est que plus du douzième des habitants de l'Agenais savait lire en 1790, puisque l'étude des signatures de 7,309 actes de mariage a permis à M. Maggiolo d'établir les moyennes suivantes : époux, 22,40 ; épouses, 7,70. C'est moins du douzième pour les femmes, mais près du quart pour les hommes.

60. Quant à la Dordogne, Fournier la Charmie, député du Tiers aux États Généraux, écrivait à Grégoire en 1790 : « Il s'en faut bien qu'en Périgord chaque village ait son maître d'école : Je ne crois pas qu'il en ait plus de 40 à 50 dans les paroisses qui le composent (1). » La Charmie se trompait. D'après un état officiel fourni à M. de Tourny fils, intendant de Bordeaux par le subdélégué de Périgueux, qui dit tenir ses renseignements du chanoine maître-école du diocèse, (2) sur 181 paroisses dont se composait cette subdélégation, 61 étaient pourvues d'écoles. Dans celle de Nontron qui comptait 53 communautés, 11 avaient des régents en titre et « gagés » (3). C'est peu sans doute,

deux subdélégations. Mais cette contradiction s'explique aisément par la distinction à faire fréquemment, dans le sud-ouest, entre les régents en titre ou « gagés » et ceux qui se contentaient de la rétribution scolaire et dont les autorités civiles ne s'inquiétaient guère.

(1) *Lettres à Grégoire* p. 156 — 2). Dignitaire chargé de la surveillance de l'enseignement prim. — (3) *Arch. Gir.* C. 3097.

mais nous voilà loin des 40 ou 50 écoles de La Charmie.

61. Nous avons fait nous-même de longues recherches aux Archives de la Gironde et de l'Archevêché de Bordeaux pour essayer de nous rendre compte de l'état de l'instruction primaire dans ce pays, avant la Révolution (1). Nous avons pu nous procurer des renseignements sur la situation scolaire de plus de la moitié des communes du département, 287 sur 530 (2). Sur 287 communes nous en avons trouvé 184, un peu moins des deux tiers, munies d'écoles aux deux derniers siècles, pour les 103 autres, les procès-verbaux de visite constatent qu'à un moment donné de cette période, elles n'en avaient pas (3). La proportion devait

(1) Aux Archives de l'Archevêché, nous avons pu étudier une collection malheureusement incomplète, mais encore considérable des procès-verbaux de visites des archevêques de Bordeaux. Nous y avons trouvé également une série curieuse de requêtes de régents demandant l'approbation, et des nominations et révocations consignées dans les registres de la chancellerie archiépiscopale. Aux Archives de la Gironde, nous avons dépouillé une série également incomplète des registres du conseil archiépiscopal au XVIIIe siècle, puis les nombreux portefeuilles renfermant la correspondance des subdélégués avec les intendants, des registres d'impôts, des comptes et budgets des communautés. Nous n'avons pu aborder l'immense série judiciaire parfaitement classée, il est vrai, mais non pourvue d'inventaire, non plus que les 5,000 registres des anciens notaires. — (2) Le département de la Gironde a été formé des anciens diocèses de Bordeaux et de Bazas presque entiers et d'une faible partie de celui d'Agen (canton de Sainte-Foy). Or les archives de l'ancien diocèse de Bazas ont entièrement disparu à la Révolution. Il n'en reste pas un seul registre, ni aux Archives de la Gironde, ni à celles de l'Archevêché de Bordeaux. Les fonds ecclésiastiques étant les plus féconds en renseignements sur les écoles, surtout en Guienne où les maîtres «gagés» officiellement étaient rares, il n'est pas étonnant que nous ayons recueilli aussi peu de faits sur les paroisses du diocèse de Bazas. — (3) Il ne faudrait pas conclure de là sûrement qu'il

être la même, sinon meilleure, dans le reste du département, car la partie sur laquelle nous avons pu nous renseigner, renferme précisément les contrées les plus déshéritées du pays. Nous voulons parler de la portion des landes de Gascogne qui termine la Gironde au sud et à l'ouest. Ce sont d'immenses solitudes qui commencent à peine à se peupler aujourd'hui, grâce à la culture des pins et à la multiplication des voies de communication. Il y a cent ans, la densité de la population y était beaucoup plus faible encore, et les paroisses étaient formées de petits hameaux semés dans la lande à des distances énormes les uns des autres. Là, les écoles étaient fort rares, nous n'en disconvenons pas. Cependant dans la seconde moitié du XVIII° siècle, un progrès sensible se manifeste. Ainsi dans l'archiprêtré de Buch et Born entièrement formé de landes stériles, en 1731-1734, sur 24 paroisses visitées, une seule possède une école, tandis que, en 1787, on en trouve 8 pour 18 paroisses (1). Dans l'archiprêtré de Cernez, toutes les communes riveraines de la Garonne à peu d'exceptions près, ont leurs régents, mais celles qui confinent aux Landes en sont, pour la plupart, dépourvues, sauf aux dernières années de l'Ancien Régime. En 1771-1776 sur 8 paroisses visitées dans cette circonscription, 7 ont des

n'y ait jamais eu d'écoles dans ces 103 paroisses, qui ont parfaitement pu en avoir à d'autres époques que celle des visites. En tout cas nous ne pouvons démontrer pour le moment qu'elles en aient eu.

(1) *Arch. de l'Archevêché de Bordeaux. Visites.*

régents, et en 1780-81, 5 paroisses visitées sont toutes en règle avec les ordonnances de l'archevêque (1). Dans les contrées fertiles et peuplées qui bornent la Dordogne et la Garonne, il était bien peu de communes qui n'eussent leur maître et quand elles en sont privées, le procès-verbal remarque plus d'une fois que les enfants vont à l'école dans quelque paroisse voisine (2). Dans certaines communes l'instruction publique était organisée d'une manière beaucoup plus complète, il y a cent ans, qu'aujourd'hui. Il y avait des collèges à Cadillac (3), Langon (4), Saint-Macaire (5); à Bourg et à Saint-Émilion (6), un régent latiniste. Nous ne parlons pas de Blaye, Bazas, Libourne et Sainte-Foy qui ont rétabli leurs anciens collèges. Des paroisses rurales du diocèse de Bazas, comme Gensac (7), Catelmoron d'Albret (8), avaient non seulement un maître pour l'école élémentaire, mais un régent latiniste et une maîtresse ou des religieuses pour instruire les filles. — Bordeaux avait ses maîtres écrivains formant une corporation dont les statuts avaient été approuvés par lettres patentes de Louis XIII, d'août 1636 (9). En 1758, les frères des écoles chrétiennes y avaient été appelés par l'archevêque d'Audibert de Lussan, l'intendant de Tourny et les jurats (10).

(1) *Ibid.* — (2) Par exemple à Teuillac, (procès-verbal de 1755) et à S. Laurent d'Arce (procès-verbal de 1754) *Ibid.* — (3) *Arch. de la Gironde,* C. 289. — (4) *Ibid.*, C. 992. — (5) *Arch. Gir. II. Jésuites, collège et prieuré de S. Macaire.* — (6) *Arch. Gir.* C. 994, 1000. — (7) *Ibid.* 994. — (8) *Ibid.* — (9) *Anciens et nouveaux statuts de Bordeaux.* Bordeaux, 1702, in-4, p. 589 *seq.* Archives de la Gironde, C. 1005, 1718, 1813. — (10) *Ibid.*, C. 3292

Ils tenaient quatre grandes écoles où l'instruction était gratuitement donnée à plus de 2,000 enfants (1). Le collège de Guyenne et celui des jésuites attiraient des centaines d'écoliers. Les sœurs de Notre-Dame de Madame de Lestonnac, dont nous reparlerons (2), les Ursulines et plusieurs autres communautés religieuses instruisaient les filles pauvres (3). En même temps, il y avait tant d'instituteurs libres que l'Université de Bordeaux, dans un Mémoire adressé au Parlement en 1762, (4) signale comme une des principales causes de la décadence des études « le nombre *infini* » des maîtres d'école et des maîtres de pension (5). Les jurats prirent la même année des mesures pour le réduire, sur les réquisitions du procureur syndic de la ville (6). Un registre de capitation incomplet de plusieurs feuillets donnait en effet dès 1756, 41 maîtres et maîtresses d'école, répétiteurs, maîtres de latin, etc.; sans compter les maîtres écrivains dont la corporation était imposée à part (7).

(1) Ce chiffre se trouve dans une lettre de l'intendant Boutin au contrôleur général du 24 décembre 1764. *Ibid.* — (2) Ci-dessous Ch. XI. — (3) Dom Devienne *Histoire de Bordeaux*. 2 partie. Bordeaux, 1862, in-4, p. 107-112. — (4) Ce mémoire n'est pas daté, mais l'époque de sa publication n'est pas douteuse puisqu'il a été publié à la suite de l'arrêt du parlement du 16 mai 1762, pour la réforme de l'instruction publique dans son ressort. — (5) *Mémoire de l'Université de Bordeaux sur les moyens de pourvoir à l'instruction de la jeunesse*. Bordeaux, in-18 de 52 p. — (6) *Ordonnance de MM. les Maire, lieutenant de maire et jurats, gouverneurs de Bordeaux, portant règlement pour les écoles, pensions et pédagogies, du 21 juillet 1762. A Bordeaux de l'imprimerie de P. Raymond Brun*, placard in-fol. — (7) *Arch. Gir.*, C. 2726 — La lettre de Bernadau, compilateur médiocre et plagiaire effronté,

62. Il est difficile de se prononcer sur le nombre des anciennes écoles dans la Charente. «L'état actuel des archives départementales, dit M. Maggiolo, et les 234 notices fournies récemment par les instituteurs ne permettent pas d'établir la situation de l'enseignement primaire dans le passé. Nous retrouvons seulement la trace des écoles de charité annexées presque partout aux aumôneries et aux Maisons-Dieu. A la fin du xvii° siècle, l'instruction est peu répandue, la moyenne des conjoints qui ont signé leur acte de mariage est faible : 9.58 (13,97 hommes ; 5,19 femmes) ; un siècle après (1789-1790), le calme, la paix ont succédé aux désastres de la guerre, la moyenne a presque doublé : 17,83 (26,64 hommes ; 9,02 femmes) (1). »

63. M. Audiat, bibliothécaire de Saintes, a fait sur les écoles de la Saintonge des recherches dont il n'a pas publié les résultats, mais il a lu quelques fragments de son travail à la réunion des sociétés savantes à la Sorbonne, en 1873 (2). « Il y avait, conclut-il, des écoles chez nous, beaucoup plus qu'on ne croit, et en certains lieux — il nous est impossible, en l'absence de documents, d'affirmer

---

à Grégoire, ne mérite aucune créance ; on voit qu'il n'a pas pris la peine de se renseigner et qu'en observateur superficiel, il s'est hâté d'étendre outre mesure les conséquences de quelques faits isolés. « Il n'y a, dit-il, que les gros bourgs qui soient pourvus de maîtres d'école. » Ces documents originaux nous en ont montré dans 50 petites communes et plus. Le reste est à l'avenant. (*Lettres à Grégoire.* p. 141.)

(1) *Ap.* Buisson, v° Charente, p. 366. — (2) Une analyse peu exacte de cette lecture a été donnée dans la *Revue des Soc. savantes* d'avril 1873.

davantage — autant au moins qu'en 1873, notamment à La Rochelle en 1689; j'ai la liste des écoles, le nom des maîtres et le total des élèves; il y avait beaucoup plus de maîtres, beaucoup plus d'écoles qu'en 1873. Quant à la population scolaire, elle était certainement aussi forte qu'aujourd'hui, toute proportion gardée. J'ai pour des communes rurales, des listes d'instituteurs pendant un siècle sans lacune et une fois pendant deux siècles. Évidemment dans les communes voisines, il y avait des instituteurs et celles-là n'étaient pas une exception (1). »

64,65. Pour la Vendée et les Deux-Sèvres nous devons nous contenter des moyennes fournies par la Statistique des Conjoints (2).

66. D'après un des correspondants de Grégoire, la moitié des communes de la Vienne aurait eu des écoles où l'on aurait enseigné la lecture, l'écriture, le calcul et le catéchisme (3). Nous n'avons pas d'autre moyen de contrôler ces assertions que les chiffres d'ailleurs peu élevés de la Statistique rétrospective (4): on en peut conclure du moins, que les écoles étaient peu fréquentées dans cette partie de la France.

67,68. L'enseignement populaire ne semble pas

---

(1) *Communication de M. Audiat.* La Statistique des Conjoints confirme ces appréciations par les moyennes relativement élevées (53,54; 34,19) qu'elle donne pour la Charente-Inférieure. — (2) Vendée, 20,27; 8,68. — Deux-Sèvres, 19,69; 9,65. Une *Note sur les écoles primaires du Bas Poitou avant 1789*, a été publiée en 1879 par M. A. Pillier dans les *Mémoires de la Société d'Émulation de la Vendée*. Nous n'avons pu nous procurer ce travail. — (3) *Lettres à Grégoire*, p. 278. — (4) 19,46; 9,06.

non plus avoir été très florissant en Limousin. Mgr de Lascaris d'Urfé constate dans un mandement de 1686, le défaut presque universel d'instruction religieuse dans son diocèse, et exhorte les curés à faire tous leurs efforts pour augmenter le nombre des écoles. Les collèges étaient cependant nombreux : Limoges, Bellac, Magnac, Eymoutiers, Treignac, Ussel en possédaient. Les congrégations étaient assez répandues et donnaient aux petites filles un enseignement généralement gratuit. Selon M. Rougier du Châtenet, auteur d'une statistique de la Haute-Vienne publiée en 1808, treize écoles fondées pour l'instruction des garçons et vingt-cinq pour les filles existaient dans ce département, au moment de la Révolution. Il ne faudrait pas croire cependant que les maîtres de ces écoles enseignassent seuls. Dans bon nombre de paroisses, des instituteurs volontaires instruisaient les enfants moyennant une faible rétribution (1). Les moyennes de la Statistique des Conjoints sont faibles pour la Haute-Vienne, elles se relèvent sensiblement dans la Corrèze (2).

69. La Creuse était à peu près dans la même situation que la Haute-Vienne. Sans doute l'action de l'Église s'était fait sentir et des personnes pieuses, dociles à ses inspirations, avaient fait des fondations en faveur des écoles. On a la série des maîtres et des maîtresses de 1598 à 1789, dans un certain nombre de communes, où la moyenne des

---

(1) *Renseignements communiqués par M. Maggiolo.* —
2) Haute-Vienne, 10,63 ; 6,02 — Corrèze, 27,97 ; 13,87.

illettrés était relativement faible. Mais il n'en était pas de même partout; tant s'en faut (1).

70,71. En Auvergne, les écoles n'étaient pas nombreuses, ce qui se comprend dans une certaine mesure en pays de montagnes. A la fin du xviii° siècle, il en existait à peine dans un sixième des paroisses (2). Cependant l'instruction n'y était pas négligée autant qu'on pourrait le croire d'après le petit nombre des instituteurs ; les chiffres de la Statistique des Conjoints le prouvent (3). M. Fayet nous donnera l'explication de ce fait. « Le diocèse de Saint-Flour ne restait pas sans' instruction. Pour y propager les éléments de l'instruction dans les villages, il fallait surtout compter sur la bonne volonté des simples particuliers, hommes ou femmes. Celui ou celle qui savait le mieux, donnait aux enfants du voisinage quelques leçons pendant l'hiver. Parmi ces maîtres improvisés se trouvaient, en assez grand nombre, des filles qui, sans faire de vœux, s'étaient organisées en une espèce de tiers-ordre et étaient connues dans le pays sous le nom de Menettes. Leurs efforts ont notablement contribué à répandre un peu d'instruction dans les villages et hameaux de la partie montagneuse du département (4). »

72,73. Nous emprunterons au même érudit quelques faits relatifs à l'état de l'instruction primaire dans le Berry. En 1789, la partie du Berry

---

(1) Buisson v° Creuse, p. 613. — (2) *Mémoires de l'Académie de Clermont*, t. XII. (1870) p. 598, seq. — (3) Puy-de-Dôme, 26,87 ; 17,47. — Cantal, 26.87 ; 17,47. — (4) *Ap*. Buisson, v° Auvergne, p. 158.

qui a formé les départements de l'Indre et du Cher comptait quinze collèges et sept cent cinquante-cinq élèves, la plupart ne payant qu'une rétribution peu élevée. Au-dessous des collèges existaient les petites écoles dont l'autorité diocésaine s'était de tout temps occupée... Dans la seconde moitié du XVIII° siècle, on trouve, à propos de nominations ou de traitements, la preuve de l'existence des maîtres et des maîtresses d'école non seulement dans les villes (comme Châteauroux, où l'on a pu rétablir la liste et l'histoire des maîtres depuis 1606) ; mais dans un certain nombre de paroisses rurales. Des fondations avaient été faites en beaucoup de lieux, et les congrégations enseignantes possédaient un certain nombre d'établissements dans la province (1).

74. Nous ne pouvons rien dire des écoles de la Touraine qui n'ont été l'objet d'aucune publication (2).

75. Un modeste érudit, M. Dupré, ancien bibliothécaire de Blois, a donné à la *Semaine religieuse* de ce diocèse quatre courts articles où il rappelle le souvenir de pieuses fondations faites à la fin du XVIII° siècle, à Blois, dans ses faubourgs et dans un certain nombre de paroisses rurales du diocèse pour procurer aux pauvres le bienfait de l'instruc-

---

(1) Fayet *ap.* Buisson, v° Berry, p. 187-188, cf. Fayet, *Comment les cléricaux fondent les écoles...* — *Mémoires du clergé*, t. I, p. 1034, *seq.* Arrêt du conseil mettant les maîtres d'école du diocèse de Bourges sous la juridiction de l'archevêque. On y trouve des détails sur les écoles d'Issoudun. — (2) Voici du moins les moyennes de la Statistique des conjoints pour l'Indre-et-Loire, 23,11; 11,32.

tion gratuite (1). D'autre part, M. Maggiolo a bien voulu nous communiquer des documents établissant l'existence d'écoles dans quelques communes de l'arrondissement de Romorantin. Mais les faits cités sont trop peu nombreux pour servir de base à une appréciation suffisamment certaine.

76. Nous sommes beaucoup mieux instruits touchant le nombre des écoles du Loiret, grâce à un travail fort sérieux de M. Maggiolo sur celles de l'arrondissement de Pithiviers, et à un mémoire concernant celles de l'arrondissement d'Orléans que la Société archéologique de cette ville a couronné il y a quelques mois. Il n'est pas encore publié, mais son auteur, Mlle de Villaret, a bien voulu nous en communiquer le résumé. Sur cent six communes de l'arrondissement d'Orléans, au moment du recensement opéré en 1790 par les soins du district, on a constaté la présence d'écoles dans une cinquantaine. Il est d'ailleurs prouvé que, là où il ne se trouvait pas de classe organisée à titre officiel, le curé de la paroisse enseignait aux petits enfants la lecture, le calcul, l'écriture et le catéchisme. C'est ce qui résulte du rapport des commissaires du district. Les fondations n'étaient pas rares. Le chapitre cathédral pourvoyait à l'entretien des écoles dans les paroisses de sa juridiction. Dans la ville même d'Orléans, les maîtres et les maîtresses étaient fort nombreux. — La méthode de M. Maggiolo est fort connue, c'est avec

---

(1) A. Dupré. *Anciennes écoles de charité.* (*Semaine religieuse de Blois*, 8, 15 novembre; 13, 20 décembre 1873.)

des textes originaux, des chiffres et des faits qu'il établit ses conclusions. Il faut donc l'en croire quand il affirme, preuves en main, du reste, que « ses recherches dans les archives de l'arrondissement (de Pithiviers) l'ont mis en mesure pour la plupart des communes, comme pour le chef-lieu, d'établir la suite non interrompue des maîtres d'école surtout depuis 1700 (1). » Avant cette époque, de pieux laïques, MM. Tranchot et François Perdoulx s'étaient adonnés avec beaucoup de zèle à l'œuvre des écoles de charité; non contents d'en établir dans la ville d'Orléans, ils en avaient fondé plus de trente dans les campagnes environnantes (2).

77. M. C. Port affirme dans l'introduction de son savant *Dictionnaire de Maine-et-Loire* qu'au moment de la Révolution, l'instruction primaire était dans ce département « presque partout à l'abandon, » les riches et nombreuses fondations destinées à l'entretien des écoles ayant été, en beaucoup de lieux, détournées de leur destination et dilapidées (3). Nous avons pu néanmoins relever dans cet ouvrage la mention d'écoles ayant existé à diverses époques dans cent quarante et une communes sur trois cent quatre-vingts dont se compose le département. Peut-être y en avait-il d'autres, car les archives communales, (une des sources principales des documents mis en œuvre par le docte archiviste) ont été détruites, en cer-

---

(1) Maggiolo, *Les Archives scolaires de la Beauce*, p. 16. — (2) *Vie de M. Démia*, p. 135. — (3) C. Port, *Dictionnaire de Maine-et-Loire*. Introduction, p. XLVIII.

tains lieux, pendant les guerres civiles de la fin du dernier siècle. Un fait indéniable, c'est la libéralité avec laquelle de nombreux bienfaiteurs, ecclésiastiques pour la plupart, avaient assuré par des fondations la subsistance des maîtres et des maîtresses (1).

78. Les écoles paraissent avoir été nombreuses dans le Comté Nantais. M. Léon Maître a donné la liste de quatre-vingt-une paroisses dont soixante-quatre en étaient pourvues aux XVII° et XVIII° siècles. Il a indiqué pour la plupart de ces écoles la date et le mode de leur fondation et les noms de leurs bienfaiteurs (2). Sa nomenclature est précédée d'observations générales qui démontrent par les faits qu'aux deux derniers siècles, dans cette partie de la Bretagne, l'instruction primaire n'était guère moins répandue qu'aujourd'hui. « Il m'est resté, dit-il, de ce travail de compilation, une conviction dans l'esprit, c'est que les populations du Comté Nantais ne manquaient pas d'écoles, sous l'Ancien Régime. Ceux qui avaient le désir d'apprendre les notions élémentaires trouvaient,

(1) *Dict. de Maine-et-Loire, passim.* — Pendant son épiscopat, H. Arnauld (1649-1692) s'était beaucoup occupé des petites écoles et en avait provoqué la fondation en beaucoup de lieux. Nous lisons dans une de ses ordonnances synodales (1668) : « Nous avons la consolation de voir, en plusieurs paroisses, des petites écoles, dont les maîtres et maîtresses font beaucoup de bien par le moyen de l'instruction qu'ils font aux enfants... mais nous avons aussi le déplaisir d'en voir d'autres, en quantité de lieux, qui ne sont presque d'aucune utilité pour le salut, ces maîtres et maîtresses se contentent de leur montrer seulement à lire... » (*Statuts synodaux du diocèse d'Angers*. Angers, 1680, in-4, p. 768.) — (2) L. Maître. *L'Instruction primaire dans le Comté Nantais avant 1789.* (*Revue de Bretagne et Vendée*, mai 1874, p. 369-376.)

comme aujourd'hui, des maîtres souvent très rapprochés d'eux, particulièrement au xviie et au xviiie siècle. Ce qui manquait autrefois comme aujourd'hui, c'était le zèle des parents et des écoliers. La négligence des uns et des autres est constatée plus d'une fois dans les procès-verbaux des visites pastorales que faisaient les évêques de Nantes et leurs délégués. Ce qui nuisait aussi au développement de l'instruction dans l'Ouest, ce qui lui fait obstacle encore maintenant, ce n'est pas tant l'indifférence que la dispersion de la population dans des villages et des fermes souvent très éloignés du clocher et de la maison d'école. Les populations rurales ainsi disséminées seront toujours moins instruites que dans les pays où les habitations sont agglomérées (1). »

79-82. M. Gaultier de Mottay, correspondant du Ministère de l'instruction publique, « l'un des hommes les plus érudits du pays, qui s'est livré à des recherches minutieuses dans les Archives Départementales et Communales (2) », a communiqué au *Dictionnaire de Pédagogie* une note très nourrie de textes et de faits sur l'histoire de l'instruction primaire dans le département des Côtes-du-Nord. Il affirme « qu'à la suite du Concile de Tours de 1583, un grand nombre de petites écoles s'établirent dans les diocèses bretons. En ce qui concerne, ajoute-t-il, l'histoire de ces écoles, nous sommes obligés de nous en rapporter le plus souvent aux

---

(1) L. Maître, *Ibid.*, avril, p. 258. — (2) Buisson, v° Côtes-du-Nord, p. 590.

traditions locales qui nous représentent de vieux militaires, d'anciens maltôtiers, des femmes vouées aux bonnes œuvres et d'autres personnes bienveillantes donnant aux enfants, tant bien que mal, une instruction très bornée. Des prêtres n'ayant qu'un faible revenu... réunissaient autour d'eux les enfants des villages qu'ils habitaient (1). » Au xviii° siècle, de nombreuses fondations d'écoles eurent lieu dans les Côtes-du-Nord (2).

Parmi les *Lettres à Grégoire sur les patois de France* se trouvent deux réponses qui lui furent envoyées de Bretagne ; l'une a pour auteur un bon cultivateur dont les observations rédigées dans un français quelque peu fantaisiste, portent sur les diocèses de Léon (Finistère) et de Tréguier (Côtes-du-Nord), l'autre est attribuée au Conventionnel Lequinio et concerne le Morbihan, le Finistère et les Côtes-du-Nord. D'après le premier, « Depuis quelques années (il écrit en 1790) et surtout depuis la Révolution, le campagnard fait voir un goût particulier pour l'éducation de la jeunesse. Les écoles des villes, qui jadis étaient peu suivies se multiplient. Il en résulte que la campagne (*sic*) dans le bas-âge, reçoit un commencement d'éducation dans la lecture et l'écriture du français et du latin... Peu de villages sont fournis de maîtres et de maîtresses. Quelques ambulants en font métier ; mais la distance qui sépare ces mêmes villages est si grande en Bretagne que les écoles sont éloignées de plusieurs jours, ce qui doit les faire

---

(1) Buisson, p. 590-591. — (2) *Ibid.*

considérer comme nulles... (1) » Selon l'autre correspondant, qui se montre animé de l'esprit révolutionnaire le plus ardent, « il n'y a point de maîtres et de maîtresses d'école si ce n'est dans les gros bourgs ; *on n'enseigne rien du tout* (2). » L'exagération évidente de la seconde assertion ne dispose guère le lecteur à admettre absolument la première. Du reste, l'étude que M. Maggiolo a faite des documents contemporains lui a laissé une impression moins défavorable. Après avoir cité beaucoup de faits et montré les efforts tentés par les évêques de Bretagne et les missionnaires des xvii° et xviii° siècles pour développer l'instruction primaire en Bretagne, il ajoute : « Les archives de Rennes, celles de Vannes, celles de Nantes, les registres de délibérations des communautés, conservés dans les villes et dans les villages, surtout les documents manuscrits et imprimés des Statuts Synodaux, des mandements et règlements des évêques démontrent avec évidence l'existence des petites écoles (3). »

83. Quiconque aura jeté les yeux sur le remarquable livre d'A. Bellée, archiviste de la Sarthe,

---

(1) *Lettres à Grégoire*, p. 283. — (2) *Ibid.*, p. 288. — (3) *Ap.* Buisson, v° Bretagne, p. 280. Nous ajouterons à ces renseignements un peu confus et contradictoires, ce passage d'une assez intéressante étude de M. l'abbé Piéderrière : « On possède encore aux archives de l'évêché de Quimper une collection de procès-verbaux de visites pastorales de 1781. Parmi les divers renseignements demandés aux recteurs, il est fait mention spéciale des maîtres d'école. Sur cinquante paroisses rurales il y avait dix-huit écoles établies, toutes dirigées par des recteurs, vicaires ou autres prêtres de paroisse. » C'est un peu plus du tiers. *Les petites écoles avant la Révolution dans la province de Bretagne* (Revue de Bretagne, Août-octobre 1877, p. 217).

n'aura pas de peine à convenir avec lui que « sans que l'État intervînt en aucune façon, plus de la moitié des paroisses composant le département de la Sarthe étaient pourvues d'écoles primaires et collèges largement dotés pour la plupart. Dans les autres localités et jusque dans de pauvres villages, le clergé, secondé par les instituteurs privés, dispensait également l'instruction et obtenait les meilleurs résultats (1). » Et l'auteur ne se contente pas d'affirmer, il consacre 184 pages de petit texte à l'analyse des documents originaux démontrant l'existence d'écoles et de fondations scolaires dans un grand nombre de paroisses (2).

84. Quant au département de la Mayenne, en l'absence de travaux spéciaux, nous ne pouvons citer qu'un seul fait que nous empruntons à un des érudits les plus autorisés de notre temps, Dom Paul Piolin. Le duc de la Meilleraye, époux d'Hortense Mancini, nièce de Mazarin, fonda à Mayenne un bureau de charité, il établit à ses frais des maîtres et des maîtresses d'école pour l'instruction des enfants dans toutes les paroisses de cette ville, et donna à son collège, en la seule année 1667, 425 livres de rente, c'est-à-dire un peu plus de 1,050 francs de notre monnaie. Enfin il pourvut d'écoles de garçons et de filles toutes les paroisses du duché de Mayenne (3).

85. La brochure que M. L. Merlet, archiviste d'Eure-et-Loir, a consacrée à la situation scolaire

---

(1) Bellée, p. 8. — (2) *Ibid.* pp. 65-245, 295-298. — (3) D. Piolin, *Les petites écoles jansénistes de l'Anjou.* (Revue de l'Anjou, janvier-juin 1876, p. 83).

de ce département avant 1789, ne renferme pas les éléments d'un travail d'ensemble. C'est plutôt une collection de documents, où l'on trouve de nombreux renseignements sur la condition des régents et régentes, et sur les fondations charitables dont les âmes généreuses et chrétiennes furent prodigues en ce pays, en faveur des écoles populaires. « Ce n'est à proprement parler, dit M. Merlet, qu'une esquisse que nous avons essayé de tracer dans les pages qui suivent; ce sont des jalons que nous avons voulu poser, afin de servir à ceux qui auraient le loisir de faire une œuvre plus complète. Ce qui ressort des documents cités par nous, c'est que l'organisation de notre enseignement primaire ne date pas d'hier. Dès les temps les plus reculés, l'instruction était donnée gratuitement dans le diocèse de Chartres, et cela dans une assez large mesure. Plus tard elle se développa rapidement. Au XVIe siècle, elle était peut-être encore moins répandue qu'elle ne l'est aujourd'hui, mais nous ne croyons pas nous tromper en affirmant qu'au XVIIe siècle, elle était aussi généralement et aussi libéralement accordée à tous, que nous le voyons de nos jours (1). »

86. Pour le département de Seine-et-Oise, nous ne connaissons que l'intéressant mémoire de M. A. de Dion sur les écoles de Montfort-l'Amaury. Dans cette petite ville, filles et garçons avaient à leur portée tous les moyens d'instruction (2). Au

---

(1) Merlet, p. j-lij. — (2) A. de Dion, *Les écoles de Montfort-l'Amaury*, passim.

cours d'une polémique suscitée en 1878, par un discours de M. le sénateur Féray, quelques faits isolés ont été produits (1). Nous ne pouvons, avec ces renseignements trop rares, établir de conclusion générale ; nous ferons seulement observer que les chiffres de la Statistique des conjoints induisent à penser que les écoles devaient être nombreuses dans cette partie de la France (2).

87. Il y avait à Paris des écoles de plusieurs sortes. Les unes étaient sous la juridiction du chantre de Notre-Dame. Elles étaient au nombre de 334 pour la ville et les faubourgs, dont 167 réservées exclusivement aux filles (3). Il y faut joindre celles des maîtres écrivains, celles des congrégations enseignantes, Ursulines, Miramionnes, filles de Notre-Dame, filles de la Croix, filles de la Charité, etc. Les autres paroisses du diocèse avaient aussi leurs écoles. « Il est de notoriété publique, dit un arrêt du parlement du 21 mai 1647, relatif à la juridiction sur les écoles de la banlieue, que partout, hors la ville et les faubourgs de Paris, non-seulement dans les villages ès environs, mais dans tous les autres plus éloignés, le soin de faire choix de personnes capables appartenoit aux curés, que pour l'ordinaire ils commettoient leurs vicaires ou autres gens d'église (4). »

(1) *Courrier de Versailles*, 10, 14, 28 novembre, 1ᵉʳ décembre 1878. — (2) 62, 95 ; 38, 34. — (3) Ph. Pompée, *Rapport historique sur les écoles primaires de Paris*, p. 170 seq. — (4) *Ap.* Pompée, p. 86. — Nous n'insisterons pas sur l'histoire des écoles de Paris qui est fort connue ; nous indiquerons seulement quelques ouvrages à consulter sur ce sujet. D'abord

Cet exposé, dont les éléments ont été fournis par des érudits ayant fouillé les archives et publié les documents originaux, peut suffire à nous convaincre que l'enseignement primaire ne date pas d'hier dans notre pays. Nous l'avons vu, dans un grand nombre de provinces, la plupart des paroisses avaient leurs écoles, dans les autres, les villes, les bourgs, les gros villages en étaient pourvus. Ces résultats sont du reste parfaitement d'accord avec les témoignages des contemporains. « Nos derniers Rois, dit un jurisconsulte du xviiie siècle, ont réuni dans leurs ordonnances les dispositions de leurs prédécesseurs et celles des conciles, et trouvant des écoles établies presque partout, ils ont veillé à en maintenir la discipline et à les rendre fréquentées (1). — Il y a ordinairement, selon D. Jousse, dans chaque paroisse, deux écoles de charité, une pour les garçons et l'autre pour les filles (2). » — Renauldon affirme que « quantité de seigneurs sont entrés dans les vues de Sa Majesté en fondant dans les campagnes des écoles publi-

---

le livre fort important de Cl. Joly, *Traité historique des écoles épiscopales et ecclésiastiques*. — L'ouvrage assez intéressant de Ph. Pompée que nous venons de citer. — Félibien et Lobineau, *Histoire de la ville de Paris*, t. I, p. 613-616 ; t. III, p. 447-470. Ravelet, *Histoire du Vénérable de la Salle*, p. 28-46, 117, 168-216, 268-317, etc. — *Statuts et règlements des petites écoles de grammaire de la ville, cité, université, faubourgs et banlieue de Paris*. — *L'escole paroissiale ou la manière de bien instruire les enfans dans les petites escoles*. — Enfin un très bon article publié tout récemment par M. J. M. Richard, *L'Instruction primaire à Paris au milieu du* xviie *siècle*. (Revue trimestrielle, octobre 1880, p. 900-927.)

(1) Rousseaud de la Combe, p. 52. — (2) *Traité du gouvernement spirituel et temporel des paroisses*, p. 233.

ques (1). » — En 1746, l'abbé Terrisse, vicaire général de Rouen, soutenait dans un Mémoire lu à l'Académie de cette ville, qu'il est d'une bonne politique de procurer aux paysans le moyen de s'instruire, et donnait, comme preuve à l'appui de son assertion, l'état florissant des campagnes de la Normandie « où tout le monde était instruit » (2).

Il n'est pas jusqu'aux plaintes significatives des ennemis de l'instruction primaire (ils étaient nombreux au XVIII° siècle dans le camp des libre-penseurs) qui ne confirment notre thèse. « On a la manie, dit l'auteur anonyme d'un *Traité sur la Voirie et les Ponts-et-Chaussées* attribué longtemps, mais faussement à Duclos, de ne plus engager aucun domestique qui ne sache lire, écrire et calculer. Tous les enfants des laboureurs se faisant moines, commis ou laquais, il n'est pas étonnant qu'il n'en reste plus pour le mariage ou pour l'agriculture. » Un autre anonyme se plaint « de la multiplicité des écoles publiques et gratuites qui sont répandues par tout le royaume (3). » — En 1763, La Chalotais, de cette plume qui venait de signer le réquisitoire pour le bannissement des Jésuites du ressort du Parlement de Rennes, écrivait cette dénonciation en règle des progrès inquiétants de l'instruction primaire : « N'y a-t-il pas trop d'écrivains, trop d'académies, trop de

---

(1) Renauldon, *Dictionnaire des fiefs*, 1788, t. I, p. 384, cité par Babeau, *Le village sous l'ancien régime*, p. 284. — (2) Beaurepaire, t. III, p. 99. — (3) Nous empruntons ces deux citations à M. Brunetière (*Revue des Deux-Mondes*, 15 octobre 1879, p. 943.)

collèges ? Autrefois il étoit difficile d'être sçavant faute de livres, maintenant la multitude des livres empêche de l'être. On peut dire comme Tacite : *ut multarum rerum, sic litterarum intemperantia laboramus.* Il n'y a jamais eu tant d'étudiants dans un royaume où tout le monde se plaint de la dépopulation. Le peuple même veut étudier, des laboureurs, des artisans envoient leurs enfants dans les collèges des petites villes où il en coûte peu pour vivre et quand ils ont fait de mauvaises études qui ne leur ont appris qu'à dédaigner la profession de leurs pères, ils se jettent dans les cloîtres, dans l'état ecclésiastique ; ils prennent des offices de justice... Les Frères de la doctrine chrétienne qu'on appelle ignorantins sont survenus pour achever de tout perdre. Ils apprennent à lire et à écrire à des gens qui n'eussent dû apprendre qu'à dessiner et à manier le rabot et la lime, mais qui ne le veulent plus faire. Ce sont les rivaux et les successeurs des jésuites. Le bien de la société demande que les connoissances du peuple ne s'étendent pas plus loin que ses occupations (1). »

(1) L. R. de Caradeuc de La Chalotais, *Essai d'éducation nationale ou plan d'études pour la jeunesse*, 1763, in-12, p. 25-26. Voltaire, à qui La Chalotais avait soumis son ouvrage, lui écrivait le 28 février 1763 : « Je ne puis trop vous remercier de me donner un avant-goût de ce que vous destinez à la France... Je trouve toutes vos vues utiles. Je vous remercie de proscrire l'étude chez les laboureurs. Moi qui cultive la terre, je vous présente requête pour avoir des manœuvres et non des clercs tonsurés. Envoyez-moi surtout des frères ignorantins pour conduire mes charrues et pour les atteler. » (*Œuvres complètes de Voltaire*, Éd. Furne, in-4, t. XII, p. 561.) Rousseau est du même avis, il écrit dans son *Émile*, liv. 1 : « Le pauvre n'a pas besoin d'éducation. Celle de son état est forcée, il ne saurait en avoir d'autre » Ceci n'empêche pas les parti-

Il est facile de conclure de ce passage de La Chalotais que, dans la seconde moitié du XVIIIe siècle, l'instruction primaire avait pris un vaste essor. Les carrières libérales s'ouvraient largement aux pauvres. Les riches fondations formant la dotation des collèges permettant d'y donner l'instruction gratuite à des milliers d'écoliers, les enfants du peuple y affluaient. D'où sortaient pour la plupart les 72,747 élèves de nos anciens collèges (1), sinon des écoles primaires ? L'enseignement secondaire peut-il atteindre ce degré de prospérité alors que l'enseignement élémentaire est nul ou à peu près ?

Tout donc se réunit pour justifier nos conclusions, les témoignages des contemporains, les chiffres très précis que nous fournit la statistique de l'enseignement secondaire, enfin et surtout l'étude des documents originaux faite par des savants autorisés dans bon nombre de départements.

Nous avons le droit d'affirmer l'existence de l'instruction primaire, avant 1789, dans notre pays où des milliers d'écoles primaires, inégalement réparties, il est vrai, mettaient à la portée des

---

sans actuels de l'instruction obligatoire de dresser des statues à Voltaire et à Rousseau et de célébrer leur centenaire. Au fond ils sont plus logiques qu'ils ne le paraissent. Ce qu'ils poursuivent comme leurs devanciers, ce n'est pas le bien du peuple, c'est l'anéantissement de la religion catholique. Voltaire et Rousseau ne voulaient pas de l'enseignement primaire parce qu'il était chrétien ; leurs héritiers s'en sont fait les propagateurs parce qu'ils espèrent le rendre athée. Tout est là.

(1) Villemain, *Rapport au roi sur l'instruction secondaire*, Paris, 1843, in-4, p. 55.

enfants du peuple l'enseignement élémentaire. Le mouvement commencé au xvie siècle s'était largement développé et propagé aux deux siècles suivants. Un progrès constant et rapide se manifestait et des résultats remarquables avaient été obtenus quand la Révolution vint brutalement arracher l'Église à son œuvre, détruire les écoles qu'elle avait fondées et faire perdre à la France, pour de longues années, le rang que lui avaient conquis d'immenses sacrifices faits généreusement pour fonder et développer l'instruction élémentaire. Des affirmations en l'air présentées sans l'ombre d'une preuve ne sauraient prévaloir contre ces vérités aujourd'hui démontrées.

CHAPITRE V.

DE LA CONDITION DES MAÎTRES DES PETITES ÉCOLES SOUS L'ANCIEN RÉGIME.

Les écrivains de l'école révolutionnaire font un triste tableau de la condition de l'instituteur sous l'Ancien Régime. S'il faut les en croire, admis sans examen, renvoyé sans motif, ignorant, pauvre, méprisé, il dut son émancipation et la situation si importante qui lui est faite aujourd'hui aux principes proclamés par la Convention dans les lois *immortelles* par lesquelles elle a organisé l'enseignement primaire (1).

Tel n'est pas notre avis. Nous essaierons donc, en produisant des faits nombreux et authentiques

(1) Ces assertions sont notamment celles d'un long article de la *République Française* du 24 août 1880, *L'Instruction primaire sous l'Ancien Régime. Le maître d'école.* La méthode de l'auteur est élémentaire, il emprunte à MM. de Resbecq, de Charmasse, etc., quatre ou cinq faits isolés venant à sa thèse, puis il les présente à son public à grand renfort de déclamations. Pour qui connaît les ouvrages auquel renvoie l'auteur de l'article, le procédé est trop évident. Mais l'auteur sait bien à qui il s'adresse. — Cf. Fayet, *Les écoles de la Bourgogne sous l'Ancien Régime.* Le savant auteur y réfute, avec sa vigueur ordinaire certain inspecteur d'Académie qui dans un rapport officiel avait montré les maîtres de nos petites écoles avant la Révolution, se chargeant de l'instruction de la jeunesse, *sans garantie aucune, comme sans mandat.*

empruntés aux travaux récents et à des documents inédits, de faire connaître la vérité sur la condition de nos anciens instituteurs et pour cela, nous examinerons successivement les questions suivantes :

A quelles conditions les régents étaient-ils admis à l'enseignement sous l'Ancien Régime ?

Quelle était, approximativement du moins, la situation financière qui leur était faite ?

De quelle considération jouissaient-ils ?

I

Le grand principe qui régissait l'attribution du droit de choisir les maîtres d'école est indiqué par un arrêt du Parlement de Tournay du 11 octobre 1606, jugeant que « ceux qui payent les gages d'un maître d'école ont droit de le commettre. » Donc, dit D. Jousse, « dans le cas de vacation de la place des maîtres et des maîtresses d'école par mort, démission ou destitution, il doit être fait choix, dans une assemblée générale des habitants, d'une personne d'une probité reconnue qui ait la capacité requise pour pouvoir instruire les enfants (1). — Mais si ceux qui ont fondé ces écoles se sont réservé la nomination des maîtres et des maîtresses, alors c'est au fondateur à les choisir (2). »

(1) *Traité du gouvernement spirituel et temporel des paroisses*, p. 235. L'auteur appuie son dire sur un règlement du 7 septembre 1758 pour Courcité, et un autre du 25 février 1763 pour Nogent-sur-Marne. — (2) *Ibid.*

Le premier cas était le plus ordinaire, dans les paroisses de campagne du moins. Presque partout, c'était dans une assemblée générale des habitants convoqués par le curé, au prône de la messe de paroisse, que les régents étaient choisis (1). Cette nomination directe par les assemblées d'habitants avait assurément ses avantages et les partisans des idées modernes qui voudraient que toutes les fonctions publiques fussent données à l'élection, auraient fort mauvaise grâce à blâmer cet usage chez nos pères. On ne peut se dissimuler néanmoins que cette pratique avait, en certaines contrées, de graves inconvénients. Elle contribuait à l'instabilité des maîtres et causait les brigues, les divisions, les excès de boisson dont nos élections actuelles sont encore l'occasion. Ces inconvénients étaient tels en Lorraine qu'en 1779, l'évêque de Saint-Dié, Mgr de la Galaizière, dut s'adresser à M. de la Porte, intendant de Lorraine, pour provoquer une enquête afin de trouver le moyen de les prévenir et de rechercher un mode de nomination plus capable de procurer le bien des régents et celui des écoles (2).

En général, dans les villes et les gros bourgs pourvus de municipalités, celles-ci, en présence du

---

(1) Babeau, *Le village sous l'Ancien Régime*, p. 290-291. — Charmasse, p. 59. — Babeau, *L'Instruction primaire dans les campagnes avant 1789*, p. 16. — Bellée, p. 13. — Quantin, p. 34. — Fayet, *Recherches sur les écoles de la Haute-Marne*, p. 48. — Schmidt, p. 213, *seq*. — (2) Schmidt. *Ibid*. — Mathieu, *L'Ancien Régime dans la province de Lorraine et Barrois*, p. 270. — Maggiolo, *De la condition de l'instruction primaire et du maître d'école en Lorraine avant 1789*.

curé et de quelques personnes considérables, choisissaient les instituteurs au nom de la communauté (1). En quelques provinces même, dans les paroisses de campagne, ce sont les magistrats municipaux ou les notables, toujours assistés du curé, qui nomment les régents (2).

En certaines contrées le maître choisi par les habitants signait avec eux une sorte de contrat ou de *bail* (le mot était usité en beaucoup de lieux;) contrat par lequel, d'une part, le régent promettait d'accomplir exactement ses obligations telles qu'elles résultaient des coutumes locales, les heures des classes, le taux des rétributions scolaires étant soigneusement déterminés; d'autre part, la communauté s'engageait envers son régent et lui garantissait certains avantages (3).

(1) Babeau, *La Ville sous l'Ancien Régime*, p. 486. — A Libourne (Gironde), c'est le « conseil politique » composé des maire et jurats et de six « prud'hommes » qui nomme les régents. (Procès-verbal de 1693, Archives de la Gironde, C. 938.) Il en est de même dans la petite ville de Castillon (Gironde) dont nous publions le procès-verbal ci-dessous, note 3. —
(2) En Provence par exemple. (Ch. de Ribbe, p. 204.) —
(3) Un grand nombre de ces contrats ou *baux*, qui méritent en général d'être sauvés de l'oubli, car ils donnent les plus curieux détails sur l'état de l'instruction primaire avant la Révolution, ont été imprimés dans ces dernières années. Le lecteur peut aisément recourir aux diverses monographies que nous avons citées, par exemple Fayet, *Recherches sur les écoles de la Haute-Marne*, p. 64-80; Quantin, p. 34-38, etc. — M. Maggiolo a publié plusieurs de ces documents dans le *Manuel général de l'instruction primaire*, 1878, n° 17. Nous nous contenterons de donner un acte de nomination du régent de Castillon (Gironde.) Nous l'empruntons aux *Archives de l'Archevêché de Bordeaux*, (*Requêtes à l'Archevêque*). Il est inédit. « Aujourd'hui, dix-huitième du mois d'avril mil sept cent cinquante-neuf, en jurade, dans l'hôtel-de-ville de Castillon la communauté assemblée aux formes ordinaires, a esté dit pa' le procureur du Roy que la place de régent estant vacante,

Le maître choisi, avant d'entrer en exercice, devait se pourvoir auprès de l'évêque, de ses grands vicaires ou des doyens ruraux, de lettres de régence

paroissoit très intéressant d'y pourvoir incessamment d'un régent qui fût en estat d'enseigner la lecture, à bien écrire, l'arithmétique et à tenir les livres de commerce, ce qui devient très intéressant pour ce lieu-ci, parce que le peu de fortune dont jouissent les habitants les met hors d'état de mettre leurs enfants dehors, pour leur donner de l'éducation, et comme le sieur Laroche, maître écrivain juré, habitant de Bordeaux, se présente pour remplir cette place, il requiert que la communauté après s'être assurée qu'il professe la religion catholique et apostolique Romaine et de sa capacité, délibère ce qu'elle trouvera le plus utile et a signé. — Ainsi signé, Lafaye, pr. du Roy. — Sur quoi lesdits jurats et principaux, ayant pris connaissance dudit réquisitoire et après s'être assurés que le sieur Laroche, maître écrivain juré, habitant de Bordeaux, professe la religion catholique et apostolique Romaine et bonne vie et mœurs ; veu son écriture et interrogé sur les règles de l'arithmétique et sur la tenue des livres de commerce, la communauté, sous le bon plaisir de Mgr l'archevêque et sous celuy de Mgr l'intendant, a unanimement délibéré que ledit sieur Laroche, attendu les preuves de sa capacité, serait pourveu de la place de régent principal de la ditte ville aux mêmes pention et prérogatives y attachées, pour en faire les fonctions, autant qu'il plaira à la communauté. — En ce qu'il ne prendroit des enfans de la ville et fauxbourgs que 15 sols pour ceux des bourgeois qui ne feroient que lire, 30 sols lorsqu'ils commenceroient à écrire et lorsqu'ils apprendroient l'arithmétique 40 sols, et pour l'artizan 10, 20 et 30 sols par mois. Et en conséquence a été aussi délibéré qu'il sera incessamment présenté requête à mon dit seigneur l'intendant pour supplier S. G. de lui continuer l'imposition de 150 livres. Fait et délibéré dans l'hôtel-de-ville, lesdits jour, mois et an que dessus. — Ainsi signés à l'original : Simonet, premier jurat, etc., etc. » (22 signatures.) — Nous ajouterons un extrait d'une délibération des « jurats et prud'hommes » de Rions (Gironde), de 1774, où les obligations du régent sont plus explicitement spécifiées :.....
« Après meure délibération prinse, l'avons receu et installé pour estre régent de la ditte ville et paroisse à la charge pour lui de se pourvoir devant Mgr l'archevêque de Bordeaux ou à son absence devant MM. ses grands vicaires, pour y prendre des lettres de régence, et être assidu à tenir l'école dans la présente ville et dans une chambre qui lui sera indiquée, et encore ne pourra prendre d'autres salaires des enfans de la présente ville et juridiction que ceux que le précédent régent prenoit, sçavoir : au petit livre, six sols, aux heures, huit sols, aux autres livres,

qui s'accordaient gratis (1). Les Édits et Déclarations Royales avaient mis les régents sous la juridiction des évêques (2), et ceux-ci, responsables de la foi de leurs diocésains, avaient à cœur de se maintenir à cet égard dans la possession de leur droit. L'approbation épiscopale n'était accordée qu'après un examen sérieux, quoique portant sur un programme élémentaire (3), ou du moins sur un certificat d'idonéité délivré par les curés des lieux où le régent avait précédemment enseigné. Les lettres de régence n'étaient géné-

---

dix sols, à escrire quatorze sols, et estre exact à tenir la classe, sçavoir, l'hiver, entrer le matin à 8 heures, sortir à 11, rentrer à 1 heure, sortir à 4 ; en esté, entrer à 7 heures, sortir à 11, rentrer à 1 heure, sortir à 5 ; estre exact à tenir ses classes aux dites heures, donner bon exemple aux enfans qu'il aura sous lui par sa conduite ; faire la prière matin et soir, les instruire sur le nouveau cathéchisme ; se pourvoira par devant M. le Sindic de la confrérie de Saint-Nicolas pour le payement de 150 livres chaque année, quartier par quartier et d'avance, à prendre sur les revenus de ladite confrérie, suivant la volonté du fondateur de laditte chapelle. Fait, arrêté et délibéré dans la maison dudit sieur Faures, les susdits jour, mois et an, et par devant que dessus. Signé Faures, jurat ; Lucas, jurat ; Delerm, jurat et moy secrétaire-greffier soussigné. — Brot, secrétaire-greffier. (*Archives de l'archevêché de Bordeaux*. — (*Requêtes à l'archevêque.*)

(1) « Tous ces maîtres et maîtresses doivent avoir l'approbation ou visa de l'évêque, ou du scholastique ou écolâtre du diocèse, et quelquefois du curé, comme dans les villages. Mais cette approbation doit se donner gratuitement et ne doit être refusée que pour cause juste et raisonnable.» (*Traité du gouvernement des paroisses*, p. 236.) — « L'église gallicane a accordé des bénéfices aux écolâtres pour qu'ils ne prissent pas d'argent pour les lettres qu'ils donnent. » (Plaidoyer pour l'écolâtre d'Amiens. *Mémoires du Clergé*, t. I, p. 1020). — Cf. lib. v *Decretalium*, tit. III, *De Magistris*, c. 3. — (2) « L'approbation des régents est donnée aux évêques et à leurs vicaires par la Déclaration du 5 mai 1566, l'article 21 de la Déclaration de 1567, l'article 22 de celle de 1666. » (Rousseaud de la Combe, p. 52.) Cf. *Mémoires du Clergé*, t. I, p. 976-982. — (3) Fayet. *Recherches sur les écoles de la Haute-Marne*, p. 55 *seq*.

ralement valables que pour un an, mais elles étaient aisément prorogées. D'autre part, quand les évêques et les archidiacres faisaient la visite des paroisses, ils avaient grand soin de ne point négliger celle de l'école et d'interroger le maître et les écoliers. Si des abus graves étaient révélés dans la conduite de l'école, ou si l'incapacité du régent était reconnue, ils avaient, d'après la législation en vigueur, le droit de les destituer (1).

D'où venaient ces régents d'école, où pouvaient-ils se former à l'accomplissement de leurs fonctions ? Il faut bien l'avouer, là était le côté faible de l'organisation de l'enseignement primaire sous l'Ancien Régime. Les régents venaient un peu de partout, ils étaient un peu de toutes les conditions (2), et malgré les efforts du clergé pour éta-

---

(1) La destitution des régents est accordée aux évêques par l'article 14 de l'ordonnance de 1606. » (Rousseaud de la Combe, p. 52.) — (2) « Nous n'avons point de lois qui demandent d'autres qualités des maîtres que la bonne vie et les mœurs. Quant aux écoles des villes, il y a un arrêt du parlement pour la ville de Paris, qui leur demande deux qualités, la première de maître ès-arts, ce qui ne se pratique pas exactement hors de Paris; la seconde de n'y point mettre pour maîtres les prêtres habitués dans les paroisses, à cause de la résidence qu'ils ne peuvent donner à l'église et à l'école. L'arrêt est du 7 février 1654. Il ne regarde pas les écoles de charité des paroisses de Paris, qui sont pour l'ordinaire tenues par des ecclésiastiques habitués pour les garçons, et par des sœurs de charité pour les filles; il regarde seulement les écoles établies dans les différents quartiers de Paris, qui dépendent du chantre de cette église. Il serait difficile d'adopter la disposition de cet arrêt concernant les maîtres ès-arts pour les écoles qui ne sont pas de charité, dans les villes de province qui ne sont pas considérables et dans les bourgs et villages. La seconde disposition du même arrêt qui veut que les maîtres soient libres de tout autre engagement pour n'être pas détournés de leur école, est sage. Il serait à souhaiter qu'elle fût suivie partout, afin de faciliter aux maîtres l'application qu'ils doivent à leurs écoles. » (Rousseaud de la Combe, p. 56).

blir ce que nous appelons aujourd'hui des écoles normales et ce qu'on nommait alors des séminaires de maîtres d'école, ces utiles institutions étaient fort rares et il ne paraît pas qu'elles aient produit de grands résultats. Quelques efforts avaient pourtant été tentés dans ce sens. Un ecclésiastique, M. de Chennevières, qui se qualifie « de prestre servant les pauvres », avait adressé à Louis XIV un long mémoire dans lequel il montrait dans l'établissement de séminaires de maîtres et de maîtresses d'écoles, en chacun des diocèses de France, un des plus sûrs moyens de procurer le bien de l'Etat et celui de la religion (1). Mgr Drouas évêque de Toul, (1754-1773) en établit un dans sa

(1) *Bibl. Nat. ms. fs.* 2,356. Ce mémoire a pour titre : *Au Roy très chrestien est représentée l'incomparable nécessité d'establir un séminaire de maistres et un de maistresses d'escole en chaque diocèse de sa très grande et souveraine monarchie, par de Chennevières, prestre servant les pauvres.* » Il n'est point daté, mais un passage qui se trouve à la page 20, montre clairement qu'il a été adressé à Louis XIV après la Révocation de l'Édit de Nantes. Voici quelques extraits de cet écrit, qui respire le zèle et le dévouement pour l'œuvre des écoles, mais dont le style prolixe devient aisément fatigant. « Votre Majesté très chrestienne, ô grand Roy et Souverain Monarque, nous donnera, s'il luy plaist, la liberté de luy représenter, combien la sainte éducation des enfans estant mise en pratique, comme il est nécessaire, est la principale entreprise et de la plus grande importance qu'il y ait, ni qu'il y aura jamais, en faueur du public. » L'auteur propose pour la procurer, la fondation de communautés séculières sous la direction des évêques… « L'établissement d'un séminaire de maistres d'escole de vertu à l'épreuue, de sainteté de vie, et très éclairés des diuerses lumières de nostre sainte Religion, en chaque diocèse de vostre grande et souueraine monarchie, qui s'étende jusqu'aux moindres et aux plus petites de leurs paroisses… lesquels maistres estans sous la conduite et direction de leurs propres éuesques, s'entretiendroient assez bien ensuite, selon leur qualité, de la rétribution honneste des enfans, comme estant là un fonds plus que suffisant à ce dessein. » Les moyens indiqués par l'auteur pour accomplir ce

ville épiscopale (1). M. de Resbecq a signalé une fondation faite au Wast (Pas-de-Calais) dont les revenus devaient être appliqués à une maison destinée à la formation de bons régents (2). Au fond les premières écoles normales sous l'Ancien Régime ont été les noviciats des nombreuses congrégations enseignantes fondées aux deux derniers siècles.

La simplicité du programme rendait d'ailleurs moins nécessaires les cours normaux qui du reste, l'expérience le prouve, ne sont pas indispensables à la formation des bons maîtres. Quant à l'initiation morale, les sages avis des Statuts Synodaux et l'influence exercée sur les maîtres par les curés avec lesquels ils vivaient dans un perpétuel contact, y pourvoyaient avantageusement. Les bons régents ne manquaient pas. En Guyenne, par exemple, les notes des procès-verbaux de visite que nous avons pu consulter sont généralement favorables.

II

Quant à la situation financière faite à nos anciens régents, l'étude sérieuse des documents publiés dans ces dernières années nous confirme dans la conviction que, toute proportion gardée, elle était à peu près celle de nos instituteurs actuels.

projet ne paraissant pas des plus pratiques, nous ne croyons pas nécessaire d'entrer, à ce sujet, dans de plus longs détails.

(1) Schmidt, p. 217. — Matthieu, p. 259. — (2) Resbecq, p. 183.

Les revenus des maîtres d'école sous l'Ancien Régime provenaient de trois sources principales.

La première était un traitement fixe qui, en principe, devait être de 150 livres pour les maîtres et de 100 livres pour les maîtresses (1), mais qui, en fait, variait beaucoup selon les lieux, tantôt fort au-dessus, tantôt fort au-dessous du chiffre légal (2). L'usage des « gages fixes » se généralisa en beaucoup de provinces durant le XVIII° siècle. On trouvait cependant encore, en certaines contrées, des régents qui se contentaient de la rétribution scolaire. Dans l'ancien diocèse de Bordeaux, c'était le cas le plus ordinaire (3). En d'autres provinces, au contraire, en Bourgogne par exemple, les intendants, comme l'a très bien démontré M. de Charmasse, firent tous leurs efforts pour remplacer par un traitement fixe en argent les contributions en nature que les communautés s'imposaient pour leurs régents (4).

L'usage de la rétribution scolaire payée mensuellement aux instituteurs par les familles était universel. Cette rétribution, variable selon les lieux, était fixée selon le degré d'instruction des enfants. Le caractère général de cet écrit et les

---

(1) Déclarations Royales de 1698 et 1724. — (2) En Lorraine, d'après l'enquête de 1779, le traitement fixe varie de 100 à 300 livres (Schmidt, *Revue Chrét.*, mai 1880, p. 267). — Dans le diocèse d'Autun, Civry en Montagne, 120 l.; Nantou 50 l.; Pommard, 300 l., etc. (Charmasse, p. 50-51). — Dans la Gironde, Caudrot, 150 l. et 40 l. pour le logement; Blasimont, 100 l.; Rauzan, 100 l.; Gironde, Grignols, Pellegrue, 180 l., etc. (*Arch. Gir.*, C. 3078). — (3) *Arch. Gironde*, C. 3093, et *Arch. de l'Archevêché de Bordeaux. Procès-verbaux de visites*, *passim*. — (4) Charmasse, p. 53.

limites qui nous sont imposées ne nous permettent pas d'entrer dans le détail des divers tarifs publiés dans les monographies de MM. Fayet, de Charmasse, Quantin, etc. Nous devons donc nous borner à renvoyer le lecteur à ces travaux particuliers (1).

Nous avons déjà mentionné les contributions en nature ; elles étaient usitées dans la plupart de nos anciennes provinces, mais peut-être étaient-elles accordées au régent, plutôt comme marguillier ou sacristain que comme instituteur. De fait, nous ne nous souvenons pas d'avoir trouvé, dans la Gironde, trace de cet usage, et réciproquement nous n'y avons jamais rencontré la mention d'un régent qui fût en même temps sacristain. En Lorraine, l'instituteur avait ordinairement la dîme de la troisième charrue ou un préciput sur le tout (2). Ailleurs, les habitants et le maître stipulaient dans leur bail la part qui devait être faite au maître dans la récolte. Ici on donne du froment, là du seigle, ailleurs de l'avoine, en Bourgogne du vin (3). — En plusieurs provinces, les régents

---

(1) Voici du moins quelques exemples. — Dans la Haute-Marne : à Malay, 1701, 3 sols par enfant pour la lecture, 5 sols pour l'écriture, l'arithmétique et le plain chant. Il faut observer que l'instituteur recevait du blé de tous les habitants. (Fayet, *Recherches sur les écoles de la Haute-Marne*, p. 68.) Langres, 1751, 3, 4, 5 sols selon le degré d'instruction (*Ibid* p. 69). Doulaincourt, 1750, 4, 5, 6 ou 7 sols (*Ibid.* p. 71). — Dans l'Yonne : Vermanton, 1701, 5 et 8 sols ; Irancy, 1774, 5, 8, 10 et 12 sols ; Lucy-le-Bois, 1782, 4, 6, 8, 10, 12, 15 sols. (Quantin, p. 35). Cf. ci-dessus les tarifs de Rions et Castillon (Gironde) p. 124, note 3. — (2) Schmidt, p. 271. — (3) Fayet., ouv. cité p. 66 *seq.* — Quantin, p. 36 *seq.* — Schmidt, *l. c.* — Charmasse, p. 52.

jouissent du revenu de fondations spéciales et cultivent des terres léguées pour l'entretien de l'école (1).

Une autre source de revenu pour nos vieux régents, c'étaient les fondations scolaires dont nous reparlerons, et la part faite au maître, en sa qualité de sacristain ou de marguillier, dans les fondations obituaires, le casuel des baptêmes, inhumations et mariages, de petites rétributions pour l'eau bénite qu'il allait porter chaque dimanche dans les familles chrétiennes (2).

On s'est égayé quelquefois, on a feint même l'indignation au sujet de nos anciens régents, à la fois instituteurs, chantres et sacristains. Ces honnêtes chrétiens envisageaient la chose à un autre point de vue. Les humbles fonctions qu'ils remplissaient dans l'église étaient grandes à leurs yeux, et loin de leur faire perdre le respect de leurs écoliers et des paroissiens, elles ajoutaient à la considération dont ils étaient environnés. On trouve tout simple de nos jours qu'un instituteur soit secrétaire de mairie, nos pères trouvaient tout aussi naturel qu'il fût sacristain de leur curé. L'autorité du curé, généralement instruit et bienveillant, était beaucoup plus supportable que la domination des maires dont le suffrage universel nous gratifie trop souvent, paysans ou manœuvres illettrés, sots et grossiers en leur qualité de radicaux et d'athées de village. Chanter les louanges de Dieu à l'église ne déshonore pas plus un homme

(1) Schmidt, p. 272. — Charmasse, p. 50-51. — (2) Fayet et Schmidt. *Ibid.*

que gratter du papier dans une mairie ou même dans un chef-lieu.

D'ailleurs ces fonctions étaient rétribuées et le modeste revenu qu'elles comportaient aidait à l'aisance de nos anciens instituteurs, dont la situation, toutes choses pesées, n'était guère inférieure à celle qu'on fait de nos jours à leurs importants successeurs. Ils recevaient moins assurément; mais, il y a cent ans, le prix des choses nécessaires à la vie était infiniment moins élevé qu'aujourd'hui. Les choses ont donc, en cela comme en beaucoup d'autres choses, bien moins changé que ne le croient des observateurs superficiels (1).

Quelques observations générales ne seront pas inutiles pour justifier cette appréciation.

Tout d'abord la place de régent était généralement recherchée ; ce qui suppose qu'on lui trouvait quelques avantages. Ordinairement, quand une école est vacante, les concurrents ne manquent pas. En 1674, à Bourbourg (Nord), quatorze candidats se présentent au concours pour obtenir la régence (2). A Montesquiou (Gers) en 1655, il y a plusieurs concurrents, entre autres le fils d'un lieutenant de cavalerie au régiment de Fumel (3). A Lucy-le-Bois (Yonne), il y a huit candidats en 1732 (4). « Toutes ces places sont fort recherchées, » dit le subdélégué d'Epinal dans l'enquête de 1779 (5).

(1) Voir Resbecq, p. 56. — Bellée, p. 119. — Charmasse, p. 52, etc. — (2) Resbecq, p. 415. — (3) Laplagne-Baris. *L'Instruction primaire en Gascogne autrefois et aujourd'hui* (*Revue de Gascogne*. Mai 1873). — (4) Quantin, p. 38. — (5) Schmidt, p. 273.

Une fois établi, le maître d'école défend sa situation et résiste énergiquement aux rivaux qui veulent lui ravir ses élèves. En 1667, dans la commune de Castres (Gironde), le sieur Congnet, régent depuis 35 ans, adresse à l'archevêque une requête aux fins de faire interdire « à peine d'excommunication ou telle autre que de droit, au sieur Pierre de la Boëssière, natif de Lannion, en Bretaigne » de tenir école dans cette paroisse. Celui-ci présente de son côté au prélat une requête longuement motivée par laquelle, « au nom de la liberté publique, » il demande une approbation se fondant sur ce que son rival, « devenu notaire roïal et procureur postulant de plusieurs paroisses, ne pouvoit vacquer comme il faut à enseigner ses escoliers. » D'ailleurs il ignore le latin, tandis que le suppliant, ayant fait sa philosophie, peut enseigner les enfants jusqu'en « des classes assez avancées (1). » Nous avons rencontré diverses requêtes ayant le même objet soit aux archives de l'Archevêché de Bordeaux (2), soit aux archives de la Gironde (3). — A la Ferté-Bernard, en 1512, Raoul Planter et Jehan de Bille intentent un procès au nommé Guillaume Blanchet en raison de la concurrence qu'il faisait aux écoles de la ville (4). Comme l'a remarqué M. L. Delisle (5), le Moyen-Age avait avant tout le respect des droits acquis. Cette disposition persévéra d'une manière cons-

---

(1) *Archives de l'Archevêché de Bordeaux.* — *Requêtes à l'archevêque.* — (2) Eyrans en Blayais, 1637; Lesparre, 1642; etc. (*Ibid.*) — (3) *Arch. Gir.*, C. 1699, 3293, etc. — (4) Bellée, p. 120. — (5) *Études sur la condition de la classe agricole*, p. 176.

tante sous l'Ancien Régime. Les maîtres établis conformément aux lois et aux usages, trouvèrent toujours défense et protection près des autorités chargées de la direction des écoles. En voici un très curieux exemple (1629). Les vicaires généraux de l'Archevêché de Bordeaux avaient agréé pour régent de la ville de Blaye, M⁰ François Duboys; les prêtres et religieux de la ville faisaient à celui-ci une rude concurrence; « attirant la maieure partie des ieunes enfans escholiers, de sorte que ledit Duboys sera contraint de quitter ladite charge, ce qui reuiendroit au grand préiudice du public. » Les vicaires généraux donnèrent raison au maître d'école et firent de très expresses défenses à tous autres, même ecclésiastiques, d'enseigner à ses écoliers autre chose que la doctrine chrétienne (1).

Une autre observation qui semble assez concluante, c'est que, en beaucoup de lieux, les régents restaient fort longtemps en charge et avaient souvent leurs fils pour successeurs. MM. de Charmasse, Fayet, de Resbecq, etc., ont donné de nombreuses preuves de la vérité de cette assertion, que nous avons pu vérifier plus d'une fois nous-même dans les anciens diocèses de Bordeaux et de Bazas. « Quelquefois un recteur d'école exerçait dans la même communauté pendant 16 ans, 24 ans, 36 ans. En 1787, Jean Lamy était recteur d'école à Grignon depuis 50 ans. Un aussi long

---

(1) *Arch. Gir.* G, 13. *Actes des vicaires généraux*, sede vacante.

service créait entre les recteurs et la communauté des liens que la vieillesse et les infirmités ne déliaient pas. Souvent les communautés trouvaient moyen de témoigner au père leur reconnaissance en lui donnant son fils pour successeur. C'est ce que firent en particulier les habitants d'Antigny-la-ville, d'Argilly, de Villany-en-Duesmois, etc. (1)» — M. Fayet a donné un très curieux tableau des maîtres d'école de la Haute-Marne, qui, entrés en fonctions sous l'Ancien Régime, ont achevé leur carrière d'instituteur après la Révolution. Bon nombre d'entre eux comptaient en 1789, 10, 20, 25 et 34 ans de service dans leur école (2). — « Une fois le maître accepté, dit M. de Resbecq, il était on ne peut plus rare qu'il fût changé; fréquemment même, la charge se perpétuait dans une même famille (3). » Le savant auteur cite beaucoup de faits à l'appui de son assertion. Nous lui en emprunterons deux seulement; en 1755, meurt à Crochte (Nord) F. Van Daele, clerc depuis 47 ans; son successeur demeure 16 ans en place et est remplacé par C. Cappelaere, qui meurt en 1785 après 14 ans d'exercice (4). A Douai, en 1731, le sieur Blanpain, à qui son âge ne permet plus de diriger l'école dominicale, reçoit une pension annuelle de 60 florins en récompense de ses longs services (5). — Dans l'Yonne, en certaines paroisses, il n'y a pas plus de 3 ou 4 maîtres dans un siècle (6). —

---

(1) Charmasse, p. 91-92. — (2) Fayet. *Recherches sur les écoles de la Haute-Marne.* p. 35. — (3) Resbecq, p. 51. — (4) *Ibid.*, p. 181. — (5) *Ibid.*, p. 163. — (6) Quantin, p. 31.

A Saint-Péravy-Espreux (Loiret) de 1678 à 1792, l'école n'eut que sept titulaires, dont l'un, après 45 ans de services, donna sa démission, persécuté qu'il était par le seigneur de la paroisse (1). A Saint-Loup-des-Vignes (Loiret), huit maîtres seulement, de 1683 à 1782. Le maître qui entre en fonctions en 1732 les exerce sous cinq régimes différents (2). — Enfin nous avons pu nous-même constater des faits du même genre en diverses paroisses des anciens diocèses de Bordeaux et de Bazas. C'est ainsi que Augey, régent de Portets depuis 40 ans, présente une requête, en 1776, à Mgr de Rohan (3). Jean Lauzero, après avoir instruit pendant 16 ans les enfants d'Ambarès, demande l'approbation pour une paroisse voisine (4). Un autre est en fonctions depuis 30 ans dans la paroisse de Margaux (5). Dans un même dossier des papiers de l'intendance de Guienne, nous trouvons des requêtes de deux régents de paroisses voisines; Podensac et Rions, le premier compte 16 ans de bons services, l'autre 20 ans (6).

Il nous serait facile de multiplier les exemples. Mais il nous semble que nous avons cité un assez grand nombre de faits pour établir qu'en beaucoup de lieux, il n'était pas rare de voir les instituteurs conserver longtemps et même transmettre à leurs enfants le gouvernement des mêmes écoles. Est-il téméraire d'en tirer une conclusion en faveur

---

(1) Maggiolo. *Les Archives scolaires de la Beauce et du Gâtinais*, p. 16. — (2) *Ibid.* p. 19. — (3) *Arch. de l'Archevêché de Bordeaux.* — *Requêtes à l'Archevêque.* — (4) *Ibid.* — (5) *Ibid.* — (6) *Arch. Gir.* C, 1699.

de la situation avantageuse faite à nos anciens régents ?

Nous devons néanmoins observer que la stabilité n'était pas le fait des instituteurs dans toutes nos provinces. M. Sérurier a montré comment ceux du Béarn étaient souvent assez nomades (1). En Lorraine, où les régents devaient chaque année renouveler leur bail avec les communautés, les changements de résidence étaient très fréquents et ce fut là un des faits regrettables signalés dans l'enquête de 1779 (2).

Dernière observation. Il n'est pas impossible de trouver dans nos documents des maîtres d'école enrichis dans l'exercice de leurs fonctions. M. Babeau en cite, à titre exceptionnel, il est vrai, « qui avaient acquis pour plus de 20,000 livres de biens pendant leur rectorat, et qui auraient payé une redevance à la communauté sur le produit de leurs rétributions scolaires (3). » Nous avons vu tout à l'heure le régent de Castres (Gironde) devenu « notaire roïal et bien accommodé (4). » Voici, dans le même département, à Pellegrue, l'instituteur qui « s'est enrichi dans son école, qui est très nombreuse, et est devenu premier consul de la paroisse (5). » Nous ne prétendons pas, tant s'en faut, que des faits de ce genre fussent ordinaires. Mais nous avons parfaitement le droit de les mettre en regard des quelques faits isolés que les écrivains de l'école révolutionnaire nous opposent.

---

(1) Sérurier, p. 15. — (2) Schmidt, p. 213. — (3) Babeau. *Le village sous l'ancien régime*, p. 305. — (4) V. ci-dessus, p. 131. — (5) *Arch. Gir.* C, 1700.

Pour achever le tableau de la situation matérielle des instituteurs sous l'Ancien Régime, il faut dire un mot des privilèges qui leur avaient été accordés. On sait quelle horreur les paysans éprouvaient autrefois pour le service de la milice (1). Les régents régulièrement institués en étaient dispensés, et, si quelques fonctionnaires trop zélés s'avisaient de les contraindre au tirage, les réclamations des intéressés et du clergé étaient promptement accueillies. « En 1748, le doyen et les curés du doyenné de Tonnerre s'étaient plaints au bureau de l'évêché de Langres que les officiers du recrutement de l'armée voulaient comprendre dans les hommes appelés à tirer la milice, tous les maîtres d'école non mariés, « ce qui est contraire aux privilèges du clergé et aux ordonnances du Roi, » il fut arrêté que l'évêque écrirait pour obtenir la réforme de cet abus (2). » L'année précédente, un cas semblable s'étant présenté, l'Assemblée du Clergé de France avait donné toute son attention à cette affaire. « Mgr l'évêque de Meaux a dit que rien n'était plus important pour la religion que d'instituer dans les paroisses des maîtres d'école, qui servent également les curés pour administrer les sacrements et pour instruire la jeunesse ; qu'il était inouï que les personnes dévouées à ce ministère et qui avaient l'attache de l'Ordinaire eussent jamais tiré à la milice ; que ce fait lui avait été attesté par Messeigneurs les Prélats qui composent l'assemblée ; que cependant, au préjudice de cet

---

(1) Babeau. *Le village*, p. 278. — (2) Quantin, p. 18, 19.

usage constant, l'intendant a assujetti le maître d'école de Rées à tirer à la milice. » Les Agents généraux du Clergé sont chargés de voir l'Intendant qui les assure « qu'il avait reçu des ordres exprès pour faire tirer à la milice tous les maîtres d'école ; que cependant, voyant l'intérêt que le clergé portait à cette affaire, il écrirait au subdélégué pour qu'on ne fît pas marcher à la milice le maître d'école de la paroisse de Rées (1). »

Les fonctions de collecteurs d'impôts étaient également fort redoutées dans les campagnes (2). Les maîtres d'école en étaient exempts d'ordinaire (3) et ce n'était pas un de leurs moindres privilèges.

Enfin on leur accordait généralement une exemption partielle ou totale des charges de la communauté. Les exemples de cette disposition sont fort nombreux. « Le maître d'école, dit M. Babeau, était déchargé en totalité ou en partie de la taille, de la corvée et des autres impôts et quand l'âge le forçait à se retirer, cette exemption lui était maintenue à titre de dédommagement. Il payait seulement une capitation de cinq à six sols (4). » Nous trouvons des traces de cet usage dès le XVᵉ siècle. A Troyes, en 1415, Mᵉ Jehan de Bèze, maître d'école au quartier de la Madeleine, est bien taxé pour une somme de vingt sous dans l'aide qui fut levée pour repousser

---

(1) *Collection des procès-verbaux du Clergé*, t. VIII, p. 92.
— (2) Babeau. *Le Village....* p. 231, seq. — (3) *Ibid.*, p. 236.
— *Collection des procès-verbaux du clergé*, t. IV, p. 775. —
(4) Babeau. *L'Instruction primaire dans les campagnes*, p. 20.

les Anglais. Mais les connétables et les élus chargés de procéder à l'assiette et à la levée de l'impôt, le dispensent de payer cette taxe « en faveur de l'estude et afin qu'il ait cause de résider à Troyes (1). » M. Boutiot, à qui nous empruntons ce fait, en cite plusieurs autres de même nature. — En 1405, les Gens de l'Hôtel-de-ville de Rouen dispensent des aides sur les vins, Perrette Alorge, maîtresse d'école, en raison de ses fonctions (2). — Le 5 mai 1708, les habitants de Pithiviers, réunis en assemblée générale, décident «'que celui qui est établi pour enseigner la langue latine ainsi que les maîtres et maîtresses établis par le Seigneur Évêque, seront exempts tant de la capitation que de la taille et aucuns droits sur toutes les choses sujettes au tarif (3). » — Aux deux derniers siècles, les maîtres de la paroisse de Terdeghem (Nord) sont déchargés de toute contribution et jouissent d'une maison et d'un jardin (4). — Des dispositions analogues sont rapportées par MM. Fayet et Quantin (5). — Les Statuts Synodaux de S. Malo publiés en 1769, renferment l'article suivant : « Nous exhortons les recteurs à établir, dans leurs paroisses, des petites écoles. Les ecclésiastiques qui auront vingt écoliers ou plus, lors de la confection des rôles de la subvention, seront considérés, et on leur diminuera la moitié de l'im-

---

(1) Boutiot. *Histoire de l'instruction publique et populaire à Troyes aux quatre derniers siècles*, Troyes, 1865, in-8, p. 19. — (2) Beaurepaire, II, p. 58. — (3) Maggiolo, *Les Archives scolaires de la Beauce...* p. 12. — (4) Resbecq, p. 208. — (5) Fayet, *l. c.*, p. 68, 70, 71. — Quantin, p. 35-36.

position ordinaire, en rapportant un certificat ou attestation des recteurs qui fasse conster du nombre de leurs écoliers (1). »

Grâce aux sources diverses de revenu que nous avons indiquées et aux privilèges que nous venons d'énoncer, la situation faite aux régents dans la plupart de nos anciennes provinces était très convenable. Nous avouerons sans détour qu'il n'en était pas de même partout. En quelques lieux, il était difficile de trouver des maîtres d'école et de les conserver, à cause de la modicité des ressources. C'est ainsi que le subdélégué de Périgueux écrit à l'intendant de Guienne, en 1758, que certaines paroisses de son ressort manquent de régents « parce que c'est une profession très ingrate dans les campagnes (2). » Nous tenons à faire cette réserve, d'abord parce qu'elle suffit à défendre notre thèse contre certains faits cités triomphalement par les détracteurs systématiques de l'Ancien Régime, et surtout parce que nous devons au lecteur la vérité tout entière.

III

Il nous reste à parler de la considération dont nos vieux régents étaient entourés. Faut-il admettre qu'ils étaient ridicules et méprisés, traités comme des valets par les assemblées paroissiales,

(1) Piéderrière. (*Revue de Bretagne*. Août 1877, p. 136.) — (2) *Arch. Gir.*, C, 3097.

en butte à toutes les vexations, renvoyés sans motif? Assurément les documents originaux nous ont fait connaître les justes plaintes de certains maîtres d'école; mais faut-il baser une appréciation générale sur quelques faits isolés? Et n'y a-t-il pas aujourd'hui en France certains villages où l'instituteur n'est pas respecté comme il devrait l'être?

Constatons d'abord que l'opinion qui nous montre les anciens régents généralement honorés a pour elle toutes les présomptions. Ils jouissaient d'une certaine instruction qui les élevait fort au-dessus du niveau intellectuel des paysans qu'ils avaient quelque peu initiés aux connaissances humaines. Témoins obligés des actes principaux de la vie religieuse, baptêmes, mariages, sépultures, ils entraient par là même, avec un certain prestige, dans l'intimité des familles. Ils étaient en relations constantes avec les autorités du village, avec le curé surtout qui devait visiter assidûment l'école et dont ils étaient d'ailleurs comme « les assesseurs (1) » et les aides pour les cérémonies de l'église et l'administration des sacrements. Le curé, d'après les règlements ecclésiastiques, devait donner au régent, dans l'église, la première place après la sienne. Car l'Assemblée générale du Clergé de France de 1685 avait décidé, que « les maîtres d'école revêtus de leurs surplis seraient encensés dans les églises, et auraient les honneurs avant les laïques et les seigneurs des paroisses eux-

---

(1) Quantin. p. 31.

mêmes (1). » Ceux-ci étaient souvent pleins de bienveillance pour les régents. La tradition voulait, en beaucoup de lieux, qu'ils fussent les parrains de leurs enfants. MM. de Resbecq et Quantin ont donné plus d'un exemple de cet usage (2).
— Dans les actes, on les qualifiait ordinairement d' « honorable homme. » Voici le début d'un procès-verbal d'élection cité par M. Fayet : « Nous.... regrettant la mort de l'honorable Cortillot, notre recteur d'Escolle, avons appelé pour lui succéder et le remplacer le très honneste Grangier, etc. (3). » Dans une autre commune, traité entre les habitants et « honorable Joseph Humbert, maître d'école (4). »

Le régent cumulait quelquefois des fonctions libérales avec celles de l'enseignement. Il était greffier ou procureur de la communauté, notaire quelquefois, et souvent, s'il quittait son école, c'était pour acheter quelque office, exercer quelque profession qui en faisait immédiatement un personnage. Cette assertion semblera sans doute extraordinaire, nous allons donc, pour la démontrer, alléguer des faits positifs. Les premiers nous sont fournis par M. Quantin et concernent des paroisses du département de l'Yonne. A Accolay, le régent Rolland devient chirurgien en 1735 (5). A Leugny en 1603, à Lévis en 1740, à Ligny en 1698, le maître d'école est greffier de la commu-

---

(1) *Collection des procès-verbaux du clergé*, t. V, p. 602-603. — Cf. *Statuts Synodaux de Boulogne* de 1744, ap. Resbecq, p. 317. — (2) Quantin, p. 78-80. — Resbecq, p. 136. — (3) Fayet, *l. c.*, p. 65. — (4) *Ibid.*, p. 73. — (5) Quantin, p. 61. —

nauté (1). A Versigny (1689-1777) le régent Bernout et son successeur Creveau sont successivement greffiers, notaires, procureurs et lieutenants de justice (2). A Vermanton (1677) le régent devient maire et notaire royal (3).

Les *Lettres à Grégoire sur les patois de France* signalent un instituteur du Jura élu, en 1790, membre du département (4).

Nous avons constaté dans le Bordelais des faits analogues. Nous avons déjà parlé des régents de Castres et de Pellegrue. Voici à Preignac en 1736 un régent, notaire (5), un autre à Podensac en 1645, procureur et greffier (6), un troisième à Rauzan, greffier de la Communauté (7). Le premier instituteur dont nous trouvions la trace à Barsac signe « Mathurin Thales de Pendenx, aduocat (8). »

Nous ne pouvons mieux terminer ce chapitre qu'en empruntant à la préface du travail de M. L. Merlet une page charmante qui résume parfaitement les faits que nous avons cités et les conclusions que nous avons cru devoir en tirer. « Le maître était alors, avant tout, le mandataire des pères de famille et l'auxiliaire du ministre de la

---

(1) *Ibid.*, p. 90-91. — (2) *Ibid.*, p. 111. — (3) *Ibid.*, p. 112. On peut voir d'autres exemples aux p. 26, 120, 121, 122. — (4) « Quelques-uns de ces maîtres d'école passent pour habiles, et celui d'un village appelé Chour a été élu membre du département. Sans doute, on se souvenait de ces vers :

« Peut-être qu'un Lycurgue, un Cicéron sauvage
Est chantre de paroisse ou juge de village. »

(*Lettres à Grégoire*, p. 205). — (5) *Archives de l'archevêché de Bordeaux, Visites.* — (6) *Ibid.* — (7) *Arch. Gironde*, C. 320 — (8) *Ibid.*, E. 540.

religion. Il apprenait à l'enfant les premiers éléments de la langue maternelle, formait ses lèvres à en reproduire les sons, ses doigts à en retracer les mots. Il mettait le fils du laboureur et de l'artisan en état de tenir lui-même la comptabilité de sa culture et de son commerce, il enseignait les préceptes de la grammaire et souvent les premières notions de l'histoire. Il était, après le pasteur, l'homme de la paroisse. Il voyait naître l'enfant, il prêtait le concours de sa voix aux jeunes époux qui venaient consacrer leur tendresse au pied des autels ; il murmurait les dernières prières sur la tombe qui allait se fermer pour toujours.

« Si l'État ne l'avait pas encore élevé à la dignité de fonctionnaire public, il n'était jamais réduit à la condition du sage de La Fontaine qui crie selon les gens : Vive le Roi, Vive la Ligue ! Ce qu'il perdait en élévation hiérarchique, il le regagnait en considération personnelle. Toute la paroisse était attentive à ses besoins : aujourd'hui on s'assemblait pour augmenter ses gages, demain pour lui construire une école. La mort de cet homme de bien était un deuil public (1); sa tombe

(1) Merlet, p. iij-iv. Voici deux exemples de ces témoignages de regret. Après avoir transcrit l'acte de décès d'Antoine Poirié, maître d'école de Venouse, (Yonne) le curé ajoute : « Recommandable par sa droiture et par sa piété, regretté de tous les paroissiens et particulièrement du sieur prieur et curé dont il était tendrement chéry et aimé » (1779) (Quantin, p. 111.) — A S. Georges sur Loire, en 1687 « Catherine Ravigné, maîtresse d'école, est inhumée en présence de tout le chapitre, avec l'estime de tous les paroissiens pour tous les offices de charité qu'elle rendoit à un chascun. » (C. Port, *Dictionnaire de Maine-et-Loire*, t. III, p. 379.)

avait, comme celle du pasteur, une place réservée dans le cimetière ou même dans l'église et nous avons trouvé, dans les actes de sépulture, de véritables oraisons funèbres qu'on ne peut lire sans émotion. »

CHAPITRE VI

L'ÉCOLE PRIMAIRE SOUS L'ANCIEN RÉGIME

I. *La condition matérielle de l'école. — La discipline. — Le programme. — La fréquentation scolaire.*

Après avoir étudié la situation faite aux instituteurs sous l'ancien régime, nous devons la même attention à la condition de l'école elle-même. Nous consacrerons ce chapitre à l'état matériel des anciennes écoles, à leur discipline intérieure, à leur programme, nous dirons dans quelle mesure elles étaient fréquentées, réservant au chapitre suivant la question de la gratuité et des fondations scolaires. Nous essayerons de fondre dans un tableau d'ensemble, les renseignements innombrables que l'étude des documents originaux a fournis aux auteurs modernes qui se sont occupés de la question, et ceux que nous avons pu glaner nous-même dans quelques ouvrages anciens de pédagogie spécialement destinés aux maîtres des petites écoles.

I

L'Esçole paroissiale consacre un long et fort curieux chapitre à l'installation matérielle nécessaire au bon fonctionnement d'une école populaire. Nous croyons être agréable au lecteur en donnant de ces prescriptions une analyse un peu développée. L'auteur qui donne son livre comme « le fruit de dix-huit ans d'expérience, » souhaite que l'école soit un peu à l'écart, point sur la rue, autant que possible, et à portée de l'église. Pour cent enfants, il demande une salle de 26 pieds de long, 17 à 18 de large et 12 de hauteur, avec de nombreuses fenêtres garnies de chassis très clairs et qu'on aura soin d'ouvrir, dès que les enfants seront sortis, afin de renouveler l'air, et même pendant les leçons, quand le temps sera doux. Cette salle devra être munie d'une large cheminée entourée de bancs de diverses grandeurs.

L'école sera ornée d'une image du crucifix en taille douce, et de diverses autres figures représentant la Sainte Vierge, saint Nicolas, patron des écoliers, et les différents mystères de notre religion. Ces dernières seront exposées aux regards des enfants à l'époque des fêtes établies par l'Église pour célébrer la mémoire des mystères qu'elles représentent.

Les murs doivent en outre être garnis « d'attaches ou porte-manteaux, porte-sacs et tablettes, afin que rien ne traisne et que toutes choses soient en ordre. » Les livres du maître destinés, les uns à lui fournir des exemples qu'il racontera aux enfants, les autres à leur être prêtés, le registre d'admission des écoliers, celui de la comptabilité pour la rétribution scolaire, devront être renfermés dans une armoire placée dans la salle, ainsi qu'un coffre où l'on serrera les livres et écritoires des absents, et toutes les choses que les écoliers pourraient oublier en quittant l'école.

La classe doit être divisée en trois parties. La première pour « ceux qui apprennent le latin ou sont disposés pour l'apprendre. » Il y aura pour eux « trois ou quatre tables à escrire qui seront empiétées de bon pied de chesne ou posées sur des traiteaux, lesquelles tables seront larges de quinze pouces. Il y aura des laïettes tout le long, pour mettre leurs liures et un siege à chacune desdites tables. » — Dans la seconde partie de l'école, « il y aura des tables larges de trois pieds, où les plus grands escriront des deux costés, avec des sieges à proportion, de sorte qu'on puisse trouuer en une Escole de cent Escoliers, place pour faire escrire pour le moins soixante Escoliers ensemble. » Les petits enfants qui lisent seulement doivent avoir des bancs à leur taille. Une place est réservée aux nouveaux venus ; on les y laisse « cinq ou six iours, pour les reconnoistre, et les faire instruire des deuoirs et des coustumes de l'Escole, et ensuitte de cela, on leur donnera place selon leur capacité. » Les paresseux incorrigibles ne sont pas oubliés. C'est à eux qu'est destinée « la place de l'asne » dont l'auteur donne (p. 65) une réjouissante description.

Une clochette pour les signaux, des tablettes pour marquer les absences, des cornets pour l'encre, les ustensiles nécessaires pour nettoyer l'école en complètent le mobilier (1).

Nous ne prétendrons pas assurément que toutes les écoles primaires, surtout à la campagne, fussent conformes au type décrit par l'auteur de *L'Escole paroissiale*. Si, en général, dans les villes, les locaux scolaires étaient suffisants et convenables, trop souvent les écoles rurales laissaient à désirer au point de vue de la construction et de l'hygiène. Tantôt la classe se faisait dans le logis du maître, à défaut de maison appartenant à la communauté, et celui-ci tendant à s'installer le plus économiquement possible, la classe se ressentait de cette préoccupation; tantôt certaines maisons d'école spécialement bâties pour cet usage étaient elles-mêmes incommodes et pauvres. En Champagne, selon M. Babeau, « presque toujours construites en bois et couvertes en chaume, elles n'avaient qu'un rez-de-chaussée éclairé par d'étroites et rares ouvertures. Les enfants étaient réunis, quelquefois au nombre de quatre-vingts, dans des chambres sans élévation et d'une dimension relativement restreinte (2). » Nous ne pensons pas qu'il en fût de même dans toutes nos provinces.

---

(1) *L'Escole paroissiale*, p. 53-67. — (2) Babeau. *L'Instruction primaire dans les campagnes avant 1789*, p. 28. — Cf. dans Merlet, p. 30, le cahier des charges de la construction d'une école à Ozoir en 1773.

En tout cas, malgré les millions dépensés depuis quelques années pour l'instruction primaire, nos locaux scolaires actuels sont loin de réaliser la perfection, et, nous n'avons pas encore acquis le droit de jeter la pierre à nos aïeux à propos de l'état matériel de leurs écoles. Qu'on lise les rapports des inspecteurs aux conseils généraux et les statistiques officielles et l'on y verra qu'en 1863, sur 37,803 établissements publics d'instruction primaire occupant des locaux appartenant aux communes, 25,860 étaient installés à peu près convenablement, et 11,936 laissaient plus ou moins à désirer ; que 16,977 autres occupaient des maisons louées ou prêtées, ordinairement insuffisantes (1); qu'en 1875, dans l'Ariège, les maisons louées sont de petites salles, à peine éclairées, où les enfants sont entassés pêle-mêle dans les plus mauvaises conditions ; — dans le Cher, 304 maisons d'école compromettent par leur insuffisance et leur insalubrité la santé des élèves et des maîtres, — dans la Corrèze, les quatre cinquièmes des écoles ont à souffrir des conditions désavantageuses où elles se trouvent placées ; — dans l'Ille-et-Vilaine et dans le Lot beaucoup d'enfants ne peuvent recevoir des leçons régulières d'écriture, faute de tables et de bancs, etc., etc. (2)

Mais il est temps de revenir à nos écoles d'avant

---

(1) *Statistique de l'instruction primaire de 1863*, *Ap.* Fayet, *Les nouveaux apôtres de l'ignorance...* Paris, 1877, in-18, p. 24. — (2) *Cons. génér.* Session 1875. Ariège. p. 232 ; Cher, p. 124 ; Corrèze, p. 3 ; Ille-et-Vilaine, p. 248, 249 ; Lot, p. 96-97... *Ap.* Fayet, *l. c.* p. 28, 29. Cf. *Ibid.*, p. 29-32, beaucoup d'autres citations également officielles.

1789. En certaines provinces, dans la Beauce (1), par exemple, dans le Maine (2), en Flandre (3), en Champagne, en Bourgogne, les paroisses rurales qui possédaient des maisons d'école étaient nombreuses. M. Fayet ne mentionne pas moins de 80 communes de la Haute-Marne auxquelles des maisons avaient été données ou léguées pour les écoles, sans compter celles qui en avaient bâti ou acheté (4). — M. Babeau cite, pour le département de l'Aube, 176 maisons d'école appartenant aux paroisses (5). — Un mémoire sur l'état des paroisses destiné à établir l'assiette de l'impôt (1789), concernant 44 communautés de l'élection de Sens, nous en montre 18 possédant des maisons d'école (6).

II

Nous voudrions pouvoir entrer dans d'assez longs détails sur la discipline de nos anciennes écoles et leurs règlements intérieurs. L'étude de quelques vieux ouvrages de pédagogie et des récents travaux a fait naître en nous cette conviction que, pourvues

(1) Merlet, p. 7, 10, 15, etc. — (2) Bellée, p. 66, 67, 71, etc., presque à chaque page. — (3) Resbecq, p. 109, 115, 116, 190, 191, etc., etc.—Le synode de Saint-Omer de 1640 avait prescrit d'entretenir soigneusement les maisons d'école : *domus apta (quam prope templum parochiale esse convenit), sarta tecta conservetur*. (Ibid., p 330.) — M. de Resbecq a cité (p. 41) les prescriptions hygiéniques de l'archiprêtré d'Ypres (d'où dépendait une partie de l'arrondissement de Dunkerque) touchant la salubrité des écoles. — (4) Fayet. *Recherches sur les écoles de la Haute-Marne*, p. 327-331. — (5) Babeau, l. c., p. 74-76. — (6) Quantin, p. 138, *seq*.

de règlements fort sages, consciencieusement appliqués par des maîtres foncièrement chrétiens, les petites écoles où nos pères furent instruits étaient en général fort bien dirigées. Qu'on lise sans préjugés L'Escole paroissiale, l'Essai d'une École chrétienne, la Conduite des Écoles chrétiennes du Vénérable de la Salle et l'on y trouvera les prescriptions les plus judicieuses et le germe quelquefois développé de tous les perfectionnements scolaires adoptés de nos jours. Les heures de classes étaient à peu près les mêmes, la distribution du temps n'était guère différente (1), les récompenses semblables, bons points, images, exemptions, distributions de prix (2). Il y avait

(1) Le traité intervenu entre les habitants de Bonnétable (Sarthe) et le régent de leur école, porte qu'il devra « entrer en classe à 8 heures du matin et à deux heures du soir pour en sortir à 10 heures et demie du matin et 4 heures et demie du soir, excepté en carême où la classe ne commencera qu'à 9 heures et finira à 11 heures et demie du matin. — Qu'il exercera ses élèves tous les jours de la semaine, excepté les après-dînées des jeudis, samedis et vigiles des fêtes solennelles, mais s'il se rencontre une fête dans la semaine, il y aura deux classes le jeudi comme les autres jours (Bellée, p. 79). — Le procès-verbal d'élection (1774) du régent de Hions (Gironde) que nous avons cité plus haut (p. 126), spécifie des heures de classe qui ne diffèrent guère de celles qu'indiquent les règlements actuels « l'hiver entrer à 8 heures, sortir à 11 ; rentrer à 1 heure, sortir à 4. En été, entrer à 7 heures, sortir à 11 ; rentrer à 1 heure, sortir à 5. — Le Règlement de l'Évêque de Coutances pour les petites écoles de son diocèse statue que « les écoles se tiendront tous les jours ouvrables, et il n'y aura par semaine qu'un jour de congé. Les maîtres et maîtresses d'école feront leur entrée depuis la saint Michel, jusqu'à Pâques, à 9 heures du matin, et le soir à 1 heure et demie ; et depuis Pâques jusqu'aux vacances, à 8 heures le matin et le soir à 2 heures. Chaque classe durera deux heures entières. Coutances, 1766, placard in-fol. (Communication de M. l'abbé Trochon.)

(2) Voir dans Buisson, p. 724. V°, Distributions de prix, un intéressant article de M. Maggiolo sur les récompenses dans nos

cependant quelques différences, les unes sont à l'avantage de notre époque, les autres sont bien faites pour nous faire regretter le vieux temps.

Parlons d'abord des premières.

Une des plus grandes lacunes du système de nos anciennes écoles était le mode individuel d'enseignement usité dans le plus grand nombre. « Le maître prend les enfants l'un après l'autre et met un certain temps à leur faire distinguer les lettres et à leur apprendre à les prononcer et à les assembler. Mais s'il y a cinquante enfants dans une école et que l'on consacre à la lecture trois heures par jour, chaque enfant aura environ quatre

anciennes écoles. Nous lui empruntons quelques détails. En 1585, à Châlon-sur-Saône, dans la division des abécédaires, les petits élèves « en présence des assistans escrivoient une même sentence; comparaison faite de toutes les escritures, celui qui étoit déclaré le mieux escrivant et ayant tenu une meilleure mesure dans son escript recevoit des mains du maire, deux plumes et un ganivet. » Dans les classes plus élevées on donnait un livre, une écritoire. Dans les diocèses de Metz, de Toul, de Verdun, de Reims, à la fête de saint Nicolas, les maîtres avaient coutume d'habiller en évêque l'écolier le plus sage et le plus docte, on le conduisait processionnellement à l'église ; il étoit le roi de la fête, en son honneur on distribuait des images, des gâteaux à tous les élèves... Un évêque de Toul (1719) indiquait aux maîtres quand et comment on peut et ou doit récompenser et exciter l'émulation : « on peut récompenser les enfans par des jeux innocens et mêlés de quelque industrie, mais plus facilement par de petits présens, comme des livres, des chapelets, des reliquaires, des estampes ou des images signées, *pour les sauver du fouët*. Si les maîtres ou maîtresses ont le moyen de faire ces libéralités, ou si quelque personne bien intentionnée leur fournit de quoi pour cela, ils distribueront pour chaque classe, tous les mois, un prix pour la lecture, un pour l'écriture, un pour l'orthographe, et un pour l'arithmétique ; ils le donneront à celui qui l'aura mérité en faisant le mieux, sans aucune acception de personnes ; ils examineront aussi de tems en tems toutes les bonnes notes, et quand le nombre auquel il y aura une récompense attachée sera accompli, ils seront fidèles à la donner. »

minutes de leçon, et deux heures cinquante-six minutes d'oisiveté forcée, tandis que le maître s'épuisera dans le travail de recommencer cinquante fois par jour les mêmes observations, les mêmes indications et les mêmes reproches (1). »

Ce fut le Vénérable de la Salle qui commença à substituer à l'enseignement individuel, l'enseignement simultané dont il comprit, un des premiers, l'immense avantage au point de vue de la multiplicité des élèves à admettre dans une même école et de l'économie du personnel enseignant (2).

Il groupe les enfants selon leur degré d'instruction. Il y a divers ordres de lecture et d'écriture. Dans chaque ordre « le maître ouvre son livre et d'un signe fait commencer la leçon. Un enfant la dit, tous les autres suivent. Pendant qu'un lira, dit la *Conduite*, tous les autres de la même leçon suivront dans leur livre qu'ils doivent toujours avoir à la main. Le maître veillera avec grand soin à ce que tous lisent bas ce que le lecteur dit haut et fera de temps en temps lire à quelques-uns quelques mots, pour les surprendre et reconnaître s'ils lisent effectivement : s'ils ne suivent pas, le maître leur impose quelque pénitence ou correction (3). »

Ajoutons en certaines provinces, en Lorraine par exemple (4), le très fâcheux usage d'après

---

(1) Ravelet, p. 256. — (2) Cf. André. *Nos maîtres hier. Études sur les progrès de l'éducation et sur les développements de l'instruction populaire en France*. Paris, 1873, in-12, p. 295, *seq.* — (3) Ravelet, p. 257, 258. — (4) Matthieu, p. 262.

lequel l'école ne se faisait qu'en hiver, de la Toussaint à Pâques. Les enfants, pendant ces vacances interminables, oubliaient aisément ce qu'ils avaient appris pendant les mois d'école. Cet abus, hâtons-nous de le dire, n'était point général. En beaucoup de contrées, les vacances avaient autrefois à peu près la même durée qu'aujourd'hui. Ainsi d'après le règlement de l'évêque de Coutances que nous avons cité (1) « l'ouverture des petites écoles se fera dans les villes et bourgs, le 1ᵉʳ octobre et se terminera le samedi avant la fête de l'Assomption. — Dans les campagnes, elle se fera le lundi après le 15 septembre, et elle se terminera le 15 juillet. »

Mettrons-nous la suppression des châtiments corporels, aujourd'hui tombés en un si complet discrédit, au nombre des progrès incontestables réalisés par l'instruction primaire, depuis la Révolution? Nous n'oserions le faire, car ce serait nous inscrire en faux contre l'oracle du Sage : « Qui ne sait se servir de la verge, hait son fils (2). » Du reste, comme l'a fort justement observé A. Ravelet, « nous ne remarquons pas que nos pères, pour avoir été souvent corrigés, aient eu l'âme moins fière et la santé moins robuste (3). Il faut observer aussi que les châtiments corporels n'étaient pas appliqués autrefois, dans les écoles, sans discernement ni mesure. Nos vieux livres de pédagogie donnent à cet égard les règles les plus raisonnables. Voici par exemple l'analyse de deux des chapitres que l'auteur anonyme de l'*Essai d'une école chré-*

---

(1) Ci-dessus, p. 154 — (2) *Prov.* XIII, 24. — (3) Ravelet, p. 262.

tienne a consacrés à ce sujet. Le premier traite de *Ce qu'il faut éviter dans le châtiment des enfans.* — 1. Avant tout, il faut une juste raison de châtier. — 2. Tout excès en cette matière doit être évité. — 3. Jamais on ne doit châtier les enfants par caprice, humeur et passion. — 4. Jamais on ne doit les injurier. — 5. Il faut craindre d'accoutumer les enfants aux coups ; « cela leur bouche l'esprit, fait qu'ils n'apprennent rien, et les endurcit plutôt que de les faire rentrer dans le devoir. » — 6. La férule ne doit pas être employée pour les légers manquements qu'il faut réprimer par « des manières humiliantes, » certaines privations, un air et un ton sévères. — 7. Il faut laisser passer quelques petites fautes afin d'éviter que les enfants ne prennent l'école en aversion (1).

L'autre chapitre instruit les maîtres de *Ce qu'il faut observer dans le châtiment des enfans.* « Il y a des maîtres et maîtresses, dit l'auteur de l'*Essai*, qui ont le don de se faire craindre sans frapper, par la seule parole ou par un air sérieux et grave, et ils se font aimer, sans se familiariser trop et sans rire avec les enfants. » C'est l'idéal qu'il propose, puis il ajoute les règles suivantes : 1. On doit commencer par avertir les écoliers. — 2. On en vient ensuite aux châtiments humiliants, les mettant à genoux, leur assignant les dernières places, leur faisant apprendre des leçons supplémentaires. — 3. On les menace du fouet, et l'on s'en tient d'abord à la menace. — 4. « Il faut

(1) *Essai d'une école chrétienne,* VI⁰ part., c. XIX.

épuiser tous les châtiments avant que d'en venir au fouet, et n'en user qu'avec beaucoup de circonspection et de modération, pour ne pas excéder ni blesser les enfants. » — 5. Il faut leur faire comprendre qu'on les châtie pour leur bien, proportionnant les châtiments et les diversifiant selon le caractère des délinquants. — 6. On doit punir sans miséricorde les fautes graves, châtier sévèrement « les menteurs, jureurs, voleurs, calomniateurs, emportés, insolens, aggresseurs, médisans, rebelles, désobéissans aux pères et mères, libertins ; » ne pas pardonner la désobéissance opiniâtre, le mensonge réitéré et soutenu, l'irrévérence habituelle dans l'Église, la paresse invétérée. — 7. En revanche, il faut être indulgent pour les fautes d'inadvertance et punir avec douceur les manquements légers commis à l'école. — 8. Les enfants peuvent s'exonérer des châtiments qu'ils méritent au moyen des points de diligence qu'ils auraient obtenus (1).

Rapprochons de ces recommandations celles du Vénérable de la Salle : « Pour être utile aux écoliers, la correction doit être ; 1. pure et désintéressée, c'est-à-dire sans aucun désir de vengeance ; 2. charitable, c'est-à-dire faite par le motif d'une véritable charité pour l'écolier ; 3. juste ; 4. proportionnée à la faute ; 5. modérée ; 6. paisible, en sorte que celui qui la fait ne se sente pas ému de colère ; 7. prudente ; 8. volontaire de la part de l'écolier, c'est-à-dire comprise et acceptée par

(1) *Ibid.* ch. xx.

lui ; 9. reçue avec respect ; 10. silencieuse des deux côtés (1). »

Entendue de cette manière, la discipline rigoureuse de nos anciennes écoles présentait de fort grands avantages, elle formait des hommes respectueux de l'autorité et fidèles au devoir. Ce régime, du reste, était parfaitement conforme aux mœurs et aux idées de nos pères et les documents étudiés dans ces dernières années n'ont que très rarement révélé aux auteurs que nous avons consultés et à nous-même, des plaintes sérieuses contre le système en vigueur.

Le côté par lequel les anciennes écoles l'emportaient absolument sur les nôtres, même sur les meilleures, c'était l'esprit profondément chrétien dont maîtres et écoliers étaient animés. Le but que se proposaient alors les instituteurs de la jeunesse était avant tout l'instruction religieuse et l'*éducation* dans le vrai sens du mot. Les images de Notre-Seigneur, de Notre-Dame, celles des saints patrons des écoles ornaient les murs de la classe ; tous les exercices commençaient et finissaient par la prière ; chaque jour, si les circonstances locales le permettaient, les enfants étaient conduits à l'église. Les leçons de religion étaient fréquentes, sérieusement faites, pieusement entendues. C'est dans ces écoles que les anciens auteurs appellent « les séminaires ou pépinières de

(1) *Conduite des écoles chrétiennes*, Ap. Ravelet., p. 263. Cf. *Ibid.*, beaucoup d'autres prescriptions du Vén. de la Salle dont la sagesse dénote une connaissance approfondie de l'enfance et dont la stricte application supprimerait tous les inconvénients des châtiments corporels.

l'Église et de l'État, le noviciat du christianisme, les églises des enfans(1) » qu'on formait ces fortes générations qui ont tenu si haut le drapeau de la France et porté si loin son honneur.

III

Nous avouons très simplement qu'autrefois le programme de l'enseignement primaire était beaucoup moins étendu qu'aujourd'hui. Nous avons été nous-mêmes les témoins des modifications successives qu'on a fait subir à ce programme et qui l'ont peu à peu amené à son étendue actuelle. Elles ne remontent pas même, pour la plupart, à la loi de 1833. Nous n'avons pas à discuter ici la question de savoir si l'accroissement superficiel des connaissances n'a pas été acquis aux dépens de la solidité de l'instruction, si, à plus forte raison, l'éducation n'a pas perdu à ces changements. Nous nous contenterons d'une simple observation. On apprend beaucoup de choses aux enfants dans nos écoles, mais, sauf un petit nombre d'exceptions, quand ils quittent définitivement la classe, ils n'en savent guère plus qu'on n'en savait autrefois, et deux ou trois ans après, ils ont, ceux du moins qui exercent des professions manuelles, à peu près tout oublié. Nous vivons dans un milieu où les conditions sont extrêmement favorables au développement intellectuel de la jeunesse : les écoles sont nombreuses, fort bien tenues en géné-

---

(1) *Essai d'une école chrétienne,* 1ʳᵉ partie, ch. I.

ral, l'instruction des maîtres dépasse la moyenne, l'esprit des enfants est ouvert et le travail leur est facile. Nous pouvons affirmer néanmoins qu'à 15 ou 16 ans, ils ont généralement tout à fait oublié l'histoire, la géographie, les éléments des sciences naturelles ; leur arithmétique s'est réduite aux opérations les plus simples et l'orthographe elle-même laisse trop souvent fort à désirer. Nous parlons en connaissance de cause, notre ministère dans les œuvres de jeunesse nous ayant permis d'observer de près les jeunes gens. Cette règle a d'heureuses exceptions, il est vrai. Souvent les jeunes commis, non contents de conserver l'instruction acquise à l'école primaire, la perfectionnent et travaillent à augmenter le léger bagage de leurs connaissances. Mais n'en était-il pas de même sous l'Ancien Régime ? Les collèges n'étaient-ils pas alors beaucoup plus nombreux et plus accessibles qu'aujourd'hui, et les auteurs contemporains, La Chalotais, par exemple, que nous avons cité, ne se plaignent-ils pas amèrement de ce qu'un nombre infini d'enfants du peuple, grâce aux facilités qui leur sont accordées, s'élèvent au-dessus de leur condition, en faisant des études complètes (1) ? Il est du reste impossible de nier ce fait notoire parfaitement exposé et expliqué par Villemain, alors ministre de l'instruction publique, dans son *Rapport au Roi sur l'Instruction secondaire*, publié en 1843. La proportion des enfants qui recevaient l'enseignement

---

(1) Ci-dessus, p. 118.

secondaire en 1789 était de 1/31°, elle était seulement de 1/35° en 1842. Grâce à « tous les moyens de gratuité qui existaient, avant 1789, pour l'instruction classique, cette instruction, plus recherchée par le goût et l'habitude des classes riches, était en même temps plus accessible aux classes moyennes ou pauvres. Autrefois, tout dans les traditions et les mœurs, secondait l'instruction classique, tout était préparé pour elle et la favorisait : le nombre des bourses et des secours de toute nature, la fréquentation gratuite d'une foule d'établissements, l'extrême modicité des frais dans tous les autres. Les mêmes facilités n'existent plus (1). »

Quoiqu'il en soit, nous ne prétendons pas nier les progrès accomplis dans le domaine de l'instruction primaire et nous revenons au programme très élémentaire de nos anciennes écoles. Il comprenait quatre branches seulement : l'enseignement religieux avec l'histoire sainte, la lecture, l'écriture avec l'orthographe et le calcul élémentaire (2). Il faut ajouter, dans les écoles de gar-

(1) Villemain. *Rapport au Roi sur l'instruction secondaire*, p. 57. La France, qui, en 1789 avait 562 collèges avec 72,747 élèves, dont 40,621 é aient dé chargés de la totalité ou d'une partie des frais d'instruction, comptait seulement, en 1842, 358 collèges, avec 44,091 élèves, dont 7,567 jouissaient de la gratuité complète ou restreinte. — Ces chiffres sont empruntés à deux des tableaux statistiques annexés au rapport de Villemain. — (2) La IIIe partie de *L'Escole paroissiale*, intitulée *La Science*, donne des méthodes pour enseigner la lecture (ch. I), l'écriture et l'orthographe (ch. II), l'arithmétique (ch. III), enfin les éléments du latin (ch. IV). — *L'Essai d'une école chrétienne*, traite dans sa VIe partie de la lecture (ch. V-XIII), de l'écriture (ch. XIV), de l'orthographe et de la ponctuation (ch. XV), des leçons qu'on doit donner à apprendre aux enfants (ch. XVI).

çons, en certains endroits seulement, quelques notions d'enseignement professionnel, et partout dans les écoles de filles, les travaux manuels (1).

L'enseignement religieux ne se donnait pas seulement à l'église, mais à l'école, et constituait la première des obligations professionnelles du régent. Les statuts synodaux des divers diocèses avaient édicté à cet égard des prescriptions multipliées (2), les curés étaient chargés de veiller à leur exécution, et dans leurs visites, les archidiacres et les évêques avaient grand soin de se rendre compte du degré d'instruction des enfants en matière religieuse (3).

L'*Essai d'une école chrétienne,* que nous avons mis à contribution plus d'une fois déjà, consacre plusieurs chapitres à l'enseignement de la religion. Il recommande de faire apprendre aux enfants deux demandes du catéchisme le matin, autant le soir, de faire répéter la leçon plusieurs fois, de la

---

(1) Resbecq, p. 73-77.—Beaurepaire, t. II, p. 289-290.— (2) Nous indiquerons entre beaucoup d'autres, les statuts synodaux d'Aix, 1672, art. 14 ; de Toulouse, 1696, art. 2, et 1729, art. 2 ; de Grenoble, 1690, art. 3 et 4 ; d'Agen, 1661, art. 4 ; de La Rochelle, 1711, art. 4 ; de Chalon, 1700, art. 8 ; de Châlons, 1673, art. 3 ; de Bordeaux, 1772, art. 6, etc. — (3) Voici par exemple un extrait d'un procès-verbal inédit de 1691, concernant l'école de Gujan (Gironde)... « et ayant encore interrogé le sieur Mauringlane (le régent) s'il auoit soin de faire le catéchisme à ses escholiers, nous a dit que tous les samedys, après disné, il leur faisoit ; et luy ayant demandé de quel catéchisme il se seruoit, il nous a dit qu'il se seruoit de celuy que Monseigneur auoit fait pour l'usage de son diocèse et qu'il le faisoit quelquefois, de tems en tems, un iour sur la semaine, comme dans le tems de l'Aduent ou du Caresme, ce que M. le curé nous a asseuré estre très véritable... » (*Archives de l'archev. de de Bordeaux. Visites de Louis d'Anglure de Bourlemont,* 1, 4).

reprendre aux deux grands catéchismes qui se feront chaque semaine. Durant ces catéchismes, le maître exposera le texte de la leçon, l'expliquera mot à mot, y joindra des explications familières et des traits d'histoire, « ayant soin de faire apprendre les choses aux enfans par jugement plus que par mémoire, » ne s'en tenant pas à la spéculation, mais faisant envisager aux écoliers le côté pratique de l'enseignement religieux. Des prescriptions spéciales guident le maître dans le mode d'instruction à employer avec les enfants peu intelligents et illettrés. Enfin de nombreux textes de l'Écriture sainte ont été recueillis par l'auteur anonyme pour servir de thème aux « instructions familières sur la morale chrétienne que les maîtres et maîtresses pourront faire à leurs écoliers et écolières (1). »

A Paris, selon l'*Escole paroissiale*, le dernier quart d'heure de la classe du soir était consacré à l'enseignement religieux ; de plus, « selon l'ordre de Monsieur le Chantre, superieur des petites Escoles de Paris, on doit en chaque sepmaine, les iours de Mercredy et Samedy, après-midy, faire la leçon du Catéchisme du Diocèse en l'expliquant et faisant apprendre aux enfans. Or, comme les parens se plaignoient que la plus part du tems de leurs enfans se passoit dans l'exercice du Catéchisme, on a iugé à propos, au lieu du Samedy, de prendre les Dimanches (2). »

(1) *Essai d'une école chrétienne*, IVe partie, ch. VI-XXVIII —
(2) *L'Escole paroissiale*, p. 113.

D'après le Vénérable de la Salle, « on fera tous les jours le catéchisme pendant une demie heure, une heure les mercredis et veilles de grands congés, une heure et demie les dimanches et jours de fêtes (1). » On voit comment, dans nos anciennes écoles, une part suffisante faite à l'enseignement de la religion, il restait cependant un temps considérable pour l'étude des matières scolaires proprement dites.

Nous ne dirons qu'un mot de la civilité dont l'enseignement était ordinaire dans nos vieilles écoles. La lecture de la civilité puérile et honnête était le complément de l'éducation. Nos pères y apprenaient la convenance et la politesse. Le Vénérable de la Salle n'avait pas dédaigné de rédiger un traité auquel il avait donné pour titre : *Les règles de la bienséance et de la civilité chrétienne* (2).

Nous ne nous appesantirons pas sur les méthodes employées autrefois pour l'enseignement de la lecture, de l'écriture et du calcul, nous ne faisons pas précisément ici une étude pédagogique. Nous nous contenterons de quelques observations rapides, renvoyant ceux de nos lecteurs qui voudraient de plus amples informations aux ouvrages que nous avons déjà cités.

Aux XVIe et XVIIe siècles, c'était un usage constant dans les petites écoles d'enseigner d'abord aux enfants à lire le latin. « Il faut premièrement

---

(1) *Conduite des écoles chrétiennes*, ap. Ravelet, p. 213.
— (2) Voir, pour plus de détails, Ravelet, p. 252, *seq.* et Babeau, *L'Instruction primaire dans les campagnes*, p. 39.

disait l'*Escole paroissiale*, que les enfans, auant d'estre mis à la lecture Françoise, sçachent bien lire en Latin en toute sorte de liures (1). » Le premier peut-être, le Vénérable de la Salle, rompit absolument avec cet usage et proscrivit à ses disciples de former tout d'abord les enfants à la lecture des livres français. Pour justifier cette innovation, les bonnes raisons ne lui manquaient pas. « Il estimait que le français, langue habituelle, étant universellement parlée, nécessaire à connaître, et facile à apprendre, il était aisé de passer de là à la lecture du latin, tandis qu'il était difficile de commencer par ce dernier dont les mots incompréhensibles ne pouvaient se graver dans la mémoire des enfants. De plus, si les études étaient interrompues avant le temps, ce qui arrivait pour un grand nombre d'enfants, ceux qui auraient appris le français emporteraient toujours de l'école un léger bagage de connaissances, tandis que s'ils avaient appris à lire du latin, sans le comprendre et sans pouvoir lire le français ; ils ne savaient rien d'utile (2). » Ces raisons étaient goûtées par le plus grand nombre, et l'*Essai d'une école chrétienne* publié en 1724, se prononce nettement pour la méthode nouvelle (3).

Tout en apprenant à lire aux enfants, les maîtres un peu habiles travaillaient à développer leur intelligence et à l'enrichir de connaissances

---

(1) *L'Escole paroissiale*, p. 248. — (2) Ravelet, p. 327, 328. — (3) *Essai*, VI° part. c. III. — Dinouart observe que « cette coutume (de lire d'abord en français) s'est déjà introduite dans les villes où on s'en trouve très bien. » (*Manuel des pasteurs*, t. III, p. 250).

utiles. « Un excellent moyen pour former l'esprit et le jugement des enfans, seroit de ne leur rien dire ni faire lire, dont on ne leur donnât en même tems l'intelligence, en leur faisant bien entendre ce qu'ils lisent : ils liroient mieux et profiteroient davantage. Il est donc à propos, si cela se peut, que les maîtres et maîtresses d'école aient soin de préparer les enfans sur ce qu'ils doivent lire ou apprendre par cœur, et après la leçon, de faire rendre compte à deux ou trois de ce qu'ils ont lu, entendu ou appris, plutôt selon le sens que selon les paroles (1). »

L'Escole paroissiale fait à propos de la lecture une recommandation qui avait encore sa raison d'être au milieu du XVIIe siècle, mais qu'on ne retrouve pas dans les méthodes plus récentes. « Durant qu'ils (les enfants) apprendront la ciuilité et les lettres escrites à la main, le Maistre les fera lire en quelque liure imprimé en lettres Gothiques, leur faisant bien connoistre les characteres, ligatures, abrégés et grandes lettres, en cette espèce de charactere, vne fois le iour seulement (2). »

Nous venons de voir mentionné l'usage d'enseigner aux enfants « les lettres escrites à la main. » Cette coutume était générale dans nos vieilles écoles. À Lucq (Basses-Pyrénées), en 1689, un régent est refusé par les paroissiens, parce qu'il ne peut déchiffrer les chartes de la commune (3), — En 1737, les habitants de Macau (Gironde),

(1) *Essai d'une école chrétienne.* VIe part. c. VII. — (2) *L'Escole paroissiale*, p. 253. — (3) Sérurier, p. 54.

dans une requête adressée à l'archevêque de Bordeaux pour se plaindre de leur régent, le sieur Lemer, déclarent que « chaque jour, il se présente des personnes infiniment plus capables que ledit Lemer pour l'écriture, l'arithmétique et *la lecture dans les titres*. Il y a toujours eu à Macau de pareilles personnes qui ont rempli leur devoir à la satisfaction du public et fait de fort bons écoliers (1). » — De même, en Champagne, « la lecture des manuscrits ou des papiers complétait l'enseignement de la lecture ; on allait chercher dans les greniers et au fond des armoires de vieux registres et des contrats poudreux, écrits souvent en caractères presque impossibles à lire, et quand l'élève parvenait à les déchiffrer couramment, le maître n'avait plus rien à lui apprendre (2). » Cet usage a persisté jusqu'à la Révolution. C'est ainsi qu'un acte capitulaire d'Aulnay-la-Rivière (Loiret), du 30 novembre 1788, cité par M. Maggiolo, indique la rétribution que devront payer ceux des écoliers qui « liront dans les contrats (3). »

« Il faut, dit l'*Essai d'une école chrétienne*, apprendre à écrire aux enfans aussitôt qu'ils en sont capables, cela les désennuie dans l'école et les empêche de perdre le tems. Car un enfant ne peut être employé à lire pendant tout le tems de l'école. Il est à propos que les petits et les grands écrivent, cela contribue au bon ordre d'une école,

(1) *Arch. de la Gironde*, C. 3283. — (2) Babeau. *L'Instruction primaire dans les campagnes*, p. 40. Cf. Quantin, p. 39. — (3) Maggiolo. *Les Archives scolaires de la Beauce et du Gâtinais*, p. 19.

car pendant que les grands écrivent, les petits lisent et *vice versà* (1). »

Le même auteur recommande, pour enseigner l'orthographe aux enfants, de commencer par leur faire faire des copies ; après quoi on les interrogera sur l'orthographe des mots, puis on leur fera faire des dictées (2). — Selon le Vénérable de la Salle « la manière de faire apprendre l'orthographe aux enfants sera de leur faire copier des lettres écrites à la main sur les choses qu'il leur sera utile d'apprendre à faire et dont ils pourront avoir besoin dans la suite, comme sont des promesses, des quittances, des marchés d'ouvriers, des contrats de notaires, des obligations, des procurations, des baux à louage ou à ferme, des exploits et procès-verbaux afin qu'ils puissent s'imprimer ces choses dans l'imagination et apprendre à en faire de semblables. Après qu'ils auront copié de ces sortes d'écrits pendant quelque temps, le maître leur fera faire et écrire d'eux-mêmes des promesses, des quittances, des marchés d'ouvriers, etc. (3).» C'est ainsi que le choix judicieux des lectures, des modèles d'écriture et d'orthographe suppléait à ce que les programmes pouvaient avoir d'incomplet.

L'Arithmétique enseignée dans nos anciennes écoles était fort élémentaire. Une *Instruction nouvelle pour enseigner aux enfants à connoître le chiffre*

---

(1) *Essai d'une école chrétienne.* VIe part., chap. xiv. — (2) *Ibid.* vi^e part. chap. 15. — (3) *Conduite des Écoles chrétiennes, Ap.* Ravelet, p. 248, 249.

et à sommer avec les gets (Lille, vers 1719), analysée par M. de Resbecq « n'enseigne que la numération et les trois premières règles de l'arithmétique. Les exemples sont toujours essentiellement pratiques et l'auteur se garde d'opérer sur des nombres abstraits. Il additionne, soustrait ou multiplie des aunes de drap, des pipes d huile, etc. L'intelligence de l'élève est ainsi mieux éveillée, il comprend mieux l'utilité de ce qu'il apprend, pour les applications qu'il aura à faire dans la vie de chaque jour (1). »

Disons maintenant un mot des livres usités dans les anciennes écoles. M. Babeau fournit à cet égard d'intéressants détails. « L'enfant apprenait ses lettres dans un *alphabet* dit *croix de Jésus* ou *croix de par Dieu*. Sur la couverture étaient souvent représentées les fins dernières de l'homme ; l'aspect effrayant de l'enfer inspirait la crainte du péché. A la suite de l'alphabet, se trouvaient les prières en latin. On se servait aussi pour l'épellation, de deux livrets connus, l'un sous le nom de *petit latin*, l'autre de *petit françois*. Le *petit latin* de forme allongée et, pour cette raison, appelé aussi *longuette*, contenait les psaumes et les offices du dimanche en latin. Le *petit françois*, dont le vrai titre était *trésor dévot*, était un recueil de pensées pieuses imprimées en lettres romaines d'un gros caractère et dont les syllabes étaient séparées les unes des autres. Ensuite d'autres livres étaient mis entre les mains des enfants tels que la *Vie de Jésus-*

---

(1) Resbecq, p. 84,85. — Ravelet, p. 249.

Christ, le *Psautier de David*, les *Pensées chrétiennes*, le *Pensez-y-bien*, le *Catéchisme historique* de l'abbé Fleury, le *Catéchisme* du diocèse, la *Vie des Saints*. L'imprimerie troyenne fournissait un grand nombre de livres à l'usage des écoles, et la bibliothèque bleue en renferme plusieurs, tels que le *Grand Alphabet François et Latin*, le *Nouveau Traité d'Orthographe*, l'*Arithmétique à la plume et par gets*, le *Psautier*, le *petit Office de Notre-Dame*, le *Nouveau Testament en françois* (1). » MM. de Resbecq (2), Maggiolo (3) et Quantin (4) ont également fait connaître bon nombre de ces ouvrages classiques.

Aux xve et xvie siècles, les petits livres que Gerson avait composés pour l'instruction des ignorants étaient fort en honneur. Nous avons cité un mandement d'Amanieu d'Albret, évêque de Bazas, prescrivant aux curés et maîtres d'école de son diocèse l'usage de l'*Opus tripartitum* de Gerson (5).

En certains pays, en Artois par exemple (6) et en Guienne on s'est servi longtemps du *Pédagogue chrestien*, des *Sept Trompettes* et de l'*Introduction à la vie dévote*, comme livres de lecture pour les écoliers. Le procès-verbal de visite de l'école de Gujan (Gironde) auquel nous avons déjà fait des emprunts (7) le constate pour les deux derniers. «Et nous estans informez dudit sieur régent quels liures ses escoliers lisoient à l'escole, nous a dit

---

(1) Babeau, *l. c.* p. 39. Cf. p. 77. — (2) Resbecq, p. 78-86, 361. — (3) Maggiolo, Pouillé scolaire de Toul p. 23, 50, etc. — (4) Quantin, p. 40. — (5) Ci-dessus p. 52, n. 1. — (6) Lettres à Grégoire sur les patois de France p. 259. Réponse du chanoine Hennebert. — (7) Ci-dessus p. 161.

qu'il ne souffroit pas que ses escoliers leussent d'autres liures que l'*Introduction à la vie dévote*, et les *Sept Trompettes* et des *Heures pour les commençans*. » Nous n'avons pu découvrir ce qu'était ce livre ascétique des *Sept Trompettes* dont parle notre texte. Il ne s'agit certainement pas d'un gros in-4 intitulé *Septem tubæ sacerdotales, opus primum a J. M. Horstio collectum*, dont plusieurs éditions ont été publiées, notamment à Paris en 1652 et à Lyon en 1693. C'est un recueil de traités des saints Pères sur la perfection sacerdotale (1).

Dans le diocèse de Nantes, les règlements épiscopaux de Mgr Turpin de Crissé de Sanzay (1733) prescrivent comme livre de lecture dans les petites écoles, *Les sages entretiens d'une âme dévote et désireuse de son salut*, de Jacques Guizain, sulpicien (2).

L'Escole paroissiale donne de curieuses indications sur les livres conseillés aux régents de la première moitié du XVIIe siècle pour les aider à donner aux enfants une solide instruction religieuse. « Il y aura, dit le vieil auteur, des liures seruans à faire la lecture spirituelle, comme la *Vie des Saints*, du P. Ribadeneyra, in-quarto, ou en petit volume, de Lion, qui est en deux tomes, qui couste un escu, ou en plus grand volume. Ce liure est très nécessaire aux enfans de l'escole pour leur apprendre la vie des

---

(1) Nous avons posé dans le *Polybiblion* d'avril 1880, au sujet de ce livre, une question restée sans réponse satisfaisante. Nos recherches à la Bibliothèque nationale ont également été infructueuses. Les Sept Trompettes se trouvaient encore dans les mains des paysans de la Gironde au moment de la Révolution (*Lettres à Grégoire*, p. 141). — (2) *Communication de M. l'abbé Bertrand*.

Saints. *Item* les deux tomes de *La Fleur des exemples* pour en tirer des histoires pour ses catéchismes. *Le Catéchisme du diocèse*; quelques petits abrégez des Mystères de la Foy, de la Confirmation, de la Confession, du Baptême, de la Communion, pour s'en seruir au besoin et mesme pour en donner aux enfans quand il le iugera à propos pour ayder à les instruire. Ces abrégez se vendent à Paris, chés Maistre Pierre Targa, rüe Saint-Victor, au Soleil d'or; *Paradisus puerorum*, imprimé à Doüé est encore excellent pour les Histoires dont le maistre doit faire bonne prouision, en ayant besoin à toutes sortes de rencontres, car les enfans retiennent plustost les exemples de leurs semblables que les preceptes : il y aura encore le petit liuret des *Méditations de Saint Bonauenture* pour faire lire durant la Semaine Sainte; le *Pédagogue chrestien*, en petit volume, ou in-octauo, imprimé de nouveau à Mons, ou à Roüen, qui se vend à Paris, lequel est très excellent et pour la doctrine et pour les Histoires belles et à propos qu'il contient; le livre de *L'Enfant Catéchisé* du P. Bonnefons est encore excellent; la grande *Guide des pecheurs* de Grenade, le *Catéchisme paroissial des festes* et celuy de la premiere communion qui se vendent à Paris chés ledit Maistre Pierre Targa(1). »

Le lecteur nous pardonnera, nous l'espérons, la longueur de ces détails. Cet essai de bibliographie scolaire nous a paru présenter quelque intérêt.

---

(1) *L'Escole paroissiale* p. 59-60

IV

Après avoir étudié l'état matériel de nos anciennes écoles, leur discipline et leur programme, nous devons examiner une question importante. Dans quelle mesure sous l'Ancien Régime l'école primaire était-elle fréquentée ?

La réponse à cette question ne saurait être générale. Avant la Révolution, comme aujourd'hui, l'école était plus ou moins fréquentée, selon les provinces. Un point à remarquer, c'est que la Statistique de M. Maggiolo, tout en constatant le progrès à peu près continu de l'enseignement populaire depuis 200 ans, constate aussi que les départements, classés au point de vue du nombre de signatures des conjoints, conservent sensiblement le même ordre à toutes les époques (1). Les départements les plus illettrés au XVII° siècle, le sont généralement au XVIII° et au XIX°. Preuve évidente que si, en certaines de nos provinces, les écoles étaient plus rares ou moins fréquentées, cela tenait, non pas à l'application systématique de certains principes, pas davantage à la législation en vigueur, mais aux conditions topographiques des divers pays et surtout au tempérament et aux habitudes des populations.

Nous ne ferons donc pas difficulté d'avouer qu'en plusieurs contrées, si l'on s'en rapporte aux chiffres démonstratifs de la Statistique rétrospec-

---

(1) *Statistique rétrospective*, tableau 2°.

tive, les écoles étaient peu fréquentées par les enfants. Soutenir le contraire serait aller évidemment contre la vérité. Mais il ne faut pas étendre outre mesure cette assertion, car nous pouvons démontrer par des chiffres et des faits, qu'en beaucoup de lieux le degré de la fréquentation scolaire était fort satisfaisant.

Plus d'une fois on a pu retrouver des listes d'écoliers ; quelquefois les procès-verbaux de visite constatent le nombre d'élèves qui fréquentent les écoles, les chiffres ainsi constatés sont souvent considérables. Nous allons appuyer cette assertion par de nombreux exemples empruntés à des contrées fort différentes.

A Rouen et à Dieppe, on peut avoir une idée du nombre des enfants qui fréquentaient les écoles primaires, si l'on considère que les collèges de ces deux villes comptaient l'un 1,800 écoliers, l'autre 5 à 600 au XVII° siècle (1). Vers la fin du même siècle, 40 Ursulines se consacraient à Dieppe à l'éducation des jeunes filles dont le nombre variait entre 4 et 500 (2). En même temps les Sœurs d'Ernemont y élevaient 500 petites filles (3). Un historien de cette ville, Demarquest cité par M. de Beaurepaire porte à 5 ou 600 le nombre des garçons qui venaient aux écoles chrétiennes : « L'on ne peut dire tout le bien que les Sœurs d'Ernemont et les Frères font à Dieppe, il n'y a plus à présent dans cette ville que les sujets tout à fait incapables

---

(1) Beaurepaire, t. II. p. 118-120. — (2) *Ibid.* p. 224, — (3) *Ibid.* p. 258.

ou abandonnés à eux-mêmes qui ne sachent pas lire et écrire et qui ne soient pas instruits de leur religion. Il résulte de ces instructions que le peuple en est plus capable, plus humain et plus civilisé (1) ». — A Rouen, onze ans après leur établissement, les Ursulines avaient 400 élèves auxquelles « elles montroient, sans salaire, à lire et écrire, outre toute sorte d'ouvrages honnestes (2) ». En 1710, on trouve dans la même ville jusqu'à quatorze prêtres tenant l'école, en dehors des maîtres écrivains et de ceux des écoles de charité qui, dès 1653, comptaient 250 élèves (3).

M. de Resbecq nous fournira des renseignements précis pour le Nord. En 1626, à Cambray, la fondation Van-der-Burch recevait 965 enfants (4). — A Forest, l'école est fréquentée pendant l'hiver par 110 élèves (5). A Douai en 1615, six maîtresses instruisaient 5 à 600 enfants (6). A Bergues en 1651, 80 enfants dans l'école des pauvres (7). Au moment de la Révolution, l'école des Sœurs d'Ernemont à Dunkerque, comptait 350 élèves (8). — Armentières en 1789, n'avait pas moins de sept établissements d'instruction avec 560 enfants des deux sexes (9). — Le compte de l'école gratuite de Lille présenté en 1613 par Wallerand Caron montre que, malgré les donations et les quêtes, on est en déficit de plus de 2.500 livres à cause « du grand nombre et multitude des enfans qui fréquentent les dites écoles, et parmi ceux-ci, on en compte douze cents

---

(1) *Ibid.* p. 368. — (2) *Ibid.* p. 224. — (3) *Ibid.* p. 277-315. — (4) Resbecq, p. 133. — (5) *Ibid.* p. 111. — (6) *Ibid.* p. 155. — (7) *Ibid.* p. 178. — (8) *Ibid.* p. 184. — (9) *Ibid.* p. 216-217. —

rien que par le récolement fait au siège des pauvres par lequel on avait enchargé les pères et mères ayant à la bourse aulmosnes, d'y envoyer leurs enfans à peine d'estre frustrés et privés d'icelle bourse (1). » — La paroisse de Linsolles avait deux maîtres et deux maîtresses réunissant 120 garçons et 93 filles (2). — A Saint-Amand (1685), « Messieurs (les magistrats) ayant veu le grand nombre d'enfans qu'il y a dans les petites escoles » portent le traitement annuel du maître, de 36 à 50 florins (3). — Enfin à Valenciennes, en 1662, les Ursulines s'engagent à bâtir cinq écoles pour « enseigner et instruire, gratis et toujours » toutes les filles de la ville qui se présenteront à elles (4).

M. Babeau estime que dans l'Aube « d'après un grand nombre de traditions, l'école était aussi fréquentée, sinon davantage, autrefois qu'aujourd'hui (5). » C'est ainsi que M. Boutiot a retrouvé un document démontrant que dès 1535, les écoles étaient assez nombreuses à Troyes, pour qu'il y eût lieu de proposer d'en réduire le nombre (6).

M. de Charmasse a publié l'état des écoles de la paroisse Saint-Pierre de Moulins en 1739: on y trouvait 6 maîtres et 12 maîtresses (7). — A Auxerre, les enfants de 600 familles trouvent place dans les écoles primaires (1792) (8). — En 1763, les écoles de Vitry sont réduites à sept (9). — A Bordeaux, malgré la multiplicité d'écoles

---

(1) *Ibid.* p. 247. — (2) *Ibid.* p. 252. — (3) *Ibid.* p. 277. — (4) *Ibid.* p. 282. — (5) Babeau, *l. c.* p. 40. — (6) Boutiot, p.30, —(7) Charmasse, p. 207. — (8) Quantin, p. 32. — (9) Babeau, *La Ville sous l'Ancien Régime*, p. 487, note 2.

privées que nous avons signalées, les frères avaient 2,000 enfants dans leurs classes (1). — A Castres, commune du département de la Gironde qui compte aujourd'hui 739 habitants et qui certainement en avait moins, il y a cent ans, deux maîtres réunissaient en 1739, 70 écoliers (2). — En 1738, les écoles de charité de Lyon sont au nombre de vingt et reçoivent 4.000 enfants (3). — Le Chantre de Paris a sous sa juridiction 167 maîtres autant de maîtresses, sans compter les maîtres écrivains et les maîtresses des écoles de charité qui ne relèvent pas de son autorité (4).

Nous terminons cette énumération aisément fatigante en empruntant à A. Bellée des chiffres précis concernant quelques petites villes et villages du Maine. Nous les citons avec leur date sans commentaire. Château-du-Loir, 1789 : écoles de garçons. 48 élèves ; écoles de filles tenues par cinq religieuses (5) ; Conlie, 1789 : 40 garçons et autant de filles (6) ; La Flèche, 1791 : trois écoles dont deux réunissaient 100 élèves, en 1789, le collège en comptait 486 (7) ; Sillé-le-Guillaume, 1789 : 150 enfants à l'école de filles (8) ; Valon, 1789 : 88 garçons (9).

---

(1) *Archives de la Gironde* C. 3292.— (2) *Archives de l'Archevêché de Bordeaux. Instituteurs primaires, Requête* des habitants de Castres, demandant des lettres d'approbation pour un second régent. — (3) *Vie de M. Démia*, p. 259. — (4) *Statuts et règlements des petites écoles de Grammaire de Paris*, p. 103, seq. — A. Ravelet, fournit quelques chiffres au sujet des écoles de charité. Ainsi l'école Saint-Placide avait 400 enfants, et dans la paroisse Saint-Sulpice, en 1693, 14 classes réunissaient 4,000 écoliers, (p. 273-274). — (5) Bellée, p. 97. — (6) *Ibid.*, p. 102. — (7) *Ibid.*, p. 123, 129. — (8) *Ibid.*, p. 228. — (9) *Ibid.*, p. 239.

Nous pourrions aisément citer d'autres faits (1), mais nous aimons mieux présenter quelques considérations et témoignages dont la force démonstrative n'échappera pas au lecteur.

Un essai d'instruction obligatoire avait été fait, sous Louis XIV et Louis XV. Sans obtenir les résultats complets qu'on s'en promettait, il avait eu néanmoins une certaine influence sur la fréquentation de l'école (2). Puis, comme nous le verrons, le clergé avait travaillé à obtenir le même résultat. Les statuts synodaux faisaient aux curés une obligation étroite de recommander à leurs paroissiens d'envoyer régulièrement leurs enfants aux écoles, et les visiteurs des paroisses ne manquaient pas de tenir la main à l'accomplissement de ces prescriptions (3). — Dans les villes, les administrateurs des biens des pauvres, les compagnies de charité faisaient de la fréquentation de l'école par les enfants des familles assistées, la condition indispensable de la continuation de leurs secours. Ce moyen coercitif était employé à Rouen (4), à Lille et à Lyon. Dans ces deux der-

(1) Voici d'ailleurs quelques indications précises au moyen desquelles il sera facile de compléter notre nomenclature. Voir Battault, p. 41. — Sérurier, p. 21. — Rolland, p. 355. — Tartière, p. 17. — Fayet, *Comment les cléricaux fondent les écoles*, etc., p. 9. — De Ribbe, p. 284-285. — Houdoy, p. 5, 11. — Maggiolo, *Les Archives scolaires de la Beauce*, etc., p. 15, et *Pouillé scolaire de Toul*, p. 48. — Merlet, p. 24-40. — Nous ferons observer que les chiffres donnés par nous ne s'appliquent pas en général aux contrées où l'instruction était le plus développée. Ainsi nous n'avons cité aucun fait relatif aux départements de la Manche, de la Haute-Marne, de la Marne, de la Meuse, de la Moselle, du Doubs, etc., etc. — (2) *Dict. de Pédagogie*, V°. Dauphiné, p. 614.— (3) Cf. Mathieu, *L'Ancien Régime dans la province de Lorraine*, p. 262. — (4) Baurepaire, t. II, p. 315.

nières villes on faisait aux enfants pauvres, pour les engager à venir aux écoles, des distributions de livres, de vêtements et d'argent (1). — Les règlements anciens obligeaient les maîtres à s'employer de tout leur pouvoir à obtenir des enfants une assiduité aussi complète que possible. La *Conduite des Écoles Chrétiennes* donne à ce sujet les plus sages conseils. Si l'absence provient des enfants, il faut les réprimander, employer tour à tour la douceur et la sévérité, avertir leurs parents. Si les maîtres sont coupables, si par leur incapacité ou leur mauvais vouloir, ils font déserter l'école, il faut les changer. Enfin « le moyen de résister à la négligence des parents, surtout des pauvres sera premièrement de leur parler, et de leur faire connaître l'obligation qu'ils ont de faire instruire leurs enfants et *le tort qu'ils leur font de ne pas leur faire apprendre à lire et à écrire, combien cela leur peut nuire, et qu'ils ne seront jamais capables pour aucun emploi, faute de savoir lire et écrire;* il faut ensuite leur faire voir le tort que peut faire à leurs enfants le défaut d'instruction des choses de leur salut, dont les pauvres sont souvent peu touchés. — Secondement, comme ces sortes de pauvres sont ordinairement ceux auxquels on fait l'aumône, il faut donner à Messieurs les curés une liste de tous ceux qui ne viennent pas à l'école, leur nom et leur âge et le lieu de leur demeure, afin qu'on ne donne aucune aumône à leurs parents et qu'on

(1) *Vie de M. Démia*, p. 69. — Houdoy, p. 13. — Resbecq, p. 144. — Cf. Charmasse, p. 82.

les puisse obliger et presser d'envoyer leurs enfants à l'école. — Troisièmement, il faut tâcher d'attirer les enfants de ces sortes de personnes et les gagner par toutes sortes de moyens possibles (1). »

Grâce à la mise en action de toutes ces influences, sauf, nous le répétons, en certaines contrées qui de tout temps ont été réfractaires à l'enseignement, l'école primaire était généralement fréquentée sous l'Ancien Régime. Les registres de délibération des communautés d'habitants, les registres d'état-civil des paroisses, les minutes des notaires, par le nombre et la qualité des signatutures dont ils sont revêtus, fournissent une preuve irrécusable à l'appui de notre thèse. « On ne saurait croire, dit M. Quantin, combien l'instruction primaire était répandue à la fin du XVI° siècle, même dans les villages. Les registres de baptême en fournissent déjà une preuve par l'existence des nombreuses signatures qu'on y trouve ; mais les minutes des actes notariés, des déclarations à terrier des censitaires, signées par des vignerons, des laboureurs et même des femmes, tout cela, comme nous l'avons dit plus haut, est une preuve positive de l'existence d'une culture intellectuelle restreinte, si l'on veut, mais certaine, dans toutes les classes de la société (2). » — Un savant magistrat explorant, il y a quelques années, les archives des Alpes Briançonnaises, trouva, non sans étonnement, aux époques les plus anciennes, des déli-

---

(1) *Ap.* Ravelet, p. 266-267. — (2) Quantin, p. 40.

bérations municipales portant des signatures en nombre égal à celui des personnes présentes (1). — La communauté de Moustiers (Basses-Alpes), insérait dans ses statuts, parmi les causes d'exclusion des magistratures électives, le seul fait d'être illettré (2). Si cet exemple était partout suivi en France, certains conseils municipaux de 1881 perdraient quelques-uns des citoyens écarlates qui y légifèrent hardiment sur les questions d'enseignement. — M. de Ribbe qui a raconté, avec un charme si pénétrant, la vie intime et la vie sociale de nos pères, a exhumé un grand nombre de livres de raison des plus modestes ménages ruraux de la Provence aux deux derniers siècles. Combien, parmi les ouvriers de notre temps, seraient capables d'écrire leurs mémoires domestiques ou de tenir leurs comptes d'affaires comme ces journaliers d'autrefois (3) ?

Enfin, à la suite de sa Statistique rétrospective, M. Maggiolo a cité quelques chiffres fort instructifs empruntés aux procès-verbaux des élections de 1788 et 1789, et à l'état des miliciens qui ont signé l'acte de leur engagement. Ces chiffres seraient tout-à-fait concluants si l'espace n'avait manqué, pour les multiplier, au savant historien de l'instruction primaire (4).

Nous croyons avoir établi la thèse modérée que nous avons énoncée : *en beaucoup de nos anciennes provinces, les écoles étaient généralement fréquentées.*

(1) Fauché-Prunelle. *Essai sur les Institutions autonomes et populaires des Alpes-Briançonnaises.* Ap. de Ribbe, p. 276. — (2) *Ibid.*, p. 289. — (3) *Ibid.*, p. 12, Cf., p. 283. — (4) *Statistique Rétrospective,* p. 8.

CHAPITRE VII

L'ÉCOLE PRIMAIRE SOUS L'ANCIEN RÉGIME

II. *La gratuité.* — *Les fondations scolaires.*

La gratuité absolue de l'instruction primaire est un des dogmes de l'école révolutionnaire. Prêtez l'oreille aux discours des docteurs du parti, et vous les entendrez répéter à satiété que la Révolution a découvert la gratuité de l'enseignement. Avant 1789, personne n'en avait ouï parler ; les précurseurs de nos radicaux l'ont inventée, et ce sont nos radicaux eux-mêmes qui l'ont appliquée les premiers.

Autant d'affirmations, autant d'erreurs.

La gratuité de l'enseignement était connue et largement pratiquée dans notre ancienne France. Il est vrai qu'elle était autrement entendue qu'elle ne l'est aujourd'hui. Nos pères avaient trop de bon sens pour se laisser prendre aux théories ineptes qui séduisent aujourd'hui leurs fils dégénérés. Pour eux, la gratuité devait être *gratuite* et non onéreuse, elle devait être non pas absolue, mais *relative*.

Il y a en effet deux gratuités fort différentes, d'abord celle qui résulte des largesses privées et des fondations accumulées par la piété des siècles ; celle-ci est la gratuité véritable, car elle ne coûte absolument rien à celui qui en bénéficie — puis celle dont les frais sont faits par le budget, et celle-là, nous le prouverons aisément, n'a de la gratuité que le nom ; elle est en réalité onéreuse, elle est uniquement une charge et nullement un bienfait.

Telle qu'on l'entend aujourd'hui, la gratuité est un leurre ; car où trouver un instituteur, une institutrice à qui les nécessités de la vie soient étrangères ? A tout instituteur, à toute institutrice dirigeant une école gratuite, il faudra donc donner une rétribution. Cette rétribution, qui la paiera ? La commune, le département ou l'État. Or la commune, le département, l'État, c'est nous, contribuables ; c'est notre bourse qui alimente la leur. Augmenter leurs charges, c'est augmenter les nôtres, et quand l'impôt, comme l'octroi des villes, portera sur les objets de consommation, il atteindra le pauvre autant et plus que le riche, et le pauvre qui devrait, pour ses enfants, jouir d'une gratuité réelle, non-seulement paiera réellement l'école pour eux, mais contribuera à la payer pour ceux des personnes aisées qui, en bonne justice, ne devraient en aucune façon être exemptés de la rétribution scolaire (1).

(1) D'excellents travaux ont été publiés sur cette question de la gratuité de l'enseignement primaire que nous ne pouvons

Or ce qu'on prône aujourd'hui, c'est la gratuité absolue et non la gratuité relative. Il ne s'agit pas en effet d'exiger des riches la rétribution scolaire et d'en dispenser seulement les pauvres, tous les enfants, qu'ils soient indigents ou qu'ils appartiennent à des familles aisées, en doivent être exonérés.

La gratuité relative est un bienfait immense, une des œuvres de miséricorde les plus dignes de tenter les âmes généreuses, un des emplois les plus judicieux du revenu de l'État. L'autre, greffée sur la gratuité onéreuse, puisant dans la bourse de tous les contribuables, sans exception, les millions qui remplaceront la rétribution scolaire est à la fois une sottise et une injustice. Une sottise, car d'une part elle contraint à un enseignement prétendu gratuit ceux qui n'en ont que faire, et instruit, aux frais de tous, ceux qui peuvent et doivent s'instruire à leurs dépens, d'autre part, cela est démontré, la gratuité est plus nuisible qu'utile au développement de l'instruction primaire (1). —

évidemment discuter à fond. La tribune de la Chambre des députés retentit encore du discours magistral qu'elle a inspiré à Mgr l'évêque d'Angers, le 13 juillet dernier. Nous ne pouvons qu'y renvoyer le lecteur, auquel nous signalons encore *La Révolution maîtresse d'école, étude sur l'instruction gratuite, laïque et obligatoire*, par le R. P. Rouvier, S. J., Avignon, in-12, p. 53-110, 305-318, 381-399. — *La Vérité sur l'instruction gratuite* par le même. Brochure in-18 publiée par la *Société Bibliographique*. — Fayet, *la Vérité pratique sur l'Instruction gratuite et obligatoire*, Paris, in-8, 1872. — Fayet, *les Nouveaux Apôtres de l'ignorance*, Paris, 1877, gr. in-18.

(1) Voici quelques témoignages extraits des rapports officiels publiés sous le titre d'*État de l'instruction primaire en* 1864. Nous les empruntons au livre du R. P. Rouvier, « Dans plus de soixante départements, le système de la gratuité est critiqué ou

Une injustice, car elle aurait pour conséquence une augmentation de charges pour les familles indigentes, coincidant avec une diminution correspondante en faveur des riches (1).

repoussé d'une manière plus ou moins énergique par des considérations morales et pédagogiques d'une valeur incontestable. « Les écoles gratuites sont généralement les plus défectueuses pour l'enseignement et pour la discipline, parce que les élèves y sont moins assidus (*Allier*). — La gratuité absolue produit en général des effets fâcheux pour les maîtres et pour les élèves (*Jura*). — Les écoles entièrement gratuites sont presque partout inférieures aux écoles payantes (*Loire*). — Dans les communes où la gratuité absolue existe, on remarque moins d'assiduité dans la fréquentation, moins de travail et de progrès du côté des élèves, quelquefois moins de zèle de la part du maître qui n'est plus assez intéressé à attirer les élèves dans sa classe et à les y maintenir (*Manche*). — Dans la *Haute-Marne*, les résultats de la gratuité absolue sont généralement fâcheux. Tout en souffre, la caisse municipale, le matériel des écoles, le bien-être de l'instituteur (du bon surtout), et par suite son zèle qui n'est pas et ne peut être encouragé, enfin le progrès moral et intellectuel. — Les registres des écoles gratuites indiquent un manque d'assiduité déplorable. En tout temps les élèves, dans ces dernières, s'absentent pour le moindre motif et même pour le plus léger prétexte. L'instruction qu'on y reçoit a peu de prix aux yeux des parents ; et pour les résultats de l'enseignement, ces écoles se placent à peu près toutes au dernier rang (*Indre-et-Loire*). » (Rouvier. *La Révolution maîtresse d'école*, p. 95-99). — (1) Les familles riches, disait à la Chambre des Députés, Mgr Freppel, étaient seules jusqu'ici à fournir les 18,000,000 représentant (actuellement) la rétribution scolaire. Dorénavant et si vous adoptez le système proposé par le Gouvernement et la Commission (la gratuité absolue), les familles indigentes entreront pour leur part contributive dans une dépense dont elles étaient totalement exonérées jusqu'à ce jour. En d'autres termes, dans le sens précis et rigoureux du mot, les pauvres qui ne payaient rien, payeront pour les riches qui payaient tout. Et vous serez arrivés à ce résultat étrange que, sous prétexte de gratuité absolue, l'école aura cessé d'être gratuite pour les pauvres, c'est-à-dire précisément pour ceux qui en auraient le plus besoin et que les riches seuls auront bénéficié d'une mesure qu'ils ne réclamaient en aucune façon. Et même il pourra arriver ce fait que vous ne manquerez pas de qualifier d'odieux, c'est qu'un pauvre qui voudra envoyer son enfant à l'école libre, comme c'est son droit, paiera pour le riche qui envoie son enfant à l'école publique. » Discours du 13 juillet 1880. (*Journal officiel*, 14 juillet, c. 8, 146.)

L'état de la question étant ainsi nettement défini, nous essaierons de prouver par les faits les affirmations suivantes :

La gratuité de l'enseignement primaire restreinte aux enfants des familles indigentes ou peu aisées, a été largement pratiquée sous l'ancien régime.

Cette gratuité était presque toujours obtenue, sans charges nouvelles pour les contribuables, au moyen des dons de la charité privée et des revenus de riches fondations destinées à l'entretien des écoles.

I

Dans la plupart des villes, aux deux derniers siècles, il avait été établi des écoles de charité ouvertes uniquement aux enfants indigents. Dans ces écoles, la gratuité était un principe dont on ne se départait jamais. L'honneur de ces fondations revenait presque toujours au clergé et aux congrégations enseignantes, les municipalités donnant tout au plus quelques minces subsides, et laissant le plus souvent à la charité privée tout le poids des œuvres nouvelles.

Le zèle des curés de Paris avait fort multiplié les écoles gratuites, dans cette grande ville. Il n'était guère de paroisse qui n'en comptât plusieurs (1). A Lyon, un prêtre admirable dont nous

(1) Cl. Joly. *Traité historique des écoles épiscopales et ecclésiastiques*, etc. p. 376. « C'est ce que font MM. les curés de Paris

reparlerons, Ch. Démia, consacra sa vie et sa fortune à la fondation des écoles de charité (1). Les curés d'Amiens en établirent plusieurs (2). Celles de Rouen, qui datent de la fin du XVIᵉ siècle, eurent pour fondateurs les administrateurs des biens des pauvres (3). Dans toutes les villes de la Flandre française, à Lille, à Douai, à Valenciennes, à Cambrai, etc., grâce aux largesses des échevins et au vif intérêt que le clergé et les riches bourgeois portaient à l'enseignement populaire, les écoles dominicales et journalières s'ouvraient largement aux pauvres (4). A Moulins, l'abbé Aubery établit une école charitable (5). Citons encore des écoles gratuites à Saint-Quentin, à Montdidier et à Bourg (6), à Privas et en d'autres villes du Vivarais, (7) à la Flèche, (8) à Auxerre (9) et dans beaucoup de lieux dont l'énumération serait trop longue.

Le mouvement commencé dans la seconde moitié du XVIIᵉ siècle pour l'établissement dans les villes des écoles de charité, se propagea et s'accrut durant tout le XVIIIᵉ (10). Les congrégations enseignantes

par la quantité des écoles à qui ils donnent le beau nom de charité qu'ils ont établies et qu'ils établissent encore tous les jours..., » Cf. *Ibid.* p. 385, 405. — Ravelet, p. 173 *seq.*

(1) *Vie de M. Démia, passim.* — (2) *Mémoires du Clergé* t. I. p. 999 *seq.* — (3) Beaurepaire, p. 289. — (4) Resbecq, p. 129 *seq.*, 158 *seq.*. etc. — (5) Charmasse p. 42 *seq.* — (6) Babeau, *La ville sous l'Ancien Régime* p. 491, note 2. — (7) *Dictionnaire de Pédagogie*, p. 105. — (8) Bellée, p. 126. — (9) Quantin, p. 43. — (10) L'histoire du Vénérable de la Salle est pleine de ces fondations. Il établit lui même des écoles dans 21 villes : à Reims, Rethel, Chartres, Calais, Avignon, Guise, Château-Porcien, S. Denis, Marseille, Dijon, Grenoble, Vence, Alais, les Vans, Valréas, Mâcon, Versailles, Moulins, Boulogne, Paris, Rouen. (Ravelet. *Histoire du Vénérable de la Salle, passim.*)

s'y multiplièrent ; or, en général, elles s'étaient fait de la gratuité une obligation absolue par cette très simple raison, qu'elles étaient ordinairement fondées pour procurer uniquement aux enfants des familles indigentes le bienfait de l'enseignement (1). Bien souvent elles s'établissaient, grâce à la générosité des âmes charitables et aux largesses de riches bienfaiteurs ; mais quelquefois aussi les municipalités leur venaient en aide et inscrivaient au budget quelques subsides à leur profit. C'est ainsi que Bordeaux donnait aux Frères de J. B. de la Salle 2,600 livres, et 1,400 aux Dames de la Foi qui tenaient les écoles dites de l'Enfant Jésus. A partir de 1779, en vertu d'un arrêt du Conseil d'État, ces allocations furent portées à 3,600 et 1,750 livres (2).

Dans certaines villes, et généralement dans les villages, où il n'était pas possible d'établir d'écoles spéciales pour les indigents, ceux-ci étaient admis gratuitement dans les écoles payantes (3). Les preuves de cet usage sont très nombreuses. Nous les trouvons d'abord dans les règlements des Statuts Synodaux recommandant aux maîtres de

---

(1) La gratuité, dit M. Babeau, est le caractère distinctif des écoles tenues par les sœurs. (*L'Inst. prim. dans les campagnes avant 1789*, p. 47.) Cf. *La Ville sous l'Ancien Régime*, p. 495. — Charmasse, p. 40, 41. — *Vie de M. Démia*, p. 49. — Beaurepaire, t. II, p. 209, 227. — (2) *Archives municipales de Bordeaux*, t. II. *Livre des Privilèges*. Bordeaux, 1878, in-4 p. 685. —
— (3) L'admission gratuite des enfants pauvres dans les écoles payantes était en usage, même dans les villes où il existait des écoles de charité. C'est ainsi que l'auteur de *L'Escole paroissiale* prévoit expressément le cas où les enfants indigents et des élèves appartenant à des familles aisées se trouvent dans la même école : « Les enfans de la Paroisse tant pauures que riches

recevoir les enfants indigents avec autant de bonté que les autres et de leur donner les mêmes soins. « Nous enjoignons, disait en 1719 l'archevêque de Toulouse, aux maîtres et maîtresses d'école de recevoir avec autant d'affection les enfans des pauvres que ceux des riches et d'avoir un soin particulier de leur instruction (1). » Les statuts de Châlons disent également : « Ils (les maîtres d'école) recevront avec la mesme estime et affection les pauvres garçons que les riches et auront un mesme soin de leur instruction (2). » L'évêque d'Alet prescrit aux régents et régentes « de recevoir également les pauvres et les riches, leur témoignant la mesme estime et la mesme affection et prenant autant de soin des uns que des autres (3). » Il n'est peut-être pas un recueil d'ordonnances synodales où l'on ne trouve la même prescription (4).

seront admis, y ayant place, les pauures seront enseignés gratuitement et ceux qui auront moyen de donner quelque chose, on receura ce qu'ils donneront » (p. 71. Cf. p. 12, 61). L'admission gratuite des enfants pauvres est recommandée aux maîtres des petites écoles de Paris par le sous-chantre, dans le synode des régents et régentes de 1672. « Souvenez-vous que vous devez enseigner les pauvres gratuitement aussi bien que les autres. Dieu bénira votre école si *pauperes evangelizentur* ; aimez-les tendrement. » Ce discours se trouve en tête des *Statuts et réglemens des petites escoles de Paris*.

(1) *Ordonnances Synodales de Mgr l'I. et R. J. L. de Bertons de Crillon, archevêque de Toulouse.* Toulouse, 1719, in-18 p. 24. — (2) *Ordonnances, Mandements et Lettres Pastorales de Mgr l'évesque et Comte de Châlons.* Châlons 1673, in-12. p. 388. — (3) *Statuts synodaux du diocèse d'Alet.* Paris 1675, in-12. p. 183. — (4) Voir par exemple, les Statuts et Ordonnances d'Aix 1672, p. 61 ; de Grenoble, 1690, p. 150 ; de S. Malo, 1675. (Ap. Piéderrière. *Revue de Bretagne et Vendée*, Sept. 1877. p. 221.) d'Arras, 1678 (Resbecq, p. 333.) etc, etc. Cf. Dinouart, *Manuel des pasteurs*. t. II, p. 155.

Dans un grand nombre de baux consentis par les communautés d'habitants et les régents, ceux-ci s'engagent, tantôt à recevoir gratuitement un nombre déterminé d'enfants, tantôt tous ceux dont l'indigence sera dûment constatée. C'est ainsi que, selon le règlement de 1620 pour les écoles de Mâcon, « le maître ne prendra rien de ceux qui sont notoirement pauvres ». Dès 1605, le recteur déclare qu'il enseigne trente pauvres enfants gratuitement (1). — En 1728, le conseil de Simiane donne 45 écus par an au sieur Paly, maître d'école, à la condition de ne demander rien aux pauvres ; les riches payeront « à l'accoutumée » (2). — Deux filles chargées de l'école d'Avesnes doivent instruire gratuitement vingt enfants qui leur sont envoyées par billet du mayeur (3). — A Cousolre, la rétribution scolaire des indigents est payée par le bureau de bienfaisance ; leur nombre varie de 1701 à 1791 entre 10 et 43 (4). — Dans l'enquête de Nancy en 1779, le subdélégué de Vittel nous apprend qu'en certains endroits, « il est du moins d'usage et de rigueur d'astreindre les régents d'école à enseigner gratis les enfants des pauvres et que les curés dressent un état de ceux qui doivent être admis aux écoles. » Celui de S. Dié dit expressément « que dans plusieurs paroisses il y a des rentes destinées à l'enseignement gratuit. » Celui de Tholey que « dans le Schambourg le maître est chargé d'enseigner les pauvres gratuitement ». Cependant cet excellent usage n'était pas

(1) Rameau (*Revue de l'Ain* 1876. p. 177.) — (2) *Dictionnaire de Pédagogie*, p. 58. — (3) Resbecq, p. 164. — (4) *Ibid.* p. 108.

universel en Lorraine, car les subdélégués de Sarreguemines et de Darnay proposent de l'établir(1). — Le traité intervenu en 1663 entre René Gaultier, principal du petit collège de Bonnétable et les habitants porte que « le dit principal sera tenu d'instruire gratuitement les pauvres enfants de la ville et paroisse qui se présenteront et auront la volonté d'être instruits (2). »

A Lagnes (Vaucluse) le maître choisi par la communauté s'engage en 1595 à instruire « les poures qui vont mendiant leur vie, pour l'amour de Dieu. » Un siècle plus tard, le régent reçoit, « selon la coustume, les enfans pauvres pour rien. » En 1765, on établit la gratuité absolue à laquelle on est obligé de renoncer dix ans après, pour revenir à la gratuité relative (3). — Une sentence du bailliage de Montfort-l'Amaury du 13 novembre 1587, nous apprend que dans cette ville l'enseignement était gratuit pour les indigents. « Enjoignons aux susdits principal et régents d'enseigner les pauvres gratuitement, lesquels pauvres leur seront présentés par les maire et échevins de cette ville et leur porteront un billet signé de nous, à ce qu'il n'y ait confusion (4). »

Enfin la gratuité restreinte aux enfants des familles indigentes, est très souvent mentionnée dans les actes des fondations en faveur des écoles. Nous avons relevé cette condition dans trente de

(1) Schmidt. *L'Instruction primaire à la campagne, il y a cent ans.* (Revue Chrétienne, avril 1880, p. 201.) — (2) Bellée p. 78. — (3) J. F. André. *Les communes du département de Vaucluse, de 1556 à 1789* : Lagnes, p. 83-86. — (4) A de Dion. p. 25; Cf. p. 28.

celles que M. Fayet a signalées dans ses *Recherches sur les écoles de la Haute-Marne*(1). — A. Bellée donne aussi plusieurs exemples de cette disposition. Au Grand-Lucé, M⁰ François Bellangé, prêtre, fondant par son testament du 12 octobre 1715, un petit collège, après avoir spécifié que le régent enseignera aux enfants « à lire et à écrire et même le plain-chant à ceux qui auront de la voix », ne manque pas d'ajouter : « Ce que le dit régent sera tenu de faire gratuitement aux enfans de ceux qui seront reconnus pauvres, et au regard des enfans des bourgeois, marchands et des autres qui ne seront pas pauvres, il en tirera les rétributions ordinaires(2). »—En 1685, à Ouarville (Eure-et-Loir) le curé augmentant par ses largesses la dotation de l'école des filles, fait une obligation aux maîtresses « d'enseigner gratis six pauvres filles de ladite paroisse qui seront nommées par le dit sieur Prieur d'Ouarville et ses successeurs (3). » — Le curé de Châteauneuf (Maine-et-Loire), dotant l'école de sa paroisse, exige que les enfants pauvres y soient admis gratuitement (4). — Enfin la plupart des nombreuses fondations énumérées par M. Babeau stipulent la gratuité relative (5).

Pour faciliter encore l'accès des écoles aux pauvres qui doivent y être reçus gratuitement, les pieux bienfaiteurs poussent souvent la prévoyance jusqu'à leur donner des vêtements, des livres et

---

(1) Fayet, *l. cit.* p. 313-324. — (2) Bellée, p. 130; cf. p. 184, 187, etc. — (3) Merlet, p. 10. — (4) C. Port, *Dictionn. de Maine-et-Loire*, t. I, p. 639. — (5) Babeau, *L'Inst. prim. dans les campagnes avant 1789*, p. 41-48.

des fournitures scolaires. Dans la Haute-Marne, à Neuilly-l'Évêque sur une rente de 236 livres constituée par l'abbé Noirot en faveur de l'école, 100 livres sont réservées au payement de l'écolage des pauvres, et 10 à leur procurer les fournitures scolaires; mêmes dispositions à Coublanc, Romain-sur-Meuse, Ormancey; à Longeville, le curé de la paroisse payait depuis de longues années presque tous les mois des enfants et souvent, il fournissait encore les livres (1). En un nombre d'écoles de la Flandre, à Bailleul par exemple, à Lille, etc., on distribuait aux enfants pauvres, du linge et des vêtements (2). Ch. Démia avait provoqué une fondation spéciale ayant pour objet de donner des casaques aux élèves des écoles charitables de Lyon (3). Les Ursulines d'Arnay-le-Duc, loin de rien recevoir de leurs écolières, faisaient l'aumône aux filles pauvres pour les attirer à leur instruction (4). Une donation avait été faite à l'hôpital de Clisson, à la charge d'entretenir toute l'année une école charitable, de distribuer aux filles qui la fréquentaient vingt livres de pain par semaine, et d'habiller chaque année quelques-unes des pauvres écolières (5). — Une requête des instituteurs et institutrices de Nancy, du 17 floréal an II, constate « que, sous l'Ancien Régime, on fournissait aux enfans indigens les livres, papiers, plumes et encre, que tous ces

---

(1) Fayet, *Recherches sur les écoles de la Haute-Marne*, p. 312, 316, 319, 321. — (2) Resbecq, p. 40. — (3) *Vie de M. Démia*, p. 72. — (4) Charmasse, p. 41. — (5) L. Maître, *L'Inst. prim. dans le Comté Nantais*. (*Revue de Bretagne et Vendée*, mai 1874, p. 374.)

objets manquent actuellement ; de là peu de progrès (1). »

Tout lecteur de bonne foi conviendra avec nous que la gratuité de l'enseignement primaire n'est pas une invention nouvelle et que, restreinte aux enfants des classes indigentes, elle a été connue de nos pères et largement pratiquée sous l'Ancien Régime.

II

C'était généralement au moyen de fondations pieuses et sans ajouter de nouvelles charges au budget des communautés, qu'on obtenait ces résultats excellents et qu'on mettait à la portée de tous les éléments de l'instruction.

Les fondations scolaires s'étaient en effet fort multipliées avant la Révolution, grâce surtout à la piété des âmes chrétiennes qui, dociles aux exhortations de leurs pasteurs, entendaient faire une œuvre de charité des plus agréables à Dieu, en fondant ou dotant des écoles. Dans leurs Statuts synodaux, les évêques recommandaient cette bonne œuvre aux ecclésiastiques ; dans leurs visites, ils sollicitaient dans ce but la générosité des fidèles. L'évêque d'Arras écrivait en 1678 : « La plus grande charité qu'on puisse exercer envers les pauvres est de leur procurer les moyens de se faire instruire (2) ». — « Prenés tous les ans,

---

(1) L. Maggiolo. *Pouillé scolaire de Toul*, p. 61. — (2) Synode de 1678. *Ap.* Resbecq p. 333.

disaient les statuts de Châlons de 1662, quelque somme d'argent sur le revenu de la fabrique pour aider à avoir un bon maître dans les lieux où il n'y en a point. Si vous pouvez vous même contribuer à la subsistance dudit maître, préférés cette aumône à celles qui ne sont pas si nécessaires et si pressantes. Inspirés à ceux qui veulent faire des fondations au profit de l'Eglise de les appliquer à cette bonne œuvre, et aux mourans qui ont des commodités, de laisser quelque revenu annuel par leur testament à cette même intention, leur représentans d'une manière affectueuse l'excellence et le mérite de cette action (1) ».

« Ce langage qui était commun à la plupart des Évêques (2), devint pour les ecclésiastiques et pour un grand nombre de laïques une règle précieuse de conduite et il provoqua dans l'ancien diocèse d'Autun un élan dont toutes les traces n'ont pas péri. » A l'appui de cette affirmation, M. de Charmasse nous montre des fabriques concourant dans une large mesure à la fondation des écoles, des curés consacrant à cette œuvre une partie de leur patrimoine ou, quand la pauvreté les empêche de participer à ces fondations, ajoutant le fardeau volontaire de l'enseignement à celui du ministère paroissial, enfin des particuliers généreux fondant ou dotant des écoles (3).

(1) *Réglemens sur plusieurs points de discipline ecclésiastique faits en l'assemblée des archidiacres, doïens et promoteurs ruraux, tenue les 7 et 8 novembre 1662.* (*Ordonnances de Châlons* déjà citées, p. 95, 96). — (2) Cf. Ravelet, p. 22. — (3) Charmasse, p. 78, 79. Ces diverses fondations ont pour objet les écoles de vingt communes.

Dans la Haute-Marne, M. Fayet a dressé avec son exactitude ordinaire, le tableau des fondations en faveur des écoles dont il a pu retrouver les traces. Ce relevé est forcément incomplet, car beaucoup des titres ont disparu pendant la Révolution qui a vendu la plupart des maisons d'école et causé l'extinction de la plus grande partie des rentes, par la confiscation des biens du Clergé, la ruine des établissements de crédit sur lesquelles elles étaient constituées ou le rachat opéré avec des assignats sans valeur. Malgré tout, M. Fayet a pu démontrer qu'avant 1790, 80 maisons et 28,281 livres de rentes avaient été données aux petites écoles de la Haute-Marne. « Au denier vingt, comme on disait alors, ces 28,281 livres de rente représentent un capital de 565,620 livres ; les 80 maisons à 2.000 livres, 160,000 livres, total 725,620 livres. » Ajoutez 1,430,000 livres pour les couvents de filles où l'on donnait l'instruction gratuite et nous arrivons à un total de 2,155,620 livres ; et il y faut joindre encore la part réservée aux régents dans le revenu des rentes constituées en faveur des églises pour des services anniversaires etc. (1).

Les écoles fondées étaient très nombreuses dans le Maine ; M. Bellée n'a pas enregistré moins de 181 donations ou legs faits aux écoles de la Sarthe jusqu'au moment de la Révolution. Quelques-unes de ces libéralités sont fort importantes. La plupart comprennent une maison pour loger le

(1) Fayet, *l. c* p. 309-332.

maître et tenir l'école, quelques pièces de terre ou des rentes, quelquefois l'un et l'autre. Inutile d'ajouter que presque tous les immeubles furent vendus et les rentes éteintes après 1700. C'est ainsi que la Révolution a entendu les intérêts de l'enseignement primaire (1).

Nous avons pu relever dans le Dictionnaire de Maine-et-Loire de M. C. Port, 77 fondations en faveur des écoles, et très probablement plusieurs autres ont échappé à notre attention. Tantôt des immeubles, tantôt des rentes sont données pour cette bonne œuvre. Certains bénéfices sont fondés avec cette condition formellement exprimée, que le titulaire sera chargé de l'instruction de la jeunesse. (2)

Le court mais substantiel travail de M. Merlet, archiviste d'Eure-et-Loir est presque uniquement rempli par l'énoncé des dons et legs faits à des écoles du diocèse de Chartres. C'est principalement aux actes de ces fondations que le savant auteur a eu recours (3).

En Bretagne, la charité des ecclésiastiques et des fidèles s'était généreusement épanchée en faveur des écoles. M. Maggiolo (4) et M. L. Maître (5) en ont fourni des preuves nombreuses. En Bretagne, comme en Anjou, les fondations en faveur des écoles se faisaient souvent sous forme d'établissements de chapellenies avec obligation

---

(1) Bellée, p. 65-244; 295-298. — (2) C. Port, *passim.* — (3) Merlet, pp. 6-46. — (4) *Ap.* Buisson, *Dictionn. de Pédagogie,* p. 79, 280. — (5) L. Maître, *l. c. Revue de Bretagne,* Mai 1876, p. 369-376.

pour le desservant d'enseigner aux enfants le catéchisme, la lecture et l'écriture (1).

Les dons et legs relevés dans le diocèse de Rouen par M. de Beaurepaire, sont extrêmement nombreux et souvent fort considérables (2). Il en était de même dans le département du Nord, où pour le seul arrondissement de Lille, M. de Resbecq ne signale pas moins de *soixante et onze* fondations scolaires (3). Dans les autres arrondissements les libéralités sont moins nombreuses, mais encore importantes (4).

Nous ne pouvons évidemment refaire ici, une fois encore, le tour de la France pour démontrer un fait, parfaitement certain, d'ailleurs, le dévouement de nos pères à l'œuvre des écoles. Nous nous contenterons donc de renvoyer le lecteur aux travaux qui nous ont guidé jusqu'ici (5). D'ailleurs au chapitre que nous consacrerons à l'attitude du clergé, sous l'Ancien Régime, à l'endroit de l'enseignement populaire, nous aurons à revenir longuement sur cette question des fondations scolaires, car non contente d'exhorter les fidèles à la générosité, l'Église bien souvent en donna l'exemple, et comme le disait l'évêque de Châlons dans l'exhortation que nous avons citée, sut « préférer cette charité à celles qui n'étaient pas si nécessaires et si pressantes. »

(1) L. Maître, *l. c.*, *Revue de Bretagne*, Mai, 1876, p. 369-376. — (2) Beaurepaire, *passim.* p. ex. t. I, p. 43, 156, 157. — t. II, p. 107-109, 132, 141, 149, 154, 188, 207, 221, 238 etc. etc. — (3) Resbecq. p. 213-264. — (4) *Ibid.*, p. 101-118, 127-144, 151-172, 177-192, 197-208, 271-282. — (5) Cf. Quantin, p. 41, 42. (Dotation des écoles). — Babeau, *L'inst. primaire dans les campagnes*, p. 41-49. — Ravelet, 319 seq. — Maggiolo, *Pouillé scolaire* de Toul, p. 46-52 — Buisson, p. 586, 612, etc. — Sérurier, p. 16, 17 etc. etc

CHAPITRE VIII

LE POUVOIR CIVIL ET L'INSTRUCTION PRIMAIRE AVANT LA RÉVOLUTION

Il est peu d'erreurs historiques plus accréditées que celle qui a pour objet l'attitude de l'ancienne monarchie française en face de l'enseignement populaire. Si l'on en croit les écrivains de l'école révolutionnaire, avant 1789, l'État ne fit rien pour l'instruction primaire, bien plus il se montra hostile à sa diffusion, et entrava systématiquement son développement. A force de répéter cette affirmation, on est presque arrivé à l'ériger en axiome et c'est là un des griefs qu'on reproche avec le plus de succès à l'Ancien Régime.

La démonstration est fort simple : pour savoir quel intérêt l'Etat porte à une idée, à une institution, il faut recourir au budget, et voir les crédits qu'il lui alloue. Appliquons ce criterium à à l'instruction populaire : « Que faisait l'État pour l'instruction primaire? *Rien*. En 1775, dans le premier compte-rendu de Turgot, il y a 31,470,910 francs pour la maison du Roi, 8,023,000 francs pour sa maison militaire, 1,500,000 francs pour la mendicité, 1,600,000 francs pour les ateliers nationaux ou travaux de charité, et pour les écoles, *rien*. En 1785, quatre ans avant la Révolution, le compte-rendu de Necker porte 269,000 francs pour les Académies et les gens de lettres, 89,000 francs pour la bibliothèque, 100,000 francs pour l'imprimerie royale, 72,000 francs pour le jardin des plantes, 600,000 francs pour les universités et collèges, et pour les écoles primaires, *rien* (1). »

Donc, concluent les lecteurs naïfs, l'État ne faisait rien avant la Révolution, pour l'instruction primaire, et par une conséquence nécessaire, l'instruction primaire n'existait pas.

Nous avons prouvé, nous l'espérons, que la seconde conclusion est absolument erronée, la première ne l'est pas moins.

L'État, il est vrai, sous l'Ancien Régime, ne s'était pas fait maître d'école ni maître de pension, il n'inscrivait pas à ses budgets, généralement du moins, d'allocations pour l'enseignement primaire, pour cette excellente raison qu'il y était pourvu par un vaste système de fondations et des impositions municipales autorisées et contrôlées par le pouvoir central (2). Mais conclure de ce fait

---

(1) *Revue politique et littéraire* du 3 mars 1877. — (2) « Il n'est si naïf bachelier qui ne sache fort bien que les écoles primaires n'avaient aucune dotation sur le budget de l'État avant 1789, mais le plus étourdi sait aussi que les fondations

dont l'explication est si simple, que l'État ne faisait rien pour l'instruction primaire, c'est ignorer absolument les procédés administratifs de l'Ancien Régime, ou abuser étrangement de la crédulité du public auquel on s'adresse.

Sans doute l'État, respectueux des droits sacrés de l'Église et des privilèges qu'il lui avait accordés, en reconnaissance de ses immenses services, lui laissait la principale action en matière d'enseignement. Sans doute respectueux des libertés locales, il ne fondait pas lui-même des écoles, en se réservant de puiser pour les entretenir dans la bourse des contribuables. Néanmoins, il exerçait une heureuse influence sur l'enseignement primaire, influence parfaitement définie par M. de Charmasse et A. Bellée. Nous ne pouvons mieux faire que de les citer l'un après l'autre. Selon le

particulières, les donations, qu'on affecte parfois de considérer comme des exceptions étaient, au contraire, la règle commune Ceux qui, pour étudier l'histoire, n'hésitent pas à recourir aux pièces des archives, au lieu de s'en rapporter aux phrases des rhéteurs, savent que l'enseignement primaire était doté selon les besoins du temps, quelquefois sur les taxes locales, presque partout par les libres et généreuses initiatives que la Révolution a détruites. Après s'être approprié les biens affectés aux frais du culte, de l'assistance et de l'instruction, sans respect pour la volonté des donateurs, ceux qui menèrent si tristement la banqueroute de la Révolution ouvrirent petitement à l'enseignement public un chapitre du budget. Encore les décisions des assemblées révolutionnaires sont-elles restées lettre morte. On doit reconnaître que la Révolution, en cette circonstance, fit comme un maître qui confisquerait les biens d'une famille, sauf à la faire inscrire au bureau de bienfaisance pour un secours illusoire et qui viendrait ensuite, avec une emphase prud'hommesque, la congratuler sous le prétexte que l'Etat ne faisait rien pour elle, qu'elle ne figurait pas au budget... » (A. Delaire, *L'école primaire et la Révolution*. Paris. 187 , in-8, pp. 6, 7.)

premier, « laissant à l'Église le soin de pourvoir à la fondation des écoles ainsi qu'à l'institution des maîtres, lui abandonnant en quelque sorte le côté social de l'enseignement, l'État faisait seulement sentir son action : 1° en matière fiscale, par son appréciation et son approbation des impositions spéciales votées par les communautés ; 2° en matière contentieuse, par l'exercice de la juridiction administrative à l'égard des conventions passées avec les recteurs d'école et des conflits dont l'exécution et l'interprétation de ces conventions pouvaient être la cause : action légitime autant que salutaire, qui laissait aux communautés l'honneur de l'entreprise et le mérite des sacrifices, tout en exerçant la plus heureuse influence sur la stabilité des écoles et la condition des maîtres (1). » La courte formule de A. Bellée est très claire et très adéquate : « L'État ne s'était pas alors, comme de nos jours, substitué complètement à l'initiative individuelle. Il se bornait à la surveiller, à la diriger et à la régulariser, ce qui, pour beaucoup d'esprits clairvoyants, est son véritable rôle (2). »

Nous remonterons jusqu'au XVIe siècle pour retrouver les traces de l'action du pouvoir civil sur l'instruction primaire. Les États d'Orléans de 1560 avaient émis des vœux touchant l'enseignement. Le Tiers-État avait dès lors demandé la

---

(1) Charmasse, p. 47. L'étude consacrée par le savant auteur à la question spéciale que nous traitons dans ce chapitre est assurément la meilleure que nous connaissions sur ce point particulier. Nous ne pouvons qu'y renvoyer le lecteur. Elle se trouve aux pp. 45-64. — (2) Bellée, p. 7.

rigoureuse application des décrets des Conciles de Latran et de Trente au sujet de l'affectation d'une prébende, dans chaque église cathédrale ou collégiale à un précepteur qui instruirait gratuitement la jeunesse. On pourrait dire qu'il ne s'agit point ici de l'enseignement primaire, mais une autre demande du Tiers-État s'y rapporte sûrement. Le revenu des Confréries devait être divisé en deux parts consacrées, l'une au service divin, l'autre à l'érection « d'escoles és plus prochaines villes et villages, sans que les deniers puissent jamais être employés à un autre usage. » La noblesse demanda qu'il fût prélevé sur les bénéfices du Clergé « une contribution pour stipendier pédagogues et gens lettrés pour l'instruction de la pauvre jeunesse du plat pays, en la religion catholique, autres sciences nécessaires et bonnes mœurs. » Non-seulement le vœu des États fut approuvé par le chancelier avec les formules ordinaires, mais il déclara après chacune des doléances que le « Roi désirait vivement l'instruction de la jeunesse. » Aussi, ajoute le savant historien des États généraux, M. G. Picot, à qui nous empruntons ces faits, l'ordonnance (article 10) appliquait-elle aux écoles le surplus des revenus des confréries dans les termes du cahier du Tiers, en y ajoutant un commandement très exprès aux officiers royaux, maires, échevins, capitouls et conseillers des villes et bourgades, chacun en son endroit, d'y avoir l'œil, à peine de s'en prendre à eux (1). »

(1) G. Picot, *Hist. des États-Génér.*, Paris, 1872, in-8, t. II, p. 97.98.

Ces ordonnances furent renouvelées aux États de Blois tenus en 1576 (1). »

L'édit de Melun du mois de février 1580 donne pour principale mission aux conciles provinciaux qui devaient se tenir de trois en trois ans, la fondation des séminaires et écoles dans chaque diocèse (2).

Aux États de Blois de 1588, le Clergé demanda que par une exception spéciale, les donations faites au profit des établissements d'instruction par quelques personnes que ce soit, fussent valables (3).

« De véritables écoles primaires avaient été instituées par l'Ordonnance d'Orléans dans toutes les villes épiscopales. Les premiers États de Blois avaient obtenu la confirmation de cette ordonnance. Les députés de 1583 poussèrent plus loin leurs vœux. Ils voulaient que « dans tous les bourgs et même les villages, les évêques instituassent un maître précepteur d'école, pour instruire la jeunesse, soit le curé, vicaire ou chapelain de la cure ou autre capable, qui aurait été examiné sur sa foi et doctrine par le diocésain (l'évêque) et serait stipendié aux dépens des paroissiens, tenus de faire instruire leurs enfants par ledit précepteur ou maître d'école, et les envoyer pour être instruits de la religion, lire, écrire, dire leurs heures et apprendre le catéchisme. » Ce vœu émis par la noblesse protestante à Orléans

---

(1) G. Picot, p. 114. — (2) *Ibid.*, p. 159. — (3) Cette disposition fut introduite au profit des écoles de Charité dans la Déclaration de 1749, art. 3. (*Anc. Lois franc.*, t. XXII, p. 228.)

fut repris par les députés du Clergé aux seconds états de Blois (1).

Quoique les cahiers de 1614 eussent appelé l'attention du pouvoir sur l'exécution des anciens édits relatifs à l'enseignement primaire, il ne fut pris à cet égard aucune décision par l'autorité royale (2). Mais le Clergé qui, selon l'expression de M. « Picot, continuait à s'occuper avec ardeur de l'enseignement qui devenait de plus en plus son domaine, prescrivait à tous les évêques l'établissement dans les gros bourgs et les petites villes, d'écoles dont les maîtres fussent catholiques et de bonnes mœurs (3). »

L'article 14 de l'édit de décembre 1608 avait confirmé les règles dès longtemps établies pour la nomination et la destitution des régents, précepteurs et maîtres d'école (4). La Déclaration royale de février 1657 (article 21) (5), celle de mars 1666 (article 22) (6), renferment les mêmes clauses. Enfin, en 1698, Louis XIV prescrivait, dans sa Déclaration du 13 décembre, l'établissement d'écoles dans toutes les paroisses. « Voulons, disait l'article 9 de cette Déclaration, que l'on établisse autant qu'il sera possible des maîtres et

(1) Picot, t. II, p. 160-161. — (2) Ibid., p. 477. — (3) Ce règlement du Clergé ne se trouve pas dans la Collection des Procès-verbaux, où cependant les actes de la Chambre du Clergé aux États de 1614 et ceux de l'Assemblée de 1615 sont longuement rapportés. Gabriel de l'Aubespine, évêque d'Orléans, le cite dans ses statuts comme émanant de l'assemblée de 1615 (Codex statutorum synodalium diœcesis Aurelianensis, authoritate R. in Christo P. et D. D. Alphonsi Del Bene Aur. episc. collectorum. Aureliæ, 1664, in-4, p. 615.) — (4) Mémoires du clergé, t. I, p. 976. — (5) Ibid. — (6) Ibid.

des maîtresses dans toutes les paroisses où il n'y en a point, pour instruire les enfans, et nommément ceux dont les pères et mères ont fait profession de la religion prétendue réformée, du catéchisme et des prières qui leur sont nécessaires.... comme aussi pour apprendre à lire et même à écrire à ceux qui pourraient en avoir besoin ; et que, dans les lieux où il n'y a point d'autres fonds, il puisse être imposé sur tous les habitants la somme qui manquera pour leur subsistance, jusqu'à la somme de 150 livres par an pour les maîtres et de 100 livres pour les maîtresses, et que les lettres en soient expédiées sans frais, sur les avis que les archevêques et évêques diocésains et les commissaires départis dans nos provinces pour l'exécution de nos ordres, nous en donneront(1). » L'article 5 de la Déclaration du 14 mai 1724 renouvelle ces prescriptions en employant exactement les mêmes termes (2).

Nous savons très bien et nous ne faisons pas difficulté d'avouer que Louis XIV, en édictant ces dispositions, avait en vue la propagande religieuse et la conversion des protestants, beaucoup plus que l'intérêt direct de l'instruction primaire. Mais les détracteurs contemporains de l'Ancien Régime, amis et prôneurs de nos législateurs d'aujourd'hui, ont-ils le droit de reprocher à nos Rois d'avoir mêlé la préoccupation religieuse à

---

(1) *Mémoires du clergé*, t. I, p. 982-983. L'article suivant décrétait une manière d'instruction obligatoire qui, Dieu merci, généralement du moins, resta à l'état de projet et de théorie.
— (2) *Mémoires du clergé*, t. I, p. 2113.

leurs dispositions législatives concernant l'enseignement ? Le parti au pouvoir n'agit-il pas exacment de même ? La pensée anti-religieuse n'est-elle pas au fond de toutes les lois d'enseignement qu'il a votées et qu'il prépare ? Ne vient-il pas, alors que l'égalité civile, la tolérance religieuse, la liberté d'enseignement sont inscrites en tête de nos lois, ne vient-il pas d'expulser les Jésuites et cent autres congrégations religieuses ? N'a-t-il pas chassé des milliers d'enfants des maisons d'éducation librement choisies par leurs parents, et cela, sous prétexte de maintenir l'unité morale de la patrie ? Et voilà les gens qui blâment nos rois d'avoir voulu conserver à la France cette unité religieuse qui a fait, pendant des siècles, sa gloire et sa force ! La contradiction dans laquelle ils tombent est par trop évidente (1).

D'ailleurs, quoi qu'on ait pu dire, les Déclara-

(1) « Oui, ce fut dans un intérêt politique, dans une intention de prosélytisme religieux, que le gouvernement de Louis XIV et le gouvernement de Monsieur le Duc s'occupèrent de l'enseignement primaire. Eh bien ! que nous importe ? Ils s'en occupèrent, voilà le fait. Un grand bien sortit d'un grand mal, si l'on veut. En fut-il moins un bien ? Je pourrais demander quel est le prince ou le gouvernement qui ne mêle pas à ses intentions les plus généreuses quelques vues d'intérêt ou de prosélytisme politique. Je pourrais demander si, dans les temps où nous sommes, ceux qui réclament avec le plus d'ardeur l'instruction obligatoire voudraient nous donner à croire qu'ils travaillent à la propagation des idées qu'ils détestent. Ceci serait nouveau dans le monde. Je me contenterai de demander si nous avons des opinions pour les garder ou pour les répandre. Poser la question, c'est l'avoir résolue. Ni la parole ne vaudrait la peine d'être parlée, ni l'instruction d'être distribuée, si la parole et l'enseignement n'étaient pas le légitime instrument de domination des intelligences et des âmes. » F. Brunetière. *L'Instruction primaire avant 1789.* (*Revue des Deux-Mondes*, 15 octobre 1879, p. 938, 939).

tions royales de 1698 et 1724 ne restèrent pas lettre morte et contribuèrent pour une bonne part au développement considérable pris par l'instruction primaire au XVIIIe siècle. Le Clergé de France réclama à plusieurs reprises qu'elles fussent « exécutées en leur forme et teneur (1), » et par application de leurs dispositions, beaucoup d'écoles furent établies dans les paroisses où il n'existait pas de fondations scolaires. Ailleurs l'allocation de 120 livres levée sur les contribuables, au marc la livre de la taille, eut pour résultat d'améliorer la situation des instituteurs, et donna aux communautés le moyen de garder pendant de longues années ceux qui étaient bons, et de remplacer avantageusement les autres.

Le jurisconsulte Fréminville dit dans son *Traité de police générale*, au mot *école*, que « beaucoup de seigneurs ont profité des Déclarations de 1698 et 1724 pour établir des écoles dans leurs paroisses (2). » Ce qui prouve l'application fréquente qui en a été faite, c'est que le même auteur indique, en manière de guide ou de formulaire, la marche à suivre pour obtenir l'imposition nécessaire à la subsistance des régents : « Pour y parvenir, dit-il, les curés, officiers et notables des villes et communautés, doivent s'assembler en corps, délibérer entre eux de la nécessité et du besoin, se retirer ensuite à l'archevêque ou l'évêque diocé-

---

(1) *Collection des procès-verbaux*, t. VIII. Pièces Justif., p. 74, 202, 306, 488. — (2) Fréminville, *Dictionnaire ou Traité de la police générale des villes, bourgs et paroisses*. Paris, 1768, in-4, p. 224.

sain, le supplier par une requête à laquelle ils joindront expédition de leur acte de délibération, d'ordonner qu'il sera établi dans leur ville et paroisse un maître ou une maîtresse d'école ; et, sur l'ordonnance qui portera son avis, présenter requête à M. l'intendant de la généralité, le requérant d'homologuer tant leur délibération que l'avis de M. leur évêque, et en conséquence, leur permettre d'imposer les gages nécessaires pour l'instruction des enfans de leur paroisse, *ce qu'ils obtiendront à la forme de la Déclaration de 1724* (1). »

De même, en 1700, l'évêque de Chalon-sur-Saône, après avoir prescrit aux curés de son diocèse dans ses Statuts synodaux « de ne rien oublier pour avoir des maîtres d'école, » ajoute : « Le Roy aïant permis d'imposer sur les paroisses de quoi païer les gages des maîtres d'école, nous exhortons les curez qui n'ont pas d'autre moïen d'en avoir, de se servir de celui-là, en observant les formalitez requises en semblable occasion (2).»

Le pouvoir royal ne s'est pas contenté de faire des lois sur l'instruction primaire, il a veillé à leur application. La *Correspondance des Contrôleurs généraux avec les Intendants*, les *Mémoires de Foucault* (3) et les *Mémoires du Clergé*, nous en donnent plus d'une preuve. Tantôt le Roi se préoccupe des inconvénients des écoles mixtes (4) ;

(1) Fréminville, *l. c.* — (2) *Recueil des ordonnances synodales du diocèse de Chalon*, Lyon, 1700, in-12, p. 113. — (3) *Mémoires de N. J. Foucault*, Paris, 1862, in-4, (Collection des documents inédits). p. cxii, 209, 537, 538.— (4) Lettre de Louis XIII du 15 décembre 1610 à l'évêque de Poitiers

tantôt il maintient la juridiction des évêques sur l'enseignement populaire(1) ; tantôt il prescrit de charger spécialement un ecclésiastique de l'inspection des petites écoles (2), tantôt il accorde à certaines d'entre elles des subsides (3) ; tantôt il prescrit d'en fonder de nouvelles (4) ; quelquefois il en fonde lui-même (5).

Ces affaires étaient surtout de la compétence des Intendants des diverses généralités du Royaume qui, décidant de l'opportunité des impositions nouvelles, ou du maintien de celles qui étaient déjà établies, exerçaient sur la diffusion de l'enseignement une influence devenue tout à fait prépondérante dans les dernières années de l'Ancien Régime. Comme l'a très justement remarqué M. de Charmasse, « le pouvoir de l'Église ne dépassait pas les limites de la conscience et ne connaissait pas d'autres moyens que la persuasion. Il s'arrêtait à la bourse des contribuables qui restaient les maîtres de l'ouvrir et de la fermer à

(*Mémoires du clergé*, t. I, p. 977). Lettre de Louis XIV du 16 mai 1667 à l'évêque de Châlons (*Ibid.*, p. 1084).

(1) Arrêt du Conseil d'Etat du 16 octobre 1641 ; La Rochelle (*Ibid.* p. 985). Arrêt du Conseil du 16 août 1668; Cahors (*Ibid.*, p. 996). Arrêt du Conseil du 12 mars 1669; Autun (*Ibid.* p. 998). Arrêt du Conseil du 10 septembre 1681 ; Bourges (*Ibid.* p. 1034), etc., etc. — (2) Lettre de Louis XIV à l'évêque d'Oloron du 6 août 1686 (Sérurier, p. 12) même lettre à l'évêque de Bayeux, du 6 août 1688 (*Essai d'une école chrétienne*, p. 260) — (3) A. M. de Boislisle. *Correspondance des contrôleurs généraux*, t. I, nos 243, 919, 1008, 1420, 1857. Cf. Un arrêt du Conseil privé du 29 juillet 1671 (*Mém. du Clergé*, p. 2009). — (4) Arrêt du Conseil d'Etat du 18 septembre 1665, concernant les diocèses de Vienne, Viviers, Valence et Le Puy (*Mémoires du Clergé*, t. I, p. 995). — (5) Quantin, p. 41.

leur gré. Aux bornes que l'autorité de l'Église ne pouvait pas franchir, commençait précisément le droit de l'État, et les meilleures dispositions de l'une seraient toujours demeurées stériles, si le vote d'une taxe spéciale n'avait fourni à l'autre l'occasion légitime d'intervenir pour en régler la forme et la mesure, en assurer le recouvrement et la périodicité (1). » Représentants directs du pouvoir central, les Intendants étaient investis largement de ses droits fiscaux. Ils usèrent ordinairement de leur pouvoir pour le bien du service de l'enseignement. Les archives des intendances sont remplies de demandes ayant pour objet l'homologation des délibérations prises par les communautés pour s'imposer en faveur de leurs écoles (2). Ces demandes, quand la situation financière des intéressés le permettait, étaient généralement bien accueillies.

Les contestations survenues entre les communautés et leurs régents étaient également du ressort des Intendants. Ils employèrent utilement leur autorité « à maintenir aux communautés une entière liberté dans leurs choix, à terminer tous les conflits avec un grand esprit de justice et d'impartialité, à faire respecter les droits de chacun et à susciter à l'égard des recteurs d'école ces sentiments d'estime et de considération dont leur autorité n'a pas moins besoin que leur personne (3). » — Enfin plus d'une fois, les Intendants appelèrent sur la situation

---

(1) Charmasse, p. 46. — (2) *Arch. Gir.*, C., nos 264 à 691. — (3) Charmasse, p. 64. L'auteur appuie cette appréciation de faits nombreux.

des écoles l'attention de leurs subdélégués et des magistrats municipaux des villes et bourgs de leur ressort, provoquèrent même des enquêtes qui remédièrent à bien des abus et eurent une heureuse influence sur le développement de l'instruction primaire (1).

Avouons cependant qu'il s'est rencontré des intendants animés de dispositions différentes; imbus des préjugés philosophiques répandus contre l'instruction primaire par La Chalotais, Guyton de Morveau, Rousseau, Voltaire et tant d'autres, ils mettaient peu de zèle à s'occuper des intérêts des petites écoles. C'était contre ces tendances que protestaient les curés de l'archiprêtré de Vézelay dans l'admirable lettre qu'ils écrivaient en 1768, à leur évêque et que M. de Charmasse nous a conservée (2); elles étaient également visées dans les doléances que le clergé de France porta à quatre reprises au pied du trône (3) pour demander l'exécution complète des Édits et Déclarations royales dont nous venons de parler.

Ces réserves faites, nous caractériserons en quelques mots l'action de l'État sur l'enseignement primaire avant la Révolution. Il se borna à maintenir les droits de tous, ceux de l'Église, ceux des autorités locales, ceux des pères de famille, à favoriser les fondations scolaires en les affranchissant de formalités onéreuses, à autoriser les

(1) Cf. ci-dessus, p. 69, ce que nous disons touchant l'enquête de 1779 en Lorraine. — On trouve aux archives de la Gironde (C. 3097) une partie des pièces d'une enquête analogue faite en 1758, par ordre de M. de Tourny, intendant de Bordeaux. — (2) Charmasse, p. 37. — (3) Cf. ci-dessous Ch. IX, II.

impositions communales là où elles étaient nécessaires, à encourager toutes les bonnes volontés, à réprimer les abus, à apaiser les conflits. Grâce à la subordination qu'il sut maintenir entre les divers éléments qui concouraient à l'œuvre de l'enseignement primaire, sans avoir besoin d'inscrire au budget des millions payés par les contribuables, et dont une armée de fonctionnaires absorbe une bonne partie, nos princes avaient vu leur royaume se couvrir d'écoles nombreuses et florissantes où, tout en apprenant aux enfants les éléments de la science, on savait leur inspirer ces sentiments chrétiens et patriotiques qui firent de nos pères le premier peuple de l'Europe.

CHAPITRE IX

L'ÉGLISE ET L'INSTRUCTION PRIMAIRE

I. *Les Conciles. — Les Assemblées du Clergé de France. Les Synodes diocésains.*

Il nous reste à examiner une dernière question dont l'importance n'échappera à personne. Quelle fut sous l'Ancien Régime, l'attitude de l'Église par rapport à l'instruction primaire ? Fut-elle hostile ou bienveillante ? Les résultats que nous avons constatés furent-ils obtenus grâce à son action, ou malgré elle ? Est-il vrai que « la foi catholique a dominé pendant de longs siècles chez nous sans songer à fonder l'enseignement primaire (1) ? »

Nous essayerons de démontrer que cette affirmation est absolument contraire à la vérité, et c'est avec confiance que nous abordons cette partie de notre tâche. Car s'il est un fait parfaitement certain, pour tous ceux qui ont étudié, même su-

---

(1) Bréal, p. 13-20.

perficiellement l'histoire de l'instruction primaire en France avant la Révolution, c'est le dévouement infatigable avec lequel l'Église Catholique a partout travaillé à la diffusion de l'enseignement dans les masses. Ce sont les Conciles qui ont proclamé la nécessité de l'instruction primaire; ce sont les Synodes diocésains qui après avoir enflammé le zèle des ecclésiastiques et leur avoir enjoint de s'employer de tout leur pouvoir à la fondation des écoles, ont donné à celles-ci les plus sages règlements. Ce sont les évêques et les prêtres qui les ont fondées, dotées, inspectées; ce sont les congrégations religieuses qui ont élevé par milliers les enfants du peuple.

I

Pour se rendre compte de l'intérêt que l'Église a toujours porté à l'enseignement populaire, il suffit d'ouvrir une collection de Conciles. A toutes les époques, on verra ces saintes assemblées se préoccuper de cette question importante et la recommander à la sollicitude éclairée des ecclésiastiques. Nous avons vu comment, dans le haut Moyen Age, les conciles tenus en notre pays prescrivirent aux prélats d'avoir autant que possible des écoles et des livres (1). Nous ne reviendrons pas sur ce que nous avons dit de la part prise par les évêques de cette époque primitive au développement intellectuel de nos pères. Il est assez

(1) Ci-dessus, chap. II.

inutile d'insister sur un fait notoire et qui, d'ailleurs, n'est sérieusement contesté par personne (1).

Le troisième Concile de Latran, tenu en 1179, statua qu'il y aurait, dans chaque Église cathédrale, un précepteur pour instruire gratuitement 'es ecclésiastiques et les pauvres écoliers et que ce précepteur serait pourvu d'un bénéfice compétent. Les considérants de ce décret, renouvelé, en 1215, par le quatrième Concile de Latran, sont remarquables et découvrent parfaitement les sentiments de l'Église, mère des pauvres et protectrice séculaire des lettres : « L'Église de Dieu est *obligée*, comme une bonne mère, de pourvoir aux besoins des indigents, qu'il s'agisse des nécessités corporelles ou des biens de l'âme. De peur donc que le moyen de s'instruire ne manque aux pauvres que leurs parents ne peuvent entretenir, dans toute église cathédrale un bénéfice convenable sera assigné à un maître qui enseignera gratuitement les clercs de cette église et les pauvres écoliers.

---

(1) « Je veux, disait Ant. Loysel en 1587, dans un plaidoyer prononcé devant le parlement de Paris, rechercher de plus haut la source et l'origine de nos escoles et non seulement de ceste ville, mais aussi de toute la France et universellement de toute la chrestienté, et monstrer quelles sont cléricales et ecclésiastiques, saintes et sacrées et non pas laïcales et séculières. Or en France, lorsque ce royaume fut estably en la religion catholique qui est dès son fondement sous le Roy Clovis, premier chrestien, le soin des escoles se trouva toujours avoir esté par devers les ecclésiastiques et nommément des évesques et abbez, auxquels nous devons la conservation des livres, lettres et sciences, n'y ayant jadis d'autres escoles que les cloistres des églises et monastères, ou par le moyen des évesques, chantres et chanoines d'icelles. » (Cité dans les *Statuts et Règlemens des petites escoles de grammaire de la ville... de Paris*, p. 230, 233.)

Un écolâtre sera établi dans les autres églises et les monastères où il y avait autrefois des fonds affectés à cette destination. Personne n'exigera rien, ni pour la permission d'enseigner, ni pour l'exercice de l'enseignement (1). »

Le XIII° canon du Concile de Rouen de 1445 ordonne aux collateurs des écoles de ne les confier qu'à des personnes recommandables par leur âge, leur capacité et leurs mœurs et de ne rien exiger d'elles pour cette collation (2).

Mais ce fut surtout au XVI° siècle et dans les premières années du XVII° que les Conciles élevèrent la voix, de toutes parts, en faveur de l'enseignement populaire. Il s'agissait de relever les ruines amoncelées par l'invasion du protestantisme et les guerres de religion; l'Église catholique s'appliqua à cette grande œuvre avec une énergie que rien ne put affaiblir.

Le Concile de Trente s'occupa, à plusieurs reprises, des questions d'enseignement. Il renouvela le décret des Conciles de Latran de 1179 et 1215 et prescrivit dès sa cinquième session « que dans les églises dont les revenus seront trop modiques et le clergé et le peuple trop peu nombreux pour qu'il soit utile d'entretenir un maître de théologie,

---

(1) « Quoniam Ecclesia Dei et in iis quæ spectant ad subsidium corporis, et *in iis quæ veniunt ad profectum animarum, indigentibus tanquam pia mater providere tenetur*, ne pauperibus qui parentum opibus juvari non possunt legendi et proficiendi opportunitas subtrahatur, per unamquamque ecclesiam cathedralem, magistro qui clericos ejusdem ecclesiæ, et scholares pauperes gratis doceat, competens aliquod beneficium assignetur. » Hardouin. *Conciliorum collectio Regia maxima.* T. VI, p. 1680, 1681, et t. VII, p. 30. — (2) *Ibid.*, t. IX p. 1207.

il y aura du moins un maître de grammaire qui donnera des leçons gratuites aux clercs et pauvres écoliers, afin qu'ils puissent plus tard en venir à de plus hautes études. On donnera à ce clerc les fruits d'un bénéfice, ou il recevra un traitement prélevé sur les revenus de l'évêque ou du chapitre (1). » Ces décisions furent généralement exécutées. « L'examen de nombreuses pièces d'archives, dit M. Maggiolo, m'a laissé la conviction que partout, de bon gré ou par nécessité, les 526 chapitres qui existaient en France avant la Révolution, remplissaient l'obligation qui leur était imposée par les Conciles de fonder et d'entretenir des écoles pour le peuple (2). »

En conséquence des règlements de discipline du Concile de Trente, de nombreux Conciles provinciaux se tinrent dans la seconde moitié du XVIe siècle. Entre autres villes, Narbonne, Rouen, Aix, Tours, Bourges, Cambray, Bordeaux en furent le théâtre. Tous eurent à cœur de relever les écoles et de faire refleurir les lettres. Voici quelques-uns de leurs décrets.

Le Concile de Narbonne de 1551 établit les règles les plus sages pour l'admission des régents, le choix des matières de l'enseignement, et la part qui doit y être faite à la religion. Quant à l'admission des maîtres, il consacre l'excellent principe de la coopération de l'autorité civile et de l'autorité ecclésiastique, statuant que les candidats

---

(1) *Concilii Tridentini canones et decreta. Sess. V de Reformatione.* Cap. 1. — (2) *Ap.* Buisson, V° Chapitres, p. 364.

présentés par les consuls ou autres à qui appartient la présentation, seront nommés, après examen des délégués des évêques, et sur un certificat de bonnes vie et mœurs et d'idonéité émanant des magistrats du lieu où ils auraient précédemment enseigné (1).

« Que les évêques, prescrit en 1583 le concile de Rouen, relèvent les anciennes écoles et procèdent par les censures ecclésiastiques contre ceux qui ont usurpé leur revenu et leurs biens; que, dans les lieux où il n'y a pas d'écoles, les évêques donnent tous leurs soins à ce qu'il en soit établi (2). »

Voici le décret du concile de Bordeaux de la même année dont nous empruntons la traduction à une édition du commencement du XVIIe siècle :

« Il a esté iadis fort bien dit par un sage de ce siècle, qu'il n'y auoit de quoy on puisse prendre conseil qui soit plus diuin et aggréable à Dieu que l'instruction des enfans. Car la ieunesse est l'esperance et propagation de la République, laquelle, si, cependant qu'elle est encore tendre et maniable, elle est diligemment instruite, elle rapportera des fruits en abondance, et d'une merueilleuse douceur, comme au contraire, si elle est mise en nonchaloir et mespris, ou bien elle ne produira aucuns fruits, ou si elle en porte, ils seront très amers. Il faut que les chrestiens pourvoyent par tous les moyens qu'en chascune paroisse, ou à tout le

---

(1) *Conc. Narb. can. LVI de Magistris et rectoribus scholarum.* Hardouin, t. X, p. 462. — (2) *Conc. Rothom. De scholarum et semin. fundatione, can. I. Ibid.* t. X, p. 1255.

moins ès bourgs les plus fameux et peuplez, il y ait un maistre d'escole lequel, avec la grammaire, enseigne aux enfans ce qui touche à la religion. » (1)

Un troisième concile provincial fut tenu en France, cette même année 1583, c'est celui de Tours dont les décrets visent également les petites écoles : « Que les évêques prennent soin de faire rétablir les anciennes écoles et de faire une exacte recherche de leurs biens ; qu'ils veillent dans leurs visites à ce que, dans chaque paroisse, plusieurs soient chargés d'enseigner aux enfants l'alphabet, les premiers principes de la grammaire, le catéchisme et le chant ; que, dans leurs synodes, ils exhortent instamment les curés à persuader à leurs paroissiens de contribuer, chacun selon leur pouvoir, à l'entretien du maître d'école (2). »

Le concile de Bourges de 1584 décréta que dans les paroisses l'éducation des filles serait confiée à des veuves ou des femmes qui devraient les former avec soin à la lecture et à la vie chrétienne (3).

Voici l'analyse des prescriptions du concile d'Aix de 1585 : Les évêques doivent faire en sorte que les curés donnent à la jeunesse l'enseignement religieux. Pour que ceux-ci puissent être aidés dans cette charge par les laïques, les prélats auront soin que des confréries de la doctrine chrétienne et des écoles de garçons et de filles soient établies dans toutes les villes et villages. — Les prêtres des

---

(1) *Decreta concilii Provincialis Burdegalæ habiti, sub. R. R* D. D. Antonio Prevotio Sansaco*. Bourdeaux, 1623, in-12, p. 169-172. — (2) *Conc. Turon. tit. XXI, de scholis, seminariis et universitatibus* Hardouin. t. X, p. 1440-1441. — (3) *Conc. Bituricense tit. XXVIII, c. VI. Ibid.* t. X, p. 1490.

paroisses devront visiter très souvent ces écoles (1).

Max. de Bergues, archevêque de Cambray, tint en 1565 un concile provincial auquel assistèrent les évêques d'Arras, de Saint-Omer et de Namur. Cette assemblée s'occupa longuement des écoles. Un titre entier comprenant six chapitres, est consacré à cette grave question. « Le saint concile décide que les évêques devront donner leurs soins à ce que les écoles des villes, bourgs et villages de leurs diocèses soient rétablies si elles ont été détruites, augmentées et perfectionnées si elles subsistent encore ; — que dans toutes les paroisses, il y ait des maîtres pour instruire les enfants, surtout dans celles qui sont populeuses. — Le curé devra chaque mois s'informer des progrès des enfants et les doyens ruraux, dits de chrétienté, visiteront les écoles tous les six mois, ou du moins tous les ans, et en feront leur rapport à l'ordinaire (2). »

Enfin, en 1631, un dernier concile tenu à Cambray, édicta, au sujet des écoles, les prescriptions suivantes : « I. Partout où il n'existe pas encore d'écoles chrétiennes ou d'écoles dominicales, les doyens de chrétienté devront faire en sorte qu'il soit établi (même en invoquant l'aide du bras séculier, et prendront leurs mesures pour

---

(1) *Conc. Aquense. De fidei Rudimentis et scholis doctrinæ christianæ. Ibid.* t. X, p. 1518. — (2) *Conc. Camerac. tit.* III, c. 1, 5, 6. Hardouin, t. X, p. 377- 578. Un autre concile de Cambray tenu en 1586, renouvelle les prescriptions du premier, notamment celles qui concernent la visite des écoles par les doyens ruraux, le catéchisme et les écoles chrétiennes dominicales (tit. XXXI). Hardouin, t. IX, p. 2176.

assurer aux maîtres des appointements annuels.
— II. On aura grand soin que les maîtres instruisent seulement les garçons et les maîtresses, les filles. Si dans certains villages, on ne peut l'obtenir, que du moins les garçons et les filles soient instruits dans des lieux différents et à des heures distinctes. — III. Les curés insisteront auprès des magistrats et autres personnes revêtues d'autorité pour contraindre les pauvres, en les privant des aumônes et les autres, par divers moyens, à envoyer leurs enfants et leurs domestiques à l'école dominicale et au catéchisme. — V. Tous les six mois, les écoles de villes seront visitées par les écolâtres des chapitres et les autres par les doyens de chrétienté, ou autres à ce commis par les évêques. — VI. Dans les écoles dominicales, les garçons et les filles n'apprendront pas seulement à lire et à écrire, mais on leur enseignera la religion (1). »

On voit comment l'Église dans ses conciles s'est de tout temps préoccupée de l'enseignement populaire, comment surtout après la crise du XVIᵉ siècle, elle a fait de généreux efforts pour remettre à la portée de tous, avec l'instruction religieuse, les premiers éléments des connaissances humaines.

II

Aux deux derniers siècles, les conciles provin-

(1) Les décrets du concile de Cambray de 1631 ne se trouvant ni dans Labbe ni dans Hardouin, nous les citons d'après M. de Resbecq, p. 327-328.

ciaux furent rares dans notre pays et réunis seulement pour des causes spéciales. En revanche, les Assemblées générales du clergé de France étaient fréquentes. Elles étaient convoquées principalement pour traiter des affaires temporelles de l'Église et pour voter les subsides que le roi lui demandait fréquemment. Mais à plusieurs reprises, elles s'occupèrent des choses de l'enseignement, firent des règlements pour les écoles, et appelèrent sur les intérêts de l'instruction populaire, l'attention du pouvoir civil.

Dès 1579, l'Assemblée tenue à Melun inséra dans son statut pour la réformation de la discipline ecclésiastique, un article concernant les maîtres des petites écoles. On les engage à se souvenir qu'ils ne sont pas seulement les instituteurs, mais les éducateurs des enfants. On leur recommande donc le bon exemple, les sages préceptes et un soin minutieux dans le choix des livres qu'ils mettent entre les mains de leurs écoliers (1).

L'assemblée de 1660 fait maintenir en faveur des régents l'exemption des fonctions onéreuses de collecteurs d'impôts (2). — Celle de 1685, décide que les honneurs de l'église seront rendus aux maîtres revêtus de surplis immédiatement après les ecclésiastiques et avant les seigneurs des paroisses (3). En 1705, le clergé demande pour les écoles de charité dispense du droit d'amortisse-

---

(1) *Mémoires du clergé*, t. I, p. 971. — (2) *Collection des procès-verbaux*, t. IV, p. 725. — (3) *Ibid.*, t. V, p. 602-603.

ment (1). En 1747, il protège les instituteurs contre les intendants qui voulaient les assujettir au tirage de la milice (2).

A chaque assemblée, on choisit des ecclésiastiques pour faire le catéchisme aux laquais des députés et les nouveaux agents du clergé sont chargés de leur donner des maîtres pour leur apprendre l'arithmétique, la lecture et l'écriture (3).

Quatre assemblées consécutives, celles de 1750, 1755, 1760 et 1765 insistèrent auprès du roi pour l'établissement d'écoles dans toutes les paroisses du royaume, se plaignant de la mauvaise volonté de quelques intendants qui se refusaient à homologuer les délibérations par lesquelles les communautés d'habitants s'imposaient, pour donner à leurs instituteurs des appointements convenables. Voici la conclusion de leurs doléances : « Sa Majesté est très humblement suppliée de donner les ordres qu'elles croira nécessaires pour assurer l'exécution des déclarations des 13 décembre 1698 et 16 mai 1724 en ce qui concerne l'établissement des maîtres et maîtresses d'école dans les paroisses (4). » Il fut répondu en 1755 : « Sa Majesté fera examiner en son conseil la demande contenue en cet article et prendra les mesures qu'elle estimera les plus convenables pour y pourvoir (5). » En 1760 : « Le roi donnera pour cet article les ordres qu'il jugera nécessaires (6). » — La réponse de 1765 ne fut guère plus satisfaisante : « Je favori-

---

(1) *Collection*, p. 858. — (2) *Ibid.*, t. VIII, p. 92. — (3) *Ibid.*, t. V, p. 173. — (4) *Ibid. Pièces justif.* p. 74, 202, 203, 306, 488. — (5) *Ibid.*, p. 204. — (6) *Ibid.*, t. VIII. P. J., p. 306.

serai l'instruction publique et je me ferai un devoir de confirmer les établissements utiles qui se formeront par les contributions volontaires (1). » L'influence philosophique et parlementaire, défavorable à l'instruction primaire se fait sentir dans ces réponses. Le succès ne répondait pas aux efforts des Assemblées du clergé, mais du moins elles avaient fait leur devoir.

III

Les synodes diocésains ont toujours été un des plus puissants ressorts du gouvernement ecclésiastique. Le concile de Trente n'avait eu garde de négliger cet excellent moyen de réforme ; il avait prescrit la célébration annuelle de ces assemblées où les députés des chapitres et du clergé paroissial élaboraient avec les évêques des ordonnances très pratiques et très détaillées qui servaient de règle aux ecclésiastiques dans l'exercice de leur ministère. Si l'on consulte les nombreux recueils de ces règlements synodaux conservés dans toutes les grandes bibliothèques (2), on

(1) *Collection* p. 448. — (2) Nous avons pu consulter à la bibliothèque de la ville de Bordeaux une collection assez importante, quoique nécessairement incomplète, de statuts synodaux des deux derniers siècles. D'intéressants extraits des statuts que nous n'avons pu voir, nous ont été fournis par les monographies tant de fois citées par nous. Les trois articles de M. l'abbé Piéderrière sur *les Petites écoles avant la Révolution dans la province de Bretagne* (*Revue de Bretagne et Vendée*, août, septembre, octobre 1877), sont consacrés à la reproduction des statuts des diocèses bretons sur l'instruction primaire. — Nous devons à M. l'abbé Trochon, communication des ordonnances de Coutances et d'Avranches.

y trouvera, à chaque instant, la preuve irrécusable du zèle de l'Église de France pour l'instruction populaire. Non seulement les ordonnances prescrivent de fonder des écoles dans tous les lieux qui n'en possèdent pas encore, mais elles formulent pour les maîtres et les écoliers les règlements les plus minutieux et les plus sages. Nous essayerons de grouper sous quelques chefs principaux leurs innombrables prescriptions.

Une recommandation commune à tous les statuts synodaux a pour objet la fondation d'écoles dans les paroisses qui en sont dépourvues. Les évêques ont épuisé tous les moyens de persuasion pour obtenir cet excellent résultat : tour à tour, ils exhortent, ils conseillent, ils supplient, ils ordonnent. La lecture de ces recommandations pressantes que nous citerons sans commentaires, suffira pour faire justice de ce sot préjugé d'après lequel une hostilité nécessaire existerait entre l'école primaire et l'Église.

« Nous exhortons de tout notre pouvoir tous les archiprêtres, curez et vicaires de notre diocèse, de s'appliquer particulièrement à trouver les moyens d'établir des écoles dans toutes les paroisses où il n'y en pas (1). » — « Nous exhortons les curez de s'appliquer à l'établissement de petites escoles dans leurs paroisses par toutes les voies que la charité leur inspirera (2). » — Nous estimons que rien ne peut contribuer davantage à la

---

(1) *Ordonnances synodales du diocèse de Toulouse...* Toulouse, 1696, in-12 p. 54. — (2) *Ordonnances synodales du diocèse de Grenoble...* Paris. 1690, in-12 p. 150,

conservation de la pureté de notre religion et à la réformation des mœurs que l'établissement des petites écoles sous la sage conduite de bons régens (1). » — « Il n'y a point d'établissement plus avantageux au public que celui des petites écoles. C'est pourquoi nous exhortons nos recteurs à entretenir soigneusement celles qui sont déjà établies dans leurs paroisses et à procurer par tous les moyens un secours si nécessaire dans les lieux où il n'y en a point (2). »

« L'instruction de la jeunesse étant l'un des principaux devoirs d'un curé, nous enjoignons à tous les curez de notre diocèse, principalement à ceux dont les paroisses sont considérables de ne rien négliger pour avoir des maîtres d'école (3). » — « Nous enjoignons à tous les recteurs d'apporter tous leurs soins pour l'établissement et l'entretien des petites écoles dans leurs paroisses (4). » — « Nous enjoignons aux curez d'exhorter leurs paroissiens d'avoir des maistres d'escolle pour instruire la jeunesse, ès lieux où ils ne peuvent y vacquer eux-mêmes (5). » — « L'un des commandemens donnés de la part de Dieu par le Sage, est de former les enfants dans leur jeunesse, ce qui se fait principalement dans les petites écoles. Pour cet effet, nous ordonnons à tous nos doyens ruraux dans leur ressort et à tous nos curez dans leurs

---

(1) *Statuts et règlements synodaux du diocèse d'Agen.* Agen, 1673, in-12, p. 150. — (2) *Statuts de Saint-Brieuc* de 1723. (Piéderrière, p. 216.) — (3) *Recueil des ordonnances synodales pour le diocèse de Chalon.* Lyon, 1700, in-12, p. 113. — (4) *Statuts de Léon* de 1758. (Piéderrière, p. 278.) — (5) *Statuts d'Auxerre* de 1610. (Quantin, p. 27.)

paroisses d'en établir au moins une pour les garçons et une pour les filles dans chaque paroisse(1). »

« Afin que les enfans et jeunes gens de nostre diocèse se mettent à estudier et apprendre les bonnes lettres... et ne croupir en ignorance, les recteurs et curez remontreront à leurs paroissiens que, s'il n'y a point d'escole, la jeunesse, nourrie en oysiveté apprend l'art de mal faire, d'elle mesme poussée du bransle de sa propre corruption ; voire se perd, ignorant les choses nécessaires au salut ; et les exhorteront de contribuer à establir, ériger, dresser et entretenir des escoles ouvertes à tous, pauvres et riches, par toutes les paroisses, mesme y fonder et bastir quelque maison, en lieu convenable et voisin de l'église, si déjà il n'y en a, pour y faire leçons et loger les régens et maistres d'escoles... (2). »

« Généralement qu'en toute paroisse, chaque curé déclare aux paroissiens qu'ils fassent ériger des escoles pour instruire la jeunesse, à peine de payer au doyen, pour chacune visitation, soixante pattarts, et, après les rapports, estre punis à la discrétion de l'official, à se prendre aux principaux desdits paroissiens que le curé sera tenu de nommer (3). » — « Les curés doivent employer tous leurs soins afin qu'il y ait dans leurs paroisses des maîtres sages, vertueux, savants et appliqués. Jamais nous n'aurons d'estime et de confiance

---

(1) *Ordonnances du Mans* de 1672. (Bellée, p. 23.) — (2) *Statuts synodaux pour le diocèse de Saint Malo*, par Mgr P. le Gouverneur. Saint-Malo, 1619, in-12, p. 276 seq. — (3) *Synode d'Arras*, 1590. (Resbecq, p. 319.)

pour un curé que nous trouverons négligent pour cette partie essentielle de son devoir (1). »

Les évêques ne s'en tiennent pas à ces recommandations générales ; en plusieurs diocèses, ils prescrivent aux curés et vicaires de faire l'école eux-mêmes dans le cas où il serait impossible de procurer un instituteur aux enfants de leurs paroissiens. Les exemples de cette disposition sont fort nombreux. Nous en citerons quelques-uns des plus caractéristiques. « D'autant que vacquer à l'instruction de la jeunesse et communiquer la science acquise est chose louable et acte d'humilité et de charité, chaque recteur ou curé présentera les plus sçavants et capables prestres et clercs de la paroisse à nos visites, pour en choisir, examiner et approuver un digne d'estre estably principal en cette charge (2). » — « Il est du devoir des curez et vicaires de prendre soin de l'instruction des enfans de leur paroisse et de leur apprendre non-seulement les points fondamentaux de notre foi, mais encore, autant qu'il se peut faire, à lire et à écrire, afin qu'ils soient en état de chanter les louanges de Dieu et d'éviter les tromperies qui ne sont que trop fréquentes parmi les hommes. C'est pourquoi nous leur enjoignons de tenir eux mêmes ou de faire tenir de petites écoles (3). » — « Nous ordonnons à tous les curés de notre diocèse, conformément aux règles de l'Église, de tenir ou faire tenir par leurs vicaires ou autres

---

(1) *Synode de Toul.* 1717. (Maggiolo, *Pouillé scolaire de Toul*, p. 21.) — (2) *Statuts de Saint-Malo*, 1620, p. 279. — (3) *Statuts de Coutances* de 1682. (Notes de M. Trochon.)

personnes approuvées de nous les petites écoles. Pour cet effet, nous déclarons qu'aucun ecclésiastique ne sera reçu à l'avenir, que sous la condition de tenir les petites écoles, lorsqu'il en sera requis par son curé (1). » — « Entre tous les soins de notre charge pastorale, il n'y en a point qui nous touche davantage que l'instruction des enfans. Nous conjurons donc les ecclésiastiques qui sont dans les lieux où il n'y pas d'escole fondée, et dont tout le temps n'est pas entièrement occupé par le soin des âmes, d'en donner une partie à l'instruction des enfans. — Nous ordonnons que dans les paroisses où il y aura plusieurs prestres, le dernier reçu sera tenu de faire cette fonction, si ce n'est qu'un plus ancien s'offre à le faire, lequel prestre sera tenu de se présenter devant nous pour estre examiné sur sa capacité et recevoir notre approbation (2). »

Mgr de Caylus, évêque d'Auxerre, va plus loin encore ; il prescrit aux curés de suppléer eux-mêmes, quand il s'agit d'établir des écoles, à l'indigence des habitants (3).

On voit avec quelle instance les évêques ont demandé l'établissement des écoles. Un autre point fréquemment recommandé par eux, c'est le choix sérieux des instituteurs. L'Église avait en effet une haute idée de leurs humbles fonctions : « Il faut, disent les statuts synodaux d'Alet de 1675, que les régens soient bien persuadez de

---

(1) *Statuts d'Huet évêque d'Avranches*, 1694, p. 42. (M. Trochon.) — (2) *Statuts d'Angers* de 1680, p. 754, 755. — (3) Quantin, p. 32.

l'excellence de leur employ. Pour cela, ils doivent considérer qu'il font en quelque sorte la fonction d'anges gardiens à l'égard des enfans (1). » Aussi n'est-il pas étonnant que les évêques aient constamment revendiqué le droit qui leur était d'ailleurs reconnu par les lois civiles, de décider par eux-mêmes, par leurs grands vicaires ou leurs doyens ruraux de l'admission des instituteurs (2).

Avec les prescriptions concernant l'établissement des écoles et le choix des régents, les ordonnances synodales renferment de nombreuses exhortations aux curés, sur les soins qu'ils doivent donner à l'œuvre si importante de l'enseignement populaire. Il leur est prescrit de visiter les écoles, de s'assurer que les régents remplissent leur devoir, de s'informer des progrès des écoliers, d'agir sur les parents pour obtenir qu'ils tiennent la main à ce que leurs enfants soient assidus. « Les curez iront à l'escole pour reconnoistre si le régent s'acquitte de son devoir et si les escoliers font du progrès (3). » — « Les curez auront soin de visiter souvent les escoles, et s'informeront de la conduite, assiduité et conversation des régens (4). » — « Nous ordonnons aux curez

---

(1) *Statuts synodaux du diocèse d'Alet*. Paris, 1675, in-12, p. 167. — L'évêque de Chalons, Mgr Vialart de Herse, qualifie les régents d' « ouvriers si nécessaires à l'Église. » *Statuts de Châlons*. Châlons, 1693, in-4, p. 133. — Mgr de Froullay de Tessé, évêque de Coutances, dans les ordonnances de 1682 que nous venons de citer, parlant de l'état de maîtresse d'école l'appelle « un si saint emploi. » — (2) Nous croyons inutile d'appuyer cette affirmation incontestée d'ailleurs, par des textes que fournissent en termes presque identiques tous les recueils de statuts, sans exception. — (3) *Statuts d'Alet* de 1675, p. 165. — (4) *Statuts d'Agen* de 1673, p. 150.

de veiller sur la conduite des maistres d'escole de leurs paroisses. Quand ils seront sages, capables et de bonnes mœurs, nous recommandons aux curez de les favoriser en tout ce qu'ils pourront (1). » — « Enjoignons à tous les curés d'aller une fois au moins chaque semaine, pendant l'hiver, dans les écoles de leurs paroisses, afin de voir comment les maistres enseignent les enfans, et chaque fois qu'ils y manqueront, nous voulons qu'ils soient condamnés à une aumosne de 30 sols dont nos officiaux feront l'application (2). » — « Les doyens ruraux exhorteront de notre part lesdits curez et vicaires, de ne manquer jamais à visiter l'école deux ou trois fois par semaine (3). » — « Les curés tiendront la main à ce que les parens envoient plus assidûment leurs enfans à l'école, et que les maistres et maistresses s'y rendent plus assidus à l'avenir (4). » — « Le curé visitera les écoles, si lui-même ne les tient, pour voir si le maître se rend assidu à enseigner les enfants, s'il leur apprend la doctrine chrétienne et si les écoliers profitent. A cet effet, il les interrogera et les animera à bien apprendre par de petits présents (5). »

Outre cette surveillance constante dont les curés avaient la charge, les statuts établissent des inspec-

---

(1) *Statuts de Chalon* de 1700, p. 113. — (2) *Mandement de l'évêque de Toul*, 1686. (Maggiolo, *Pouillé scolaire de Toul*, p. 17). Cf. p. 19, 20, 21. — (3) *Statuts de Chalon* de 1673, p. 113. — (4) *Statuts et ordonnances synodales de l'Église et diocèse de Noyon*. Noyon, 1691, in-12, p. 154. — (5) *Mandement de Mgr de Ligny, évêque de Meaux* (1659-1681), cité par Dinouart, *Manuel des Pasteurs*, t. III, p. 253.

tions périodiques que les archidiacres, les doyens ruraux et les évêques eux-mêmes doivent faire. *L'Instruction pour les archiprêtres du diocèse d'Autun*, publiée par Mgr de Roquette, charge ces ecclésiastiques de s'informer de tout ce qui concerne la conduite des maîtres et des maîtresses et de tout ce qui importe à la bonne direction des écoles de leur district (1). Les ordonnances d'Arras (1510) (2), de Cambray (1586) (3), de Saint-Omer (1640) (4), de Châlons (1673) (5), d'Agen (1673) (6), etc., etc., prescrivent également cette inspection extraordinaire. Enfin les évêques dans leurs visites pastorales, avaient grand soin de se faire présenter les maîtres et les écoliers afin de juger par eux-mêmes de l'état des écoles et se rendre compte de l'exécution de leurs ordonnances (7). « C'était, dit A. Ravelet, le principe de l'inspection conservée dans nos lois universitaires, et qui était organisée dès cette époque mieux qu'aujourd'hui. Il y avait l'inspection du curé au moins une fois par semaine, l'inspection du doyen une ou deux fois par an, l'inspection de l'évêque pendant sa visite diocésaine (8). »

(1) Charmasse, p. 35. Le questionnaire y est reproduit, il comprend 7 articles. — (2) Resbecq. p. 301. Les doyens devront faire à l'évêque des rapports sur l'état des écoles : « Præcipimus quoque, ut ipsi decani renuntient per litteras aut alio modo, quomodo procedatur in institutione dictæ juventutis. » — (3) *Ibid.* p. 313. — (4) *Ibid.* p. 330. — (5) *Statuts de Châlons* de 1673, p. 185. — (6) *Statuts d'Agen* de 1673, p. 150. — (7) Il est parfaitement inutile de citer ici des textes de statuts, puisque les renseignements qu'on a pu recueillir sur les petites écoles aux deux derniers siècles proviennent, en grande partie, des procès-verbaux de visites épiscopales. — (8) Ravelet, p. 21.

La question des écoles mixtes a beaucoup préoccupé les synodes diocésains et a donné matière à de très nombreuses ordonnances. Bien souvent les évêques les interdisent absolument, mais parfois, vu l'extrême difficulté ou plutôt l'impossibilité de se pourvoir de maîtresses en nombre suffisant, surtout dans les contrées où les congrégations religieuses de filles ne s'étaient pas multipliées, ils furent contraints de lever ces prohibitions rigoureuses et de remédier autant que possible, par des règlements très minutieux et très pratiques, aux inconvénients de cette situation. En somme, les écoles mixtes étaient interdites en principe, toutes les fois qu'il était possible de pourvoir autrement à l'éducation des filles. Les curés étaient exhortés à chercher, avec toute la diligence dont ils étaient capables quelque honnête fille ou femme qui voulût se charger de cette bonne œuvre et qui fût en état de s'acquitter convenablement des obligations qu'elle comporte. Des communautés religieuses ou des confréries de maîtresses séculières étaient fondées dans ce but. Dans le cas où il était impossible de se procurer des maîtresses, les instituteurs étaient, à certaines conditions, autorisés à recevoir les filles, mais les statuts avaient grand soin d'indiquer les moyens à prendre pour que tout danger fût évité (1). Voici, par exemple, comment les statuts de Châlons s'expriment à ce sujet : « Voyés ensemble quelles précautions on peut prendre à l'égard des maistres

---

(1) En 1867, il y avait encore en France 17,518 écoles mixtes. (Resbecq, p. 33).

d'escole qui reçoivent des filles par notre tolérance, soit en les faisant estudier dans une chambre séparée de celle où sont les garçons, soit en les faisant venir à l'escole à des heures différentes, soit en visitant fort souvent les escoles, comme par surprise, soit en priant quelque honneste femme d'observer ce qui s'y passe et d'en avertir dès qu'il y aura quelque mauvais soupçon, soit en renvoyant lesdites filles chés leurs parens dès qu'il y aura le moindre péril, ou en se servant de quelque autre semblable expédient que la charité pastorale ou l'esprit de sagesse sauront bien vous faire trouver (1). » — « Pour l'instruction des jeunes filles, disait Huet en 1694, nous les exhortons (les curés) d'employer tous leurs soins et toute leur industrie pour trouver et engager quelques filles ou femmes pieuses et de vie exemplaire et capables de cet emploi, à vouloir s'en charger, après avoir pris auparavant notre approbation (2). » En 1783, Mgr de Talaru, évêque de Coutances, dans un avis à ses curés, après leur avoir recommandé de faire tous leurs efforts pour procurer à leurs paroisses des écoles de filles, qu'il vient de former un établissement de sœurs de la Providence qui ne seront employées que dans son diocèse (3).

(1) *Statuts de Châlons* de 1673, p. 98. — (2) *Statuts d'Avranches* de 1694, p. 43 (notes de M. Trochon). — (3) *Avis à MM. les Curés du Diocèse de Coutances*, Coutances, 1783, in-4, p. 3 (*Ibid*). = Dinouart qui résume très bien les ordonnances des divers diocèses a un passage intéressant sur la question des écoles mixtes : « Le deuxième soin d'un pasteur est de faire en sorte qu'il y ait, dans sa paroisse, différentes écoles pour les garçons et les filles, ou, si cela ne

Certaines ordonnances recommandent de pourvoir largement aux besoins des instituteurs, par exemple celles de St-Omer (1640) : *de stipendio magistris necessario provideatur abunde* (1).

Nous ne reviendrons pas sur les prescriptions réitérées des statuts synodaux touchant l'instruction des indigents, les efforts à faire pour leur assurer la gratuité, et la bienveillance spéciale que les régents doivent témoigner aux écoliers pauvres, les extraits que nous avons cités plus haut, suffisant amplement pour édifier le lecteur à cet égard (2).

Beaucoup de recueils d'ordonnances synodales contiennent d'excellents conseils donnés aux maîtres et des règlements judicieux pour leur conduite privée et la direction à donner à leur

se peut, qu'ils soient au moins séparés les uns des autres ». (Statuts de Paris, 1673, n. 13 ; Meaux 1673 ; Châlons, 9 août 1648; Noyon, 1673 ; Arras, 1686; Grenoble, tit. 3, a. 12, n. 2, Amiens). Cette séparation doit-être réelle et obtenue au moyen d'une cloison en bois fixe ou mobile. « On peut disposer de cette sorte la plupart des lieux où on enseigne les enfans. Il y a bien des écoles bâties et entretenues aux dépens des communautés des paroisses. Qui empêche le curé d'y faire exécuter ce dessein, puisque la dépense en est très modique? Il est vrai que la plupart des lieux où l'on tient l'école sont les maisons même des régents, mais pourvu qu'il ne leur en coûte rien, ne leur fera-t-on pas faire aisément chez eux une séparation telle qu'on vient de le dire? Car on remarquera que la clôture pouvant être mobile, ne gâtera rien en la maison. Quand donc un pasteur néglige l'exécution d'un règlement si important et si facile, ne doit-il pas s'imputer toutes les mauvaises suites de cette négligence ? » (*Manuel des Pasteurs*, t. III, p. 244-245).

(1) Hesbecq, p. 45. — (2) *Statuts de Coutances* de 1676, p. 88-89. — *Règlement de Mgr l'évêque de Coutances pour les écoles de son diocèse*. Coutances, 1766, placard in-fol. — *Statuts d'Avranches* de 1694, p. 42. (Comm. de M. Trochon) — *Statuts d'Alet*, p. 167-168. — *Ordonnances synodales pour le diocèse d'Aix*. Aix, 1672, in-4, p. 63-66, etc, etc.

enseignement. Nous nous contenterons de donner quelques extraits des dispositions des statuts de la Rochelle (1711) qui nous semblent pouvoir être présentées comme un type de ce genre de prescriptions.

« I. Il n'y a pas de moyen plus efficace pour sanctifier une paroisse que de faire en sorte que les jeunes gens soient bien instruits... c'est ce qui doit obliger les curés à prendre toutes les voyes que la charité leur pourra inspirer pour établir dans leurs paroisses de petites écoles et avoir des maîtres d'une piété et d'une capacité reconnues. — II. Il est de la dernière importance d'empêcher que des personnes déréglées s'ingèrent dans l'emploi de maîtres et de maîtresses d'école. C'est pourquoi nous défendons à toute personne de tenir école, sans notre approbation, et nous déclarons que nous ne leur donnerons cette permission qu'après nous être bien informés par nous-mêmes ou par le curé de la paroisse, ou autres personnes dignes de foy, s'ils sont bons catholiques, s'ils sont capables et propres à l'instruction de la jeunesse et enfin s'ils ont bonne vie et mœurs.— (III. Prohibition des écoles mixtes. — IV. Soin de l'enseignement religieux.) — V. Les maîtres se souviendront par-dessus tout, que pour bien instruire et élever les enfans, il faut agir et parler avec eux comme avec des personnes avancées en âge, dont l'esprit et la raison seraient tout à fait formés. Il n'est pas concevable combien sont grands les avantages que retirent les enfans de cette manière de les élever ; on leur forme par ce moyen la raison en peu de tems, on en fait des personnes sages et judicieuses, enfin on les accoutume à faire toutes leurs actions par raison et non par passion... (1) — VI. Il faut avertir les enfants avant de les châtier, les punir, s'ils récidivent, avec modération et sans colère, et en leur montrant qu'on en use ainsi pour leur bien. — VII. Comme l'établissement des petites écoles est très important et très propre à réformer les mœurs de toute une paroisse, les curés prendront un grand soin pour les soutenir. Ils visiteront souvent les écoles de garçons et de filles accompagnés de quelque personne de piété ; ils veilleront sur les vie, mœurs, doctrine et conduite des maîtres et maîtresses d'école, pour nous en rendre compte. Ils nous marqueront... s'ils sont retenus et modestes dans leur exterieur, s'ils reçoivent les pauvres comme les riches, ils nous informeront s'ils observent la manière que nous venons de marquer pour bien élever les enfans en leur parlant et agissant avec eux comme avec des personnes dont l'esprit serait tout à fait formé, s'ils ne les châtient que par raison et sans aucune aigreur, après les avoir avertis deux ou trois fois de leur faute. Enfin ils nous rendront compte s'ils commencent leurs exercices par le prière, s'ils s'acquittent de leur emploi avec des sentiments de piété et de religion, s'ils fréquentent les sacremens, si la doctrine des livres qu'ils font lire est orthodoxe, s'ils enseignent aux

(1) Cf. Resbecq, p. 87 : *Réglement donné en 1781 par l'évêque de Saint-Omer à l'école de charité de Merville.*

enfans la ¦catéchisme comme il faut,.. (1) »

Quiconque aura lu sans passion ces extraits de nos anciennes ordonnances synodales, sera, convaincu, nous l'espérons, du zèle avec lequel l'Église de France travailla à la diffusion de l'enseignement primaire et de la sagesse profonde des règlements qu'elle donna aux maîtres et aux écoliers. Les recueils de statuts diocésains aux deux derniers siècles sont un monument impérisable de son dévouement aux intérêts de l'instruction, ils montrent jusqu'à quel point elle se préoccupa de cette œuvre importante et quels soins intelligents elle sut lui donner.

Ceux qui osent dire que s'il a été fait quelque chose en France pour l'instruction primaire, c'est sans l'Église et malgré elle, montrent qu'ils ignorent absolument sa législation et ses œuvres.

(1) *Ordonnances et réglemens synodaux pour le diocèse de la Rochelle.* La Rochelle, 1711, in-12, p. 136-170. — Ce serait ici le moment de parler des écrits ascétiques à l'usage des ecclésiastiques qui généralement mettent au nombre de leurs premières obligations le soin des écoles. L'espace nous manque pour cela ; nous nous contenterons donc de renvoyer aux auteurs indiqués dans le chap. 1er, p. 16, n. 3.

CHAPITRE X

L'ÉGLISE ET L'INSTRUCTION PRIMAIRE

II. *Le Clergé*

L'Église de France ne se borna pas à parler en faveur de l'instruction primaire, elle sut agir. Nous allons essayer de donner un aperçu rapide de l'action du clergé aux deux derniers siècles pour l'établissement des petites écoles. Nous évoquerons les figures vénérables de quelques-uns des ecclésiastiques qui se dévouèrent à cette grande œuvre. — Nous verrons, en maints endroits, les évêques, les archidiacres, les curés, user de leur influence sur les représentants de l'État et les communautés d'habitants pour obtenir la fondation d'écoles dans les paroisses qui en étaient dépourvues ; nous montrerons les prêtres instruisant eux-mêmes les enfants au défaut d'instituteurs. — Nous essaierons enfin de donner une idée des innombrables fondations scolaires dues aux ecclésiastiques dans la plupart de nos provinces.

I

Le XVIIᵉ siècle fut une grande époque dans l'histoire du clergé de France. Jamais peut-être, on ne vit dans ses rangs autant de saints personnages rivalisant partout de zèle et de charité pour subvenir aux besoins des corps, aux nécessités bien autrement pressantes des âmes. Saint Vincent de Paul, qui exerça sur les ecclésiastiques de son temps une si grande et si heureuse influence, appliqua à l'œuvre des écoles le zèle de ceux qui venaient se mettre sous sa conduite. Le dévouement à l'enseignement populaire fut pour plusieurs d'entre eux, au dire d'un contemporain, l'heureux effet des instructions reçues durant les retraites de Saint-Lazare. « Quelques-uns ayant conceu l'importance des petites escoles, se sont mis, tout riches qu'ils étoient, à les faire eux mesmes par pure charité, avec grande bénédiction et édification des villes qui les ont admirez dans cet exercice (1). »

En 1640, J.-J. Olier, fondateur du séminaire de St-Sulpice et Adrien Bourdoise, premier prêtre de St-Nicolas du Chardonnet établirent avec quatre-vingts de leurs disciples une association de prières pour obtenir de bons maîtres pour les indigents (2). « Pour moi, écrivait Bourdoise à son

---

(1) *La vie du vénérable serviteur de Dieu, Vincent de Paul*, par messire Louys Abelly, evesque de Rodez. Paris, 1614, in-4, 2ᵉ pᵗⁱᵉ, p. 302. — (2) Faillon, *Vie de M. Olier*, t. III, p. 152.

saint ami, je le dis du meilleur de mon cœur, je mendierais de porte en porte pour faire subsister un vrai maître d'école, et je demanderais, comme saint François Xavier, à toutes les universités du royaume, des hommes qui voulussent, non pas aller au Japon ou dans les Indes prêcher les infidèles, mais du moins commencer une si bonne œuvre. Les meilleurs prêtres, les plus grands, les docteurs de Sorbonne n'y seraient pas trop bons. Parce que les écoles de paroisse sont pauvres et tenues par des pauvres, on s'imagine que ce n'est rien. Cependant c'est l'unique moyen de détruire les vices et d'établir la vertu, et je défie tous les hommes ensemble d'en trouver un meilleur (1). »

Les œuvres répondaient aux paroles. J.-J. Olier à St-Sulpice, Ad. Bourdoise à St-Nicolas et à Liancourt, donnaient tous leurs soins à la prospérité des petites écoles. Dès son entrée dans la paroisse St-Sulpice, le premier s'occupa avec un zèle tout particulier des maîtres et des maîtresses, et les assembla plusieurs fois pour les instruire de ce qu'ils devaient enseigner aux enfants (2). En 1648, il engagea des dames de condition à fonder plusieurs écoles nouvelles pour les filles dans le quartier St-Germain et il couronna son œuvre en instituant la *Maison de l'Instruction*. « C'était un grand ouvroir où l'on apprenait gratuitement diverses sortes d'ouvrages manuels aux jeunes filles sorties des écoles. Cet établissement a subsisté jus-

---

(1) Cité par Ravelet, p. 69-70. — (2) Faillon, t. II, p. 55.

qu'à la Révolution et a procuré le bien spirituel et temporel d'une multitude de jeunes filles (1). » J.-J. Olier, établit même des classes gratuites spéciales pour les enfants des pauvres honteux (2).

Quant à Bourdoise, « ses soins, dit un de ses historiens, s'étendirent jusque sur les petites écoles. Celles de Saint-Nicolas furent si bien réglées qu'on admiroit l'ordre qui y régnoit et que les personnes les plus qualifiées de la paroisse et des environs y envoyoient leurs enfans (3). » Le saint prêtre « fit lui-même les écoles en plusieurs endroits et le Seigneur répandit sa bénédiction sur son travail. Après les écoles de Saint-Nicolas qu'il rendit si célèbres, celles de Liancourt passèrent pour un modèle en ce genre. Les prélats, les seigneurs, les dames de la première condition n'admiroient pas tant la beauté et la magnificence du château que le bel ordre des écoles et la modestie des enfants qu'on y élevoit (4). »

L'influence des fondateurs des séminaires fut immense ; ils inspirèrent leurs sentiments à l'endroit des petites écoles aux ecclésiastiques nombreux qui sous leur direction s'exerçaient aux fonctions apostoliques, et ceux-ci devenus maîtres à leur tour, souvent élevés aux honneurs de l'épiscopat travaillèrent avec ardeur à la grande œuvre de l'enseignement populaire.

A Châlons-sur-Marne, Mgr Félix Vialart de

(1) *Faillon*, p. 384-385. Cf. p. 408-409 une note très importante sur l'organisation de cette *Maison de l'Instruction*. — (2) *Ibid.* p. 390. — (3) *La vie de M. Bourdoise, premier prêtre de la communauté et séminaire de Saint-Nicolas-du-Chardonnet*, p. 274. — (4) *Ibid.* p. 315.

Herse, cousin de J.-J. Olier et son collaborateur dans ses premières missions (1) donna ses soins aux écoles dès les premiers temps de son épiscopat. « Il engagea, dit l'ancien auteur de sa vie, à cette œuvre si utile plusieurs personnes de l'un et l'autre sexe qui avaient de la bonne volonté et de la capacité, *et en peu de temps, il n'y eut presque aucune paroisse de son diocèse, à qui il ne procurât cet avantage* (2). » Il dépensa 50,000 livres pour la fondation des Ursulines de Châlons (3). En 1672, il établit pour tenir les écoles de la campagne, une communauté de maîtresses séculières (4). « Ayant toujours regardé l'éducation qu'on donne à la jeunesse comme d'une extrême conséquence pour la suite et comme un point capital de la religion (5), il fit en 1676 un mandement (6) indiquant une retraite pour tous les maîtres d'école du diocèse. Cette retraite se

---

(1) Faillon, t. I, p. 214. — (2) *La vie de Messire Félix Vialart de Herse,* p. 51. — (3) *Ibid.* p. 140. — (4) *Ibid.* p. 258-268. Cette œuvre fut continuée par le successeur de F. Vialart de Herse, L. A. de Noailles : « Le grand fruit que les maîtresses d'école ont fait et font encore tous les jours dans plusieurs paroisses de ce diocèse où elles ont été établies par notre prédécesseur, nous a obligé, non seulement de conserver celles que nous y avons trouvées, mais même d'en augmenter le nombre, autant qu'il nous a été possible... C'est pourquoi nous ne nous sommes pas contenté des communautés de régentes établies dans quelques villes de ce diocèse, et destinées en partie pour former des maîtresses d'école ; nous avons fait encore un nouvel établissement dans notre village de Sary pour y élever des filles et des veuves de piété et les rendre capables de cet emploi... » *Statuts imprimez par l'ordre de Mgr L. Ant. de Noailles, évêque-comte de Châlons, pair de France.* Châlons, 1693, in-4, p. 381. — (5) *La vie de Messire F. Vialart,* p. 366. — (6) Ce mandement fort digne d'être préservé de l'oubli, a été inséré dans les *Statuts* de Mgr de Noailles que nous venons citer, p. 132.

fit dans le séminaire de Châlons et aux frais du prélat, qui eut soin d'instruire et de faire instruire les maîtres de leur devoir, et afin qu'il ne manquât rien de ce qui pouvait les aider à remplir leurs obligations, M. de Châlons fit imprimer à ses dépens deux livres qu'il leur fit distribuer et qu'il rendit très communs dans son diocèse, l'un dont il étoit lui-même l'auteur et qu'il avoit fait revoir avec exactitude, a pour titre : *L'École Chrétienne*, c'est un recueil de méditations sur le devoir de ceux qui sont chargés de l'éducation des enfants avec des règlements fort judicieux, l'autre est un recueil de cantiques (1). »

Ch. Démia (1636-1689) consacra sa vie tout entière à l'œuvre des écoles. Touché de l'abandon des enfants du peuple à Lyon, il adressa en 1666 et 1668 de fortes *Remonstrances à Messieurs les prévôt des marchands, échevins et principaux habitans de la ville de Lyon, touchant la nécessité des écoles pour l'instruction des enfans pauvres* (2). C'est un bien éloquent plaidoyer en faveur de l'enseignement populaire. Après avoir constaté que l'indigence détourne les pauvres des nombreuses écoles payantes ouvertes aux enfants des classes aisées, Ch. Démia fait un triste tableau des rues et des places de Lyon, encombrées d'enfants et de jeunes gens adonnés à la fainéantise et au vice, faute d'avoir été instruits de leurs devoirs et

---

(1) *La vie de Messire F. Vialart*, p. 283. — (2) Les *Remonstrances* publiées d'abord à Lyon, 1687, in-4, ont été réimprimées à la suite de la *Vie de M. Démia*, p. 487-504. C'est d'après cette réimpression que nous les avons analysées.

mis en état de gagner leur vie. De là, la difficulté de se procurer des serviteurs fidèles et de bons ouvriers, de là, toute sorte de désordres que les tribunaux et la police sont impuissants à réprimer. — La situation des filles pauvres n'est pas moins déplorable et appelle un prompt remède. Ce remède se trouve uniquement dans l'établissement d'écoles gratuites : « Il n'y a pas d'autre moyen de tarir la source de tant de désordres et réformer chrétiennement les villes et les provinces, qu'en établissant des petites écoles, pour l'instruction des enfans du pauvre peuple, dans lesquelles, avec la crainte de Dieu et les bonnes mœurs, on leur apprendroit à lire, écrire et chiffrer, par des maîtres capables de leur enseigner ces choses, qui les mettraient heureusement en état de travailler en la plupart des états et professions, n'y en ayant aucune où ces premières connoissances ne servent d'un grand secours et d'acheminement pour s'avancer dans les emplois les plus considérables. Par ce moyen, les fabriques et manufactures se rempliroient peu à peu de bons apprentis qui pourroient ensuite devenir d'excellents maîtres (1)... » La moralité publique y gagnerait, l'oisiveté et la pauvreté étant les sources du désordre. Bien des talents enfouis et perdus pour la société seraient mis au jour, car on trouve dans les plus basses classes « des sujets autant et mieux disposés pour les arts, les sciences et la vertu que parmi le reste des hommes, ce que

(1) *Remonstrances*, dans la *Vie de M. Démia*. p. 493-494.

grand nombre d'exemples confirme clairement (1). »

Ces écoles deviendraient « comme des bureaux d'adresse et des lieux de marché (à parler le langage de l'Écriture) dans lesquels les personnes les plus accommodées pourraient aller prendre, les uns pour servir dans leurs maisons, les autres pour employer dans le négoce, quelques-uns même pour avancer dans les sciences (2). » Ch. Démia montre ensuite l'heureuse influence d'une solide instruction et d'une éducation chrétienne sur la diminution de la criminalité. Puis il fait appel à l'autorité de la sainte Écriture, des Pères et des conciles et à celle de Gerson qui « bien que chancelier de la première Université du monde, avoit tant d'estime de ces petites écoles qu'il ne dédaigna pas de s'y appliquer dans cette ville ; il dit même qu'il ne sait rien qui soit plus utile ni plus nécessaire à la République chrétienne que cela (3). » Les *Remonstrances* réfutent très bien l'objection si souvent répétée que l'école détourne les enfants des professions manuelles — S'adressant aux échevins, Ch. Démia montre que les deniers municipaux ne peuvent être mieux employés qu'à cette œuvre, la dépense faite pour les écoles devant être une source d'économie, en diminuant le nombre des pauvres qui coûtent si cher à la ville. — Il recommande son projet à la générosité des ecclésiastiques de Lyon, leur rappelant les fondations nombreuses d'écoles charitables dont

(1) *Remonstrances*, p. 405. — (2) *Ibid.* p. 495. — (3) *Ibid.* p. 498. Cf. *Essai d'une école chrétienne*, p. 57, 58.

les curés de Paris venaient de leur donner l'exemple. Enfin, il fait appel à l'autorité de l'archevêque, espérant que ce prélat « aussi zélé pour le salut de ses ouailles qu'affectionné au bien de cette ville qu'il procure avec tant de bonté et d'assiduité, ne laissera pas échapper cette occasion de donner des marques paternelles de sa bonté et de son zèle à l'égard de tant de pauvres enfans qui implorent par ce grossier écrit, son autorité pour l'accomplissement de cet ouvrage si important [pour la gloire de Dieu, le bien de l'État, l'utilité des particuliers et l'avantage de la ville (1). »

Le retentissement des *Remonstrances* fut considérable ; envoyées en diverses villes, elles inspirèrent à de pieux ecclésiastiques la pensée de se dévouer à l'instruction du peuple. M. Foret, curé de Saint-Nicolas-du-Chardonnet, à Paris, les fit lire à plusieurs communautés, elles donnèrent à M. Rolland, chanoine de Reims, la première idée de l'institut que devait fonder le Vénérable de la Salle (2).

A Lyon, si les magistrats municipaux n'en furent guère touchés puisque, en 1673, ils ne contribuaient encore que pour 200 livres à l'œuvre nouvelle (3), en revanche l'archevêque, Camille de Neuville (4), le clergé de la ville, les person-

---

(1) *Remonstrances...*, p. 501. — (2) *Vie de M. Démia*, p. 59. (3) *Ibid.* p. 67. — (4) « M. de Neuville fonda des petites écoles pour les jeunes pauvres de Lyon de l'un et l'autre sexe qu'il sépara et qu'il établit dans plusieurs quartiers de cette ville... Il fit directeur général de ces établissements M. Démia, promoteur de son archevêché, lequel, unissant son zèle à celui de notre incomparable prélat s'appliqua à y mettre le bel ordre que les gens de bien y admirent présentement. Un des plus

nes charitables qui y étaient nombreuses, donnèrent à Ch. Démia le plus généreux concours. En 1670, il put fonder une première école, il en avait établi cinq en 1673 (1). Des distributions de pain et de vêtements y étaient faites aux enfants (2). Cette même année fut institué un *Bureau pour la direction des écoles* (3); Ch. Démia en eut naturellement la présidence ; tous les régents et régentes du diocèse furent mis sous son autorité. Il les assemblait souvent pour leur donner de sages instructions et les encourager à faire leur devoir. Un jour, il en eut jusqu'à deux cents autour de lui (4). Il visita ou fit visiter toutes les écoles (5). Son zèle ne se renferma pas dans les limites de la ville et du diocèse de Lyon : à Grenoble, à Autun, à Toulon, on demanda ses règlements (6) ; — en 1678, il se rendit à Dijon où il put établir deux écoles (7); — il fit même le voyage de Paris pour recommander à l'Assemblée générale du Clergé le projet d'un séminaire de maîtres d'écoles dans chacun des diocèses de France (8). Ce séminaire existait à Lyon, où, dès 1672, il l'avait fondé avec ses propres ressources (9). D'après un écrivain du temps, « tous ces jeunes clercs vivent à Saint-

grands charmes de la religion est de voir tous les jours et dans plusieurs endroits de Lyon, un nombre considérable de pauvres enfans instruits également dans la piété et dans les premiers principes des lettres, édifier le public par la modestie qu'ils ont dans les rues et qu'ils gardent particulièrement au saint Sacrifice, où ils assistent tous les jours. » *Vie de M. de Neuville* citée dans la *Vie de M. Démia* p. 209.

(1) *Ibid.* p. 61-67. — (2) *Ibid.* p. 72. — (3) *Ibid.* p. 67. — (4) *Ibid.* p. 88. — (5) *Ibid.* p. 87. — (6) *Ibid.* p. 92. — (7) *Ibid.* p. 93. — (8) *Ibid.* p. 133. — (9) *Ibid.* p. 107.

Charles d'une manière très exemplaire et très réglée. Rien n'est plus édifiant que de voir sortir tous les jours cette communauté, le matin et le soir, aux mêmes heures. Douze maîtres d'école avec chacun leur sous-maître, aussi ecclésiastique, vont dans les différents cantons de la ville instruire les garçons qui y sont assemblés dans les appartements que leur pieux instituteur a loués à cet effet (1). »

Ch. Démia s'occupa avec le même dévouement de l'instruction des filles. En 1675, il fonda les deux première écoles (2). Après avoir essayé de faire vivre en communauté des maîtresses séculières (3), il institua pour perpétuer son œuvre les Sœurs de Saint Charles (4), qui, dispersées par la Révolution, recommencèrent dans les premières années de ce siècle, l'accomplissement de leur charitable mission et forment aujourd'hui une congrégation florissante. — En 1717, les écoles de charité de Lyon étoient au nombre de dix-huit (5). En 1738, il y en avait vingt, réunissant quatre mille enfants (6). Voilà ce que sut faire le dévouement du vénérable prêtre dont la mémoire doit demeurer en bénédiction au cœur de tous les vrais amis du peuple.

En racontant les fondations du Vénérable de la Salle (7), A. Ravelet a rappelé les œuvres admirables de nombreux ecclésiastiques qui lui avaient

(1) Cité *Ibid.* p. 110. — (2) *Ibid.* p. 145. — (3) *Ibid.* p. 151. — (4) *Ibid.* p. 151, seq. — (5) *Ibid.* p. 214. — (6) *Ibid.* p. 239. — (7) Nous parlerons du Vénérable de la Salle lui-même et des autres instituteurs de communautés religieuses, au chapitre suivant, consacré aux congrégations enseignantes.

préparé les voies ou qui contribuèrent à l'établissement des écoles chrétiennes. Nous lui emprunterons quelques faits.

Saluons d'abord le chanoine Roland, le maître et l'ami de J.-B. de la Salle. Il avoit fait vœu de se consacrer à l'éducation de la jeunesse et de fonder des écoles gratuites pour l'instruction des filles. Il se chargea d'abord d'un orphelinat qu'il restaura et soutint par ses charités. « Puis il forma quelques maîtresses et demanda à l'écolâtre de Reims la permission d'ouvrir des écoles gratuites pour les filles de l'orphelinat, ce qui lui fut accordé. Un grand nombre de filles de tout âge accoururent et l'école fut bientôt si nombreuse qu'il fallut en fonder d'autres. Le nombre des sœurs s'était multiplié aussi. M. Roland loua, dans plusieurs parties de la ville, des locaux où les sœurs se rendaient chaque matin et faisaient l'école pour la journée. Il forma encore des maîtresses pour les campagnes (1). Il mourut saintement, dix-huit jours après l'ordination du Vénérable de la Salle et lui laissant la charge de ses œuvres, l'engagea par là même à se dévouer à l'instruction de la jeunesse.

Parmi les plus zélés collaborateurs de l'homme de Dieu nous citerons rapidement M. de La Chétardie, curé de Saint-Sulpice qui avait fait des écoles chrétiennes « son œuvre de prédilection (2).»

(1) Ravelet, p. 95-96. — (2) Ravelet p. 273. M. de la Chétardie eut le premier l'idée des cours d'adultes et d'apprentis. Il fit ouvrir une école du dimanche « aux garçons apprentis » de divers métiers; une partie du temps devait être employée à les instruire en vue de leur profession, le reste au catéchisme et à

M. Denys Rauillair, curé de Saint Hippolyte qui consacra toute sa fortune à l'établissement d'un séminaire de maîtres d'école pour la campagne, qui fit beaucoup de bien (1). L'abbé d'Elzé qui légua tout ce qu'il possédait pour fonder l'école chrétienne des Vans, au diocèse d'Uzès (2). L'archevêque d'Avignon, Mgr de Gontery : il portait aux écoles une sollicitude extraordinaire, les visitant souvent, y passant de longues heures, assistant aux classes, interrogeant les enfants, excitant leur émulation les faisant venir dans son palais et écoutant les répétitions de catéchisme (3). Plusieurs ecclésiastiques de Grenoble qui, dans les premières années du XVIIIe siècle, avaient pris l'initiative d'une association charitable pour l'instruction de la jeunesse (4). Enfin Mgr Godet des Marais, évêque de Chartres. En 1696, les curés de cette ville lui avaient présenté une requête pressante pour obtenir l'établissement, dans leurs paroisses, d'écoles de charité. Ils voyaient dans l'absence de classes gratuites pour les pauvres, la cause principale des défauts et des vices des enfants du peuple, et suppliaient le prélat de pourvoir à ce qu'il y eût dans la ville quelques maîtres et maîtresses de la capacité, de la piété et du zèle desquels on fût parfaitement informé, pour leur commettre le soin de la jeunesse et surtout qu'il y eût quelques

---

l'exhortation religieuse. Quelques Frères du Vénérable de la Salle furent chargés de cette fondation nouvelle, mais ils quittèrent la congrégation et leur départ fit fermer l'école du dimanche qui avait déjà plus de deux cents élèves. (Buisson. p. 375.)

(1) Ravelet, p. 277. — (2) *Ibid.* p. 370. — (3) *Ibid.* p. 335. — (4) *Ibid.* p. 370.

écoles de charité pour les indigents. L'évêque de Chartres voulut prendre seul la charge de cette bonne œuvre. Il fit venir sept Frères des écoles chrétiennes et pourvut lui-même à tous les frais de leur établissement et de leur entretien (1).

Dans presque toutes nos provinces, on trouve ainsi de pieux évêques et de saints prêtres se dévouant à l'œuvre des écoles populaires. En Lorraine, ce sont deux évêques de Toul, Mgr Bégon et Mgr Drouas, l'un composant lui même un livre excellent sur les devoirs des instituteurs et la discipline des écoles, avec un traité de prononciation et un traité d'écriture enrichi d'exemples en taille douce (2), l'autre dépensant soixante mille livres pour établir des écoles de filles dans toutes les paroisses dépendant directement de l'évêché (3); trois prêtres, MM. Vatelot et Moye, fondateurs de congrégations enseignantes dont nous reparlerons, et M. Galland, curé de Charmes qui tous les ans « réunissait chez lui un grand nombre de maîtres d'école qui étaient nourris gratuitement et auxquels il donnait pendant plusieurs jours des conférences et des exercices pieux. » L'instruction du peuple le préoccupait tellement qu'il sollicitait activement la création d'une école normale à Nancy et que la Révolution seule fit échouer ce projet (4).

(1) Ravelet, p. 324. — (2) Maggiolo, *Pouillé scolaire de Toul* p. 20. Ce livre intitulé *L'École chrétienne* eut trois éditions. « Livre utile, dit ailleurs M. Maggiolo (*Mémoires lus à la Sorbonne* en 1868 p. 605.) qui exerça une salutaire influence dans le pays Toulois. — (3) Matthieu. *L'Ancien Régime dans la province de Lorraine*, p. 127. — (4) *Ibid.* p. 345.

En Anjou, c'est J. Galard, malheureusement séduit plus tard par les erreurs jansénistes, qui recueille par centaines pour les instruire les enfants pauvres (1). C'est l'oratorien Sébastien Chauveau, (1635-1725), qui « se voue principalement à la fondation d'écoles et au placement de jeunes enfants en apprentissage (2). » C'est F. Chollet, né à Angers en 1659, d'abord vicaire à Étriché où il fonda une école, puis directeur au séminaire d'Angers. « Il mit un soin particulier à profiter de sa position nouvelle pour porter assistance aux pauvres écoliers, si bien qu'*à l'aise d'abord, grâce à son patrimoine, il se trouva bien vite endetté*. Son autre souci était la fondation des petites écoles ou même de collèges qu'il créa ou rétablit à Château-Gontier, Beaupréau, Bourgueil, Poucé, Doué, Beaufort (3). »

C'est en Flandre, Van der Burch, archevêque de Cambray établissant, en 1626, la grande École des Pauvres de la ville épiscopale où chaque jour affluent 915 enfants (4) et, en 1633, ouvrant aux filles indigentes la maison Sainte Agnès qu'il dote de 20,000 florins de rente (5).

C'est à Moulins, M. Aubery qui use sa vie et sacrifie sa fortune pour l'établissement des classes gratuites. Il commence par faire l'école lui-même. Dès qu'il peut disposer de quelques ressources il s'adjoint un frère du Vénérable de la Salle, puis deux. Il achète un emplacement, « emploie les

(1) D. Piolin, *Les petites écoles jansénistes de l'Anjou*, *passim*. — (2) C. Port, *Dict. de Maine et Loire* t. I. p. 654. — (3) *Ibid.*, p. 706. — (4) Resbecq, p. 131. — (5) *Ibid.*, p. 133.

fonds de terre qu'il avait à bâtir une école, y travaillant lui-même, avec les deux frères, comme un manœuvre, dans l'intervalle des exercices. » Il finit par donner à l'établissement tout ce qui lui reste, jusqu'à ses livres, et procure ainsi le bienfait de l'instruction totalement gratuite à 140 écoliers (1).

A Autun, en 1687, trois prêtres, Odet Brunet, Jacques Deschevannes et Léonard Tribollet n'hésitent pas à se faire eux-mêmes les instituteurs des pauvres. « Se croyant obligez pour respondre à la saincteté de leur vocation et de leur ministère de travailler de tout leur pouvoir à la réformation des mauvaises mœurs... ils se dévouent de tout cœur à l'instruction de la jeunesse de cette ville, principalement des enfans les plus pauvres, s'offrant volontiers et avec plaisir pour établir une escholle charitable... ils s'y occuperont avec assiduité pour qu'elle soit glorieuse à Dieu et advantageuse au public.. » Ces pieux personnages ne bornèrent pas leur zèle à fonder une école à Autun : ils conçurent la pensée d'étendre le même bienfait au diocèse entier. Ils adressèrent donc une *Remonstrance à Messieurs les abbez, doyens et chanoines touchant l'establissement de l'escole charitable des pauvres*, remontrance évidemment inspirée par celles de Ch. Démia qu'elle résume (2).

(1) Charmasse p. 42 *seq*. L'auteur cite une relation contemporaine de cette fondation. « On ne lira pas sans émotion, dit-il avec raison, cet admirable témoignage de la sollicitude que l'Église eut, à toutes les époques, pour l'instruction du peuple.» — (2) Charmasse, p. 65-69. L'influence de Démia sur les fondateurs des écoles d'Autun est certaine. L'un d'entre eux, J.

Trouvera-t-on parmi les partisans fanatiques de l'instruction gratuite, laïque et obligatoire beaucoup de dévouements pareils ? Les verra-t-on consacrer leur vie à cette œuvre, renoncer comme les Démia, les Aubery, les La Salle à la fortune et aux honneurs pour se consumer dans l'obscur labeur de l'école des pauvres ? Non certes, qu'il s'agisse d'enseignement, d'assistance publique ou de politique, ils ne savent que se servir du peuple tandis que les cléricaux servent le peuple. Qu'ils cessent donc d'insulter l'Église qui presque seule pendant des siècles a su travailler pour instruire et élever les pauvres — et que les catholiques conservant et honorant le souvenir de leurs saints sachent redire au peuple leurs grandes œuvres et lui montrer de quel côté furent ses véritables amis.

II

Après avoir rendu hommage à ces admirables dévouements, il nous faut donner une idée de ce que nous appellerons l'action ordinaire du clergé de France, sous l'Ancien Régime en faveur de l'enseignement primaire.

Parlons d'abord des évêques et des archidiacres, visitant les paroisses.

Nous avons vu Mgr de Maupas du Tour, évêque du Puy (1641-1661) et son grand vicaire, M. de

Deschevannes demanda à être associé à l'œuvre de Lyon pour en prendre l'esprit. *Vie de Démia*, p. 92.

Lantages profiter des visites pastorales pour établir de nombreuses écoles (1). Cette pratique ne leur était pas particulière, dans beaucoup d'autres diocèses, les documents nous montrent les visiteurs usant de leur autorité pour instituer des maîtres et des maîtresses dans les paroisses privées de ce secours. En Bretagne « là où la froideur était trop grande, les enfants et les parents étaient admonestés du haut de la chaire par l'archidiacre (2). » — Au diocèse d'Auxerre « beaucoup de paroisses établirent des écoles à la sollicitation de Mgr André Colbert. Son successeur, Mgr de Caylus, mit également le soin de l'enseignement primaire au rang de ses premières préoccupations (3). » — En 1713, l'archidiacre de Langres veut obliger les habitants d'Épineuil à nommer un maître d'école « comme dans les paroisses voisines. » Mais ils se refusent à fournir le traitement nécessaire. Nouvelles instances de l'archidiacre en 1718 : « attendu que les enfans sont sans éducation, sans savoir lire ni écrire, il sera présenté requête à l'intendant pour que les habitans soient contraints de payer un maître, étant une chose honteuse que la plupart des enfans ne savent pas leur croyance, faute d'être instruits (4). » — Si les paroisses montrent de la bonne volonté, les évêques et leurs délégués s'interposent volontiers auprès des intendants pour obtenir les impositions nécessaires. C'est ainsi qu'à Pontenx, le

(1) *Vie de M. de Lantages*, p. 93. — (2) L. Maître (*Rev. de Bret. et Vendée*. Avril 1874, p. 202). — (3) Quantin, p. 20-31. — (4) *Ibid.* p. 8.

procès-verbal de M. Thierry, vicaire général de Bordeaux (1787) porte : « Il n'y a point de maître; les paroissiens nous ont demandé l'établissement d'un maître d'école et se sont engagés à une imposition de 150 livres que nous avons promis de demander à M. l'Intendant (1). » — Veut-on diminuer le nombre des écoles, les évêques protestent avec énergie. A Brest, en 1787, alors que l'intendant avait dessein de supprimer l'école charitable de Recouvrance, ce fut l'évêque de Léon qui prit la défense de cette institution, s'élevant avec vigueur contre ceux qui « imbus des principes répandus dans certains livres proscrits par la religion et la raison, excluent de toute instruction certaines classes d'hommes (2).

Dans le diocèse de Rouen, un des devoirs spéciaux des *Calendes*, ou synodes annuels des prêtres de chaque doyenné, était de veiller à l'exécution des ordonnances de l'archevêque en faveur de l'enseignement populaire. Voici quelques-unes de leurs décisions que nous empruntons à M. de Beaurepaire : « 1691. A Saint-Honoré, doyenné de Longueville, le vicaire fera l'école, à peine de saisie de son temporel qui sera employé à la faire tenir régulièrement. — 1691. A Normanville, il sera établi, conformément à la demande du promoteur subsidiaire, une maîtresse d'école pour les filles. — 1681. Au Mesnil-Mauger, les paroissiens

---

(1) *Archiv. de l'Archev. de Bordeaux. Visites. Archiprêtré de Buch et Born.* — (2) *Documents inédits sur les écoles de Brest et de Recouvrance* publiés par A. de la Borderie. (*Revue de Bretagne et Vendée*, juin 1871.)

se cotiseront pour avoir un clerc qui fasse l'école, le curé offre pour sa part 15 livres par an. — 1677. A Nointot, les écoles seront tenues plus exactement. — 1698. Les écoles seront recommandées à tous les curés (1). »

Plusieurs des grands missionnaires des XVII° et XVIII° siècles, après avoir travaillé à convertir les populations crurent que le meilleur moyen de maintenir le bien qu'ils avaient fait, était de laisser après eux de bons maîtres et de bonnes maîtresses d'école. Nous avons vu J.-J. Olier en user de la sorte à Privas, après la grande mission des Cévennes. Un demi siècle plus tôt, un saint prêtre du diocèse de Rouen, Jacques Gallemant, après avoir évangélisé Pontoise, couronna son œuvre en réformant les écoles de cette ville. « Il entra ès escoles, desquelles il sépara les petites filles qu'il confia aux soins et à l'instruction de vertueuses veuves, et laissa les garçons à des maistres dignes de cet employ si important et si divin (2) ». Il avait déjà fondé un collège à Aumale dont il était curé, et réuni vingt pieuses filles pour l'instruction des filles de sa paroisse (3). — « Partout où il faisait la mission, dit l'historien de Grignion de Montfort, un de ses principaux soins était de pourvoir les paroisses de bons maîtres et de bonnes maîtresses d'école, disant que les écoles étaient les pépinières de l'Eglise (4) » — C'était aussi la pra-

(1) Beaurep. t. II. p. 383-386. Le savant auteur cite beaucoup d'autres exemples. — (2) *La vie du vénérable prestre de Iésus-Christ, Iacques Gallemant*, p. 46. — (3) *Ibid.* p. 38. — (4) *La vie de M. Louis Marie Grignion de Montfort*, p. 313.

tique du grand missionnaire breton, Michel le Nobletz « Il travailla à établir des écoles dans les paroisses. Vers 1615, il en avait fondé une à Douarnenez. Peu de temps avant de mourir, il écrivait aux notables de cette ville : « N'épargnez aucune dépense quand il s'agit de l'éducation de vos enfants (1). »

Quant aux curés qui, fidèles aux prescriptions des ordonnances synodales, par leurs exhortations, par leurs démarches, procurent à leurs paroissiens le bienfait d'une école où s'efforcent de la maintenir, ils sont innombrables. Voici celui de Charentenay (Yonne) qui dit, en 1683, dans son rapport à l'évêque : « Il n'y avoit pas de maistre d'école, j'ai soigné qu'il en eût un ; je crois qu'il fera bien son devoir (2). — En Agenais, à Saint-Aman de Castelculier (1750), à Calonges (1752), on veut supprimer l'école en privant l'instituteur de son traitement. Qui réclame contre cette mesure ? Les curés des deux paroisses (3). Encore en Agenais, à Villebrana (1750), c'est le curé qui exhorte au prône les paroissiens à établir un régent et qui, à la sortie de la messe, sollicite en particulier les principaux habitants de donner leur concours à « ce bon dessein (4). » — A Valentigny (Aube), en 1783, les paroissiens ne peuvent s'entendre sur le choix d'un régent et la place reste vacante. Le curé s'empresse d'en référer à l'intendant « qui

---

(1) Piéderrière, p. 290. « Le missionnaire M. le Nobletz, dit de son côté M. Maggiolo, prêche l'établissement des écoles rurales. Ses deux sœurs Marguerite et Anne instruisent les petites filles pauvres délaissées à Douarnenez. » (Ap. Buisson, p. 280). — (2) Quantin, p. 74. — (3) *Arch. Gir.* 3077, C. 3076, 3078. — (4) *Ibid.*

connoît les funestes suites de l'ignorance et les fruits inappréciables de l'instruction des jeunes gens (1). » — A Landiras (Gironde), en 1774, le curé, « s'étant donné tous les mouvements possibles pour découvrir quelqu'un capable de tenir l'école, » on lui a indiqué J. Lourseau, pour lequel il demande des lettres de régence, à l'exclusion de deux autres sujets qui ne présentent pas les garanties suffisantes (2). » A Saint-André-du-Bois (Gironde), en 1766, le vicaire écrit au secrétaire de l'intendant de Guienne une lettre fort énergique, pour le prier de tenir la main au maintien de l'école établie par lui et le curé de la paroisse, école que certains notables veulent détruire, en privant l'instituteur de son traitement (3). A Barsac (Gironde), en 1627, par acte passé devant notaire sur les remontrances du curé, Me Pantaléon Couldret « incité par le desir qu'il a de l'instruction et auancement de la jeunesse de ladite paroisse, » les habitants consentent à ce que la somme de 60 livres, prélevée

---

(1) A. Babeau *L'Instruction primaire dans les campagnes*, p. 27. — (2) *Arch. de l'Archev. de Bordeaux. Instit. prim. Requêtes à l'Archevêque*. — (3) *Arch. Gir. C. 536*. Voici quelques passages de cette lettre : « Monsieur, nous éprouvons que l'œuvre de Dieu est toujours traversée. Quelques mutins de cette paroisse se sont fort élevés contre l'imposition de cent livres que M. l'Intendant a accordée pour un régent, en conséquence de la requête que j'eus l'honneur de vous présenter. Le motif des opposants n'est autre que la crainte de voir augmenter chaque année, sur leur rôle, le salaire dudit régent. C'est ce qu'ils nous ont dit, car tous conviennent unanimement de la nécessité d'une école publique... Je prends la liberté de vous en prévenir pour que, s'ils s'adressaient à vous, vous puissiez leur faire l'accueil qu'ils méritent M. le curé vous prie instamment de soutenir la bonne œuvre qu'il a commencée... Il s'est même offert d'y contribuer, pour faire un parti plus avantageux au maître d'école... »

sur les dîmes de la paroisse et auparavant employée aux frais des dîners qui se donnaient à l'issue des processions de saint Marc et de sainte Croix, soit désormais attribuée aux gages d'un régent (1). Quatre ans plus tard, le même curé lègue 100 livres pour contribuer à la construction de la maison d'école (2).— En Provence, « les délibérations de la commune de Solliès font mention du zèle avec lequel le curé de la paroisse, aidé des hommes les plus influents du pays, concourut à étendre les bienfaits de l'instruction, s'employant à vaincre les résistances de quelques opposants auquel il remontrait que l'éducation est le bien le plus précieux que les parents puissent laisser à leurs enfants (3). » — Les curés de l'archiprêtré de Vézelay adressaient à l'évêque d'Autun, en 1769, un mémoire extrêmement remarquable, dans lequel ils pressent le prélat d'user de toute son autorité pour rendre les écoles plus nombreuses et plus stables (4).

En beaucoup de provinces, les clercs, même engagés dans les ordres sacrés ne trouvent pas au-dessous d'eux les humbles fonctions de maître d'école. A Paris, sur quarante-quatre maîtres des petites écoles, mentionnés dans un arrêt du parlement de 1625, vingt-un sont prêtres (5). — A Lyon, les écoles de garçons fondées par Ch. Démia sont sous la conduite d'ecclésiastiques (6). — Il en est de même à Amiens, dans les écoles de charité (7),

(1) *Arch. Gir. E.* 540. — (2) *Ibid.* — (3) De Ribbe, p. 285. — (4) Charmasse, p. 37. — (5) *Mémoires du Clergé,* t. I. c. 1050, 1051. — (6) *Vie de M. Démia,* p. 62, 107, etc. — (7) *Mémoires du Clergé,* t. I. c. 1000 *seq.*

Dans l'Anjou (1) et le Maine (2), dans les diocèses de Coutances et d'Avranches (3), la plupart des écoles sont tenues par des clercs. Au diocèse de Rouen en 1710-1717, sur 855 écoles de garçons, 368 ont pour maîtres des curés, des vicaires ou des diacres (4). Bien plus, les statuts d'Alby de 1695 demandent que « autant que faire se pourra, les maîtres d'école soient prêtres ou du moins constitués dans les ordres sacrés (5). »

Ailleurs les ecclésiastiques se font instituteurs volontaires quand il ne se trouve pas de laïques qui veuillent se charger de ce soin. Des faits de ce genre sont fréquemment cités par MM. Quantin (6), de Charmasse (7), de Resbecq (8), L. Maître (9). Dans dix-huit paroisses du Blayais, visitées en 1636 par l'archevêque de Bordeaux, il n'y a plus d'écoles, le pays étant ruiné par les guerres, mais bon nombre de curés enseignent la jeunesse (10).

(1) Bellée *passim*, p. ex. 183, 186, 187 etc., etc. — (2) C. Port, *passim*, p. ex. t. J, p. 406, 434, 507, 546, 547, etc., etc. (3) *Notes inédites communiquées par M. l'abbé Trochon*. — (4) Beaurepaire, t. II, p. 406. — (5) *Statuts synodaux du diocèse d'Alby*. Alby 1695, in-8, p. 46. — (6) Quantin p. 12, 13, 79, 82 (Druyes, 1683 « le maistre d'école estant décédé, le curé enseigne les enfans, en attendant que les habitans ayent fait la rencontre d'un maistre d'escole. » 83, 93 (Merry-Sec, 1679. « Le curé et ses vicaires forment charitablement aux bonnes lettres les enfans des particuliers qui viennent tous les jours pour cet effet au logis dudit curé. » 100, 120, 121, 125, etc. — (7) Charmasse, p. 134 (trois exemples), 199. — (8) De Resbecq, p. 111, 118, 130, 161, 169, 171, etc. — (9) L. Maître. *Revue de Bretagne et Vendée*. Avril-mai 1874, p. 259, 260, 369, 370, 371, 374, etc. — (10) Voici quelques exemples : Reignac : « Il n'y a escole, mais le vicaire enseigne les enfans. » — Saint-Girons d'Ayguesvives : « Le curé enseigne la jeunesse, comme aussy son serviteur Barrault. » — Saint-Sulpice de la Fosse : « On ne tient escole, le curé enseigne chez lui. » (*Archives de l'Archev. de Bordeaux. Visites d'Henry de Sourdis.*)

III

Nous avons vu dans un des chapitres précédents comment la libéralité de nos pères avait richement doté nos anciennes écoles au moyen de fondations innombrables. Il nous reste à étudier la part que le clergé prit à cette grande œuvre, et à le montrer inspirant aux fidèles la générosité en faveur de l'enseignement populaire par ses exhortations et par ses exemples. Si nous pouvions entrer dans le détail de nos anciennes fondations scolaires, il nous serait facile de prouver que la plupart d'entre elles ont été faites, dans un esprit de religion, par des personnes chrétiennes, et grâce aux sollicitations du clergé. « Les cléricaux, dit M. Fayet, en fondant des écoles accomplissaient simplement un devoir, puisque depuis sa fondation, l'Église n'a pas cessé de recommander l'instruction des ignorants comme une œuvre des plus méritoires (1). — Quand, après les dévastations produites par les guerres civiles ou étrangères, les ressources manquaient pour l'entretien des écoles, l'Église faisait appel non pas au budget, mais à la charité du clergé et des fidèles qui volontairement s'empressaient de rétablir peu à peu les ressources anéanties par les guerres ou les désordres civils (2). »

(1) Fayet, *Comment les cléricaux fondent des écoles*, etc. p. 1. — (2) Fayet. *Recherches sur les communes et les écoles de la Haute-Marne*, p. 309.

Le savant auteur a démontré que, dans la Haute-Marne la plupart des fondations scolaires, de nos jours encore, sont l'œuvre d'âmes saintes, dociles aux conseils des directeurs de leurs consciences (1).

Notre tâche serait bien facilitée si toutes nos monographies avaient consacré aux fondations un chapitre méthodiquement disposé comme celui de M. Fayet (2). On y voit très clairement que la part du clergé dans les libéralités faites aux écoles est de 45 maisons sur 80, et de 16,730 livres de rente sur 28,281. A cinq pour cent, ces 16,730 livres de rente représentent un capital de 334,600 livres, les 45 maisons à 2,000 livres, 90,000, soit 424,600 livres sur un capital total (valeurs mobilières et immobilières) de 725,600 livres (3). Voilà comment, sous l'Ancien Régime, le clergé était le fauteur déterminé de l'ignorance.

Dans le Maine, sur 181 fondations indiquées par A. Bellée, *quatre-vingts* sont dues à des ecclésiastiques et plusieurs d'entre elles sont considérables. Ainsi à Auvers, en 1584, frère Fr. Menault, prieur du lieu donne 10,000 livres pour établir une école (4). — Au Mans, en 1532, le chanoine Dugué dépense environ 80,000 francs de notre monnaie pour le collège (5). — Jacques de la Motte, abbé de Saint-Prix fonde des écoles dans cinq paroisses différentes à la fin du xvi° siècle (6). — A Saosne, J. Thuandet, prêtre donne une maison, un jardin

---

(1) Fayet, p. 347. — (2) C'est le chapitre VI, intitulé *Fondations pieuses en faveur des écoles, spécialement des écoles élémentaires*, p. 309-369). — (3) *Ibid.* p. 331. — (4) Bellée, p. 68. — (5) *Ibid.*, p. 176. — (6) A Château-du-Loir, Courdemanche, Dissay, L'homme et Parigné-L'Evêque, p. 96, 107, 114, 137, 197.

et vingt journaux de terre(1666) (1). —A Savigné-l'Évêque, le curé dispose en faveur de l'école de 2,000 livres et d'une maison (1764) (2), etc., etc.

Nous avons pu relever 77 fondations dans le Dictionnaire de Maine-et-Loire de M. C. Port, *trente* sont l'œuvre de pieux ecclésiastiques (3).

Le tiers des fondations indiquées par M. Merlet dans son travail sur l'instruction primaire en Eure-et-Loir est dû à des curés ou à des chanoines qui donnent les uns des maisons et des terres, les autres des sommes d'argent, assez importantes quelquefois (4).

Dans le comté Nantais, on a pu retrouver la trace de nombreuses fondations scolaires faites pour la plupart par des ecclésiastiques (5). De plus, selon M. L. Maître « non contents d'exhorter les vicaires à répandre autour d'eux la connaissance des notions élémentaires, les évêques de Nantes ont consenti, dans des occasions fréquentes, à l'extinction de bénéfices ecclésiastiques dont les revenus étaient affectés à l'entretien d'un maître, clerc ou laïque, comme ils firent, en d'autres circonstances, à l'égard des hôpitaux dont ils favorisaient la fondation. On verra, dans ma nomenclature, plus d'un exemple de ce fait que je signale ici avec intention, pour montrer que, bien avant la Révolution française, le clergé se dépouillait volontiers des bénéfices sans desservants,

---

(1) *Ibid.*, p. 222. — (2) *Ibid.*, p. 224. — (3) C. Port, *passim.*, p. ex. t. I, p. 546, 591, 703 ; t. II, p. 10, 128, 178, 387; t. III, 204, 350, etc., etc. — (4) Merlet, p. 7, 9, 17, 31, etc. — (5) L. Maître, *Revue de Bretagne et Vendée*, mai 1874, p. 370, 372, 373 (nomb. exempl.), 374, 375, etc.

au profit des ignorants et des pauvres (1). »

Les libéralités ecclésiastiques en faveur des écoles avaient été nombreuses dans le diocèse de Rouen. M. de Beaurepaire en cite beaucoup, dont plusieurs fort considérables. En 1600, M. de Martinboz, chancelier de la cathédrale de Rouen se démet de sa prébende de chanoine de Gournay, en faveur des écoles de cette ville (2). — J. Véron, curé d'Offranville qui, en 1602, avait donné une maison et 100 livres de rente aux écoles de sa paroisse lègue, en 1619, 14,000 livres aux Ursulines de Dieppe (3). — En 1655, Dom G. Cotterel contribue pour 6,400 livres à la fondation des écoles de l'hôpital général de Rouen (4). — En 1734, M. Heuzé, curé de Dieppe (5), en 1693, M. Canu, curé de Saint-Gervais fondent des écoles dans leurs paroisses (6). — Fr. de la Fosse, pénitencier de la cathédrale procure le même bienfait aux habitants de Sotteville (7). — Les communautés enseignantes qui, ne l'oublions pas, donnent aux pauvres l'instruction gratuite, sont, de la part des ecclésiastiques, l'objet de nombreuses libéralités : Ch. de Saveuses, curé de Saint-Clair-sur-Epte abandonne les fruits de son bénéfice et donne plus de 30,000 livres (8). — Les Ursulines reçoivent de Fr. de Harlay, archevêque de Rouen, 20,000 livres qui doivent être employées à la fondation d'une école gratuite (9). — L'abbé de Montigny

(1) L. Maitre, avril 1874, p. 262. — (2) Beaurep; t. II, p. 132. — (3) *Ibid.*, p. 154-215. — (4) *Ibid.*, p. 239. — (5) *Ibid.*, p. 367. — (6) *Ibid.*, p. 238. — (7) *Ibid.* — (8) *Ibid.*, p. 221. — (9) *Ibid.*, p. 207.

fait don de 15,000 livres aux Filles de la Providence (1). — L'école gratuite des Frères de Dieppe est fondée par l'archevêque de Rouen, Mgr de la Vergne de Tressan (2). Nous pourrions citer beaucoup d'autres faits pour lesquels nous croyons devoir renvoyer à notre docte guide, M. de Beaurepaire (3).

Nous avons déjà rendu hommage à la générosité de Van der Burch, archevêque de Cambray, donnant 20,000 florins de rente à la Maison-Sainte-Agnès établie par lui dans sa ville épiscopale (4). A Douai, en 1633, Ch. Dufour, doyen de Saint-Amé, fonde une école dominicale (5), vers la même époque, à Orchies, un prêtre, Ph. Dessin établit une classe pour les enfants (6). A Wylder (7), à La Gorgue (8), à Steenwoorde (9), à Annapes (10), ce sont les curés qui bâtissent les maisons d'école. A Lille (11), à Tourcoing (12), à Roubaix (13), à Roysin (14), les fondations ecclésiastiques sont également riches et nombreuses. A Bergues, l'école des pauvres fondée et dotée par le curé Ch. Jansoone, peut dépenser en trois années, 49,903 livres, 9 sols (15).

En Lorraine, entre autres fondations, M. Mag-

---

(1) L. Maitre, p. 263. — (2) *Ibid.* p. 366. — (3) Cf., t. I, p. 156, t. II, p. 107, 109, 141, 149, 240, 243, 249, 250, 253, 259, 265, 267; 309, etc., etc. A l'autre extrémité de la Normandie, au diocèse de Coutances, les *Notes inédites de M. l'abbé Trochon* signalent des fondations ecclésiastiques à Coutances, Saint-Pair, Précey, etc. — (4) Resbecq., p. 133. — (5) *Ibid.*, p. 159. — (6) *Ibid.*, p. 170. — (7) *Ibid.*, p. 191. — (8) *Ibid.*, p. 203. — (9) *Ibid.*, p. 207. — (10) *Ibid.*, p. 213. — (11) *Ibid.*, p. 238-242. — (12) *Ibid.*, p. 256. — (13) *Ibid.*, p. 260. — (14) *Ibid.*, p. 274. 15) *Ibid.*, p. 207.

giolo a signalé celles du chapitre de Saint-Georges de Nancy, du grand doyen de la primatiale de de cette ville établissant de ses deniers une troisième école gratuite, du chanoine de Ravinel instituant une Maison de charité et d'instruction en faveur de la paroisse de Trois-Maisons (1).

MM. Babeau, Boutiot, Jadart (2) ont retrouvé les traces de beaucoup de libéralités faites aux écoles par de généreux ecclésiastiques. Dans l'Aube, plusieurs curés donnent des maisons et dotent les écoles déjà existantes (3). M. Boutiot avait déjà rappelé plusieurs dons du même genre pour la ville même de Troyes, celles par exemple de M. Rebé, curé de Saint-Nizier qui « sacrifia sa personne et ses biens à l'instruction des enfants de sa ville natale (4), » de M. Fardeau, curé de Saint-Aventin (5), du chanoine Bouczo, qui non content d'être le bienfaiteur des écoles chrétiennes, laissa une rente pour l'école de dessin (6).

Le même travail a été fait pour la Bourgogne par MM. Quantin, Leleu, de Charmasse et Battault. Dans l'Yonne des maisons et des rentes sont souvent données aux écoles, le plus souvent par les curés des paroisses, à Malay-le-Vicomte, à Gouaix, à Sainte-Colombe, etc. (7). — A Sens, en 1729, la Chambre du clergé du diocèse assigne un

---

(1) Maggiolo, *Pouillé Scolaire de Toul*, p. 47, 51. 53.— (2) Jadart, p. 18, 20, 51. — (3) Babeau, *L'Instr. prim. dans les camp.*, p. 30, 41, 42, 43. Un de ces ecclésiastiques est le curé de Rouvres qui donne pour l'instruction populaire un capital de 7,000 livres. — (4) Boutiot, p. 74. — (5) *Ibid.* p. 34. — (6) *Ibid.* p. 85. — (7) Quantin, p. 41, 104. Cf., p. 32, 64, 66, 71, 85, 94, 96, 106, 119, 122, etc.

secours de 800 livres aux Ursulines, « attendu leur extrême indigence et le soin qu'elles prennent pour l'enseignement des petites filles (1). » — A Semur en Auxois, Nic. Frôlois, prêtre « meu par cette sainte considération que l'instruction des enfans aux premières lettres que l'on dit humaines, est la chose la plus requise et nécessaire pour l'institution des jeunes enfans, à quelque état où il plait à Dieu de les appeler, » donne en 1573 les deux tiers de ses biens pour « l'entretènement » du collège (2). — Ph. Boidot, docteur de Sorbonne laisse 11,000 livres aux écoles de charité d'Autun (3). Dans le même diocèse « en 1696, Jean Bergeret, curé de Luzy donnait à sa paroisse une somme de 6,000 livres pour l'établissement d'une école; ainsi firent Guillaume de Saint-Ursan, en 1699, au Fête dont il était prieur, M. Gruyère, curé de Saint-Berain-sur-Dhennes qui légua en 1739, une rente de 600 livres pour le même objet; Claude Poncerot, curé de Frôlois en 1762 (4). » — A Chalon, presque tous les bienfaiteurs des écoles et du collège sont ecclésiastiques (5).

Le chapitre de Saint-Vincent de Mâcon, paye à la fin du xvie siècle, les trois quarts de la subvention allouée au régent des écoles (6).

Le collège de Valence est fondé par un chanoine, et l'école gratuite des frères de la même ville est dotée par l'Évêque (7).

(1) Quantin, p. 125.— (2) Leleu, p. 85.— (3) Charmasse, p. 69. — (4) *Ibid.*, p. 78. — (5) Battault, p. 13, 24, 68, 73, 139, etc. — (6) Rameau, *Revue de la Soc. de l'Ain*, juillet-août, 1876, p. 178. — (7) Dupré de Loire, p. 17, 18.

En Savoie, « les auteurs de ces dons (fondations scolaires et autres) étaient souvent des curés et des vicaires qui prêchaient ainsi par leur exemple. Au XVIII° siècle, les confréries étant tombées en décadence, on ne se fit pas faute de changer la destination des vieilles fondations... ce furent presque toujours les écoles qui bénéficièrent de ce changement d'attributions (1). »

L'acte de fondation de l'école gratuite de garçons d'Uzès (1749) nous montre l'évêque Bonaventure Baüyn, joignant 600 livres de rente perpétuelle aux 150 livres de subvention annuelle fournies par la ville, et donnant une maison pour l'école avec 2,000 livres pour le mobilier (2).

A Bideren, en Béarn, les jurats ne voulant pas de régent, le curé en établit un à ses frais (3).

Le *Dictionnaire de Pédagogie* dans les notices qu'il consacre à la situation de l'instruction primaire avant 1789, dans la plupart de nos anciennes provinces, mentionne de nombreuses fondations. Nous lui emprunterons seulement quelques faits. En 1741, le curé de Saint-Malo et M. de Tandourie servent une rente de 1,200 livres pour l'entretien de l'école gratuite de garçons (4). — L'évêque de Mende dote en 1665 sa ville épiscopale de deux écoles de charité (5). — Celui d'Orléans envoie à Pithiviers, en 1714, un maître pour enseigner gratuitement à lire, à écrire, le calcul et le catéchisme aux enfants pauvres qui ne fréquentent pas les

---

(1) De Jussieu, p. 25, 26. — (2) *Chroniques du Languedoc*, 5 novembre 1876. — (3) Sérurier, p. 13. — (4) Buisson, p. 280, — (5) *Ibid.*, p. 369,

écoles déjà établies dans la ville (1). — A Poitiers, c'est encore l'évêque, Mgr de la Poype, qui commence avec 1,080 livres de rentes l'établissement des petites écoles confirmées par lettres patentes de 1708 (2).

Il est temps de terminer cette énumération nécessairement monotone que nous n'aurions pas de peine à prolonger. Aussi bien les faits que nous avons cités parlent-ils assez haut. Ils disent avec éloquence le dévouement affectif de l'ancien clergé de France à la grande œuvre de l'enseignement populaire. Non content d'exhorter il a prêché d'exemple, enseignant lui-même au besoin, fondant des écoles, se dépouillant pour assurer leur dotation. Voilà des faits éclatants, des faits nombreux dont on n'infirmera pas l'autorité, dont on n'effacera pas le souvenir, en écrivant avec solennité et sans l'ombre d'une preuve, de prétendus axiomes tels que ceux-ci. « Non seulement le catholicisme remplace le livre par le Rosaire, mais il fait l'éloge de la sainte ignorance... La foi catholique a dominé pendant de longs siècles chez nous sans songer à fonder l'enseignement primaire. » Odieuses et sottes calomnies mille fois réfutées et cependant répétées avec la même audace et la même mauvaise foi, malgré le solennel démenti que les œuvres de l'Église leur ont donné durant des siècles et leur donnent encore chaque jour.

(1) Buisson. — (2) *Ibid.* Cf. p. 58, 108, 142, 564, 571, 572.

CHAPITRE XI

L'ÉGLISE ET L'INSTRUCTION PRIMAIRE

III. — *Les Congrégations enseignantes*

Rien ne prouve l'intérêt efficace que l'Église porta toujours à l'enseignement populaire comme ce zèle fécond qui produisit les congrégations enseignantes. Longtemps avant l'époque où les théoriciens devaient savamment disserter sur le droit de tous à l'instruction primaire, l'Église avait compris que c'était à elle d'*attirer les petits enfants au Christ* selon la sublime expression de Gerson (1). Le clergé séculier absorbé par les travaux du ministère ne pouvait, malgré son dévouement, apporter à cette grande œuvre tout le soin nécessaire ; malgré son incessante vigilance, les maîtres d'école n'étaient pas toujours à la hauteur de leur sainte mission ; le recrutement des maî-

---

(1) On sait que le grand chancelier avait composé un petit traité d'éducation intitulé *De parvulis ad Christum trahendis*, œuvre admirable souvent réimprimée. (*Jo. Gersonii opera.* ed. d'Anvers 1706, t. III, p. 277-291.)

tresses était souvent difficile : la charité de l'Église allait produire par milliers des âmes exclusivement dévouées à l'instruction de la jeunesse.

On comprendra sans peine que nous n'entreprenions pas ici une étude complète des congrégations enseignantes. Il faudrait des volumes pour retracer même sommairement leur histoire. Nous voulons seulement donner un aperçu rapide de leur action, renvoyant aux écrivains spéciaux le lecteur curieux de détails plus complets.

I

Nous parlerons d'abord des congrégations de femmes, extrêmement nombreuses dans notre pays avant la Révolution. « On en compte, dit A. Ravelet, plus de cinquante pour la France seulement, en moins de 150 ans, et chacune d'elles, après avoir traversé les épreuves toujours difficiles de sa fondation, établit autour d'elle des maisons où les malheureux sont secourus, où les malades sont soignés, où les enfants sont recueillis et apprennent les éléments des sciences humaines et divines. Chaque province produit ses merveilles. Chaque diocèse a sa sève propre et donne naissance à des congrégations particulières qui s'accommodent aux besoins spéciaux des pays qui les ont vu naître (1). »

Le B. Pierre Fourier, curé de Mattaincourt en Lorraine, établit en 1597 les *Filles de la Congréga-*

---

(1) Ravelet p. 58.

tion de Notre-Dame. Un extrait de leurs statuts que nous empruntons à M. de Beaurepaire, fera comprendre clairement la grande pensée de leur fondateur : « Ces religieuses et filles pensant souvent à la nécessité de l'instruction de la jeunesse, dans ces siècles si pervers et si dangereux ; à l'importance de bien dresser les petites filles de bonne heure, pour quelque jour se gouverner saintement et leurs familles ; à la dignité de cette fonction et au grand sallaire que Notre-Seigneur lui prépare, elles tascheront d'y employer le principal de leurs estudes et ce, avecques plus de soing, diligence et fidélité que possible leur sera, et sous les meilleures observances et méthodes dont elles se pourront adviser. Elles s'obligent de recevoir en leur escole les petites filles externes de la ville qui se présenteront, sans en demander aucun sallaire, leur monstreront à lire, à escrire, à travailler ès ouvrages honnestes, utiles et propres à des filles bien nées (1). » Dès la fin du XVIIe siècle les filles du B. Pierre Fourier ne comptaient pas moins de 80 maisons (2).

Les *Ursulines*, fondées en Italie par sainte Angèle de Mérici en 1537, furent introduites en France dès le commencement du XVIIe siècle. Elles faisaient profession de vaquer gratuitement à l'éducation des jeunes filles, de leur enseigner les vérités de la religion et de les former à la pratique des vertus chrétiennes. Magdeleine Lhuillier, veuve de M. le Roux de Sainte-Beuve, conseiller au parle-

---

(1) Beaurepaire, t. II, p. 227. — (2) Fayet, *Comment se fondent les communautés religieuses.* Châteauroux, 1880, in-18, p. 12.

ment, fut la fondatrice de la congrégation de Paris pour laquelle elle obtint une bulle du Pape Paul V, en 1612 (1). Dès 1606, le couvent de Bordeaux avait été fondé par la mère de Cazères et le cardinal de Sourdis (2). Puis vinrent les congrégations d'Ursulines de Toulouse (1611), de Tulle (1616) de Lyon (1619) et plusieurs autres encore (3). Ces diverses branches avaient, en 1789, plus de 300 couvents (4).

La mère de Lestonnac, nièce de Montaigne, fonda à Bordeaux les *Filles de Notre-Dame*. Veuve du marquis de Montferrand, elle renonça à tous les avantages de la naissance et de la fortune pour se dévouer à l'instruction de la jeunesse. Dès l'ouverture des classes du couvent de Notre-Dame qui eut lieu en 1606, « elles se remplirent, dit un des historiens de la vénérable mère, d'une nombreuse jeunesse qu'on instruisoit gratuitement dans la science de la religion (5). » La mère de Lestonnac eut la consolation de voir établies 30 maisons de son ordre. Elle concourut personnellement à la fondation de plusieurs d'entre elles. A Pau, elle fit la classe elle-même. «On vit une fondatrice d'ordre, une ancienne supérieure, une femme de 70 ans instruire les enfans, leur apprendre les

---

(1) Hélyot. *Histoire des Ordres monastiques*, ed. 1719, t. IV, p. 162. — (2) Dom Devienne. *Histoire de Bordeaux*, t. II, p. 107. Ravenez. *Histoire du Cardinal de Sourdis*. Bordeaux, 1867, in-8, p. 128. — (3) Pour l'histoire des diverses congrégations d'Ursulines, voir Hélyot. *Histoire des ordres monastiques*. Paris, 1719, in-4, t. IV, p. 150-216. — (4) Resbecq, p. 21. — (5) *La vie de la Vénérable mère J. de Lestonnac, fondatrice de l'ordre des religieuses de Notre-Dame*. Toulouse, 1742, in-18, p. 145.

premiers éléments de la foi, lutter contre l'ignorance et la légèreté d'une jeunesse indisciplinée... on venoit en foule à ces écoles de piété (1).»

L'histoire de *la Visitation* est trop connue pour qu'il soit utile d'insister sur cette grande œuvre de saint François de Sales et de sainte Jeanne de Chantal. Fondé en 1610, l'ordre possédait dès 1641, époque de la mort de sainte Chantal, 86 maisons (2). Nous mentionnerons brièvement pour le même motif, les admirables *Filles de la Charité* dont l'institut sortit du cœur de saint Vincent de Paul et qui, non contentes de se dévouer aux pauvres et aux malades, ouvrirent en maints endroits, des coles pour les petites filles indigentes (3).

Saint Vincent de Paul donna également ses soins à la congrégation des *Filles de la Croix*, qui dut ce nom aux épreuves dont elle fut accablée en ses premiers jours. Roye en Picardie fut son berceau. (1625). Quatre pieuses filles entreprirent cette grande œuvre en se dévouant aux écoles de cette petite ville. Les malheurs de la guerre les ayant forcées à se retirer à Paris en 1636, Marie Lhuillier, dame de Villeneuve les accueillit, et bientôt une communauté se forma, qui se voua à l'instruction des petites filles et devint comme une école normale où des filles et des veuves se

---

(1) *Ibid.* p. 269-270. Bordeaux vit également naître un peu plus tard, en 1638, la congrégation des Sœurs de Saint-Joseph pour les orphelines, grâce au zèle de Marie Delpech de l'Estang. (Hélyot, t. IV, p. 411). — (2) Bougaud. *Histoire de sainte Chantal et des origines de la Visitation*. 2ᵉ éd. Paris, 1863, in-8, t. II, p. 590-596. — (3) Abelly, première partie, p. 110.

formaient à l'accomplissement de la même mission. Leurs fondations furent fort nombreuses (1).

Vers 1632, Françoise de Blosset « après avoir consulté des personnes expérimentées, assembla en la paroisse Saint-Nicolas de Paris, quelques filles dévotes, qu'elle appela *communauté de Sainte Geneviève*. Elles s'occupaient à instruire la jeunesse. Bientôt elles furent connues dans Paris et leurs écoles furent aussitôt remplies (2). » Après la mort de Mlle de Blosset, la communauté se mit sous la direction d'Ad. Bourdoise qui s'occupa de ces filles avec d'autant plus de joie que leur dessein « étoit conforme à ce zèle extraordinaire qu'il avoit pour l'instruction de la jeunesse (3), » et procura leur réunion avec les filles de Madame de Miramion qui fondit sa communauté dans la leur (4). Les *Miramionnes* faisaient l'école : « elles ont, dit l'abbé de Choisy, trois classes chez elles où il vient tous les jours plus de 300 enfants (5), » mais « leur principal devoir est de former des maîtresses d'école pour la campagne, les recevoir et les nourrir pendant quelque tems (6). » Cette communauté prit peu d'extension. Elle eut cependant des écoles à Amiens et à La Ferté-sous-Jouarre (7).

C'est en 1661 qu'eut lieu la fondation à Paris des *Filles de l'Union chrétienne* due à M. Vachet et

---

(1) Hélyot, t. VIII, p. 127-131 — Abelly. 1re partie, p. 176. — (2) *La vie de M. Bourdoise*, p. 267. — (3) *Ibid.* — (4) *La vie de Madame de Miramion* (par l'abbé de Choisy). Paris, 1706, in-12. p. 84. — (5) *Ibid*, p. 84-85. — (6) *Ibid*. — (7) On trouve dans les œuvres de Bossuet (t. XXVIII, p. 498-499 de l'édit. Lachat) plusieurs lettres de l'évêque de Meaux touchant cette fondation

aux sœurs Anne de Croze et Renée des Bordes. Leurs maisons étaient nombreuses. Le siège de la communauté fut plus tard transféré à Fontenay-le-Comte (1).

En 1650, Henry de Maupas du Tour, évêque du Puy fonda la communauté de Saint-Joseph, à la prière du P. Médaille, jésuite. « Ayant rencontré dans ses diverses missions, plusieurs personnes pieuses qui souhaitaient ardemment de se retirer du monde, celui-ci conçut le projet d'établir une congrégation de filles et de veuves vouées à l'instruction et au soulagement du prochain. » La première religieuse du nouvel institut fut Lucrèce de la Planche. « M. de Lantages, comme vicaire général et directeur de la fondatrice favorisa cette œuvre. Il établit *les Sœurs de Saint-Joseph* dans toutes les villes et presque tous les villages du diocèse du Puy et contribua à faire de semblables établissements dans les diocèses voisins (2). » Le nouvel institut eut un prompt et considérable développement. On lit dans la préface des constitutions (Vienne, 1693) que « la Congrégation compte des maisons importantes dans les diocèses de Clermont, Vienne, Lyon, Grenoble, Embrun, Gap, Sisteron, Uzès, Viviers (3). »

Nous devons signaler dans le même diocèse les *Demoiselles de l'Instruction* fondées en 1668 par Mlle Martel, sous l'inspiration des prêtres de Saint-

---

(1) Hélyot, t. VIII, p. 150. Cf. Hélyot, édit. Migne, t. IV ou Supplément. Paris, 1859, in-4, p. 1487. — (2) *Vie de M. de Lantages*, p. 126-127. — (3) *Supplément d'Hélyot*, p. 678. Cf. Hélyot, t. VIII, p. 186.

Sulpice, « qui formèrent beaucoup de maîtresses d'école pleines de zèle. Elles parcoururent un grand nombre de paroisses et y choisirent deux ou trois filles, les plus capables qu'elles trouvèrent, pour servir de maîtresses aux autres (1). » Telle fut l'origine de ces « *Béates* » qui, institutrices des hameaux perdus dans les montagnes, ont rendu à des populations délaissées les plus éminents services. « Elles sont comme les anges gardiens des villages où elles résident, élevant les enfants, veillant sur les jeunes filles, soignant les malades, assistant les mourants et accomplissant ainsi, loin du monde qui ignore jusqu'à leur nom, cette sainte mission qui, à travers tant de révolutions, a conservé la foi dans notre France (2). »

Vers la même époque Pavillon, évêque d'Aleth institua pour les campagnes de son diocèse, une congrégation de *Filles régentes* dont l'organisation particulière mérite une mention spéciale. « La plupart d'entre elles, disent les continuateurs de l'*Histoire générale du Languedoc*, étaient demoiselles, quelques-unes de très bonne maison, et l'on comptait dans le nombre, une sœur de l'évêque de Pamiers, veuve du baron de Mirepoix. Ces religieuses ne faisaient pas de vœux mais vivaient dans une parfaite régularité. Elles avaient dans la ville

---

(1) *Vie de M. de Lantages*, p. 299-301. — (2) Ravelet, p. 60. Cf. *Les femmes et les Béates de la Haute-Loire vengées des fausses allégations de M. Ferry...* — On peut rapprocher des « Béates » les « Menettes » d'Auvergne. C'étaient de pieuses filles qui, sans faire de vœux s'étaient organisées en une espèce de Tiers-ordre et enseignaient dans les hameaux (Fayet. Ap. Buisson, vo Auvergne, p. 158).

épiscopale une maison fort simple, n'habitant pas de cellules mais des dortoirs communs avec chaise et table dans la ruelle pour travailler, chambre de lecture meublée de bancs de bois; c'est là qu'elles passaient une partie de l'année. A la fin de septembre et pendant l'hiver, époque où les travaux des champs laissaient plus de loisir, l'évêque les envoyait en mission dans les divers cantons qu'il leur assignait. Elles se dispersaient deux par deux dans chaque village et ne retournaient à Aleth que la semaine avant Pâques. Elles trouvaient partout une maison préparée pour les recevoir, où elles réunissaient, matin et soir, toutes les filles et les femmes du village pour les instruire, et faisaient l'école aux petites filles, leur apprenant à lire, à écrire et à compter et développant de leur mieux leur intelligence très vive et très déliée (1). » Nous ne savons pas si cette institution très probablement infectée de jansénisme, comme son fondateur, lui survécut.

Nous nous attardons à considérer ce merveilleux spectacle de l'ingénieux et infatigable dévouement de l'Église à la cause de l'enseignement populaire. Il faut se hâter cependant. Bien d'autres congrégations appellent l'attention et nous pouvons à peine leur consacrer quelques lignes.

C'est à Rouen que naît, en 1662, la communauté *des Sœurs de la Providence* ou *Dames de S. Maur*, grâce surtout au zèle du P. Barré, minime dont « la réputation fit demander ces religieuses, non seu-

(1) *Histoire générale du Languedoc*, t. XIII, Toulouse 1877, in-4, p. 407.

lement dans les villages des environs, mais en Picardie, en Champagne, en Poitou et même en Provence et en Languedoc. Madame de Maintenon en employa quelques-unes à Saint-Cyr (1). » — En 1680, Perrine Brunet fonda à la Chapelle-en-Riboul, près Mayenne, l'institut des *Sœurs* dites *d'Evron,* qui « rendit aux populations rurales du Maine d'inappréciables services. Au moment de leur dispersion par suite de la loi du 18 août 1790, elles dirigeaient 89 écoles dans le diocèse du Mans (2). » — La même année 1680, Dom de Laveyne établissait à Nevers les *Sœurs de la Charité de l'Instruction chrétienne* qui, au moment de la Révolution, n'avaient pas moins de 120 maisons (3). — Les *Sœurs de la Présentation de Tours* jettent les fondements de leur institut en 1684, à Augerville, sous la direction de la mère Poussepain. Elles établirent de nombreuses écoles dans les diocèses de Meaux, d'Orléans, de Blois, de Chartres et de Sens (4). — Cinq ans plus tard le grand fondateur des écoles de Lyon, Ch. Démia institue les *Sœurs de Saint-Charles* (5). — En 1690, sont fondées les *Sœurs d'Ernemont* au diocèse de Rouen qui prirent un développement considérable et « sont aujourd'hui en pleine possession de l'instruction élémentaire des jeunes filles dans la Seine-Inférieure (6). » Puis viennent en 1692, les *Sœurs de Saint-Maurice de Chartres* (7), en 1698, les *Sœurs des écoles charitables*

---

(1) Beaurepaire, t. II, p. 242 *seq.*— Hélyot, t. VIII, p. 233-235 — *Supplément d'Hélyot,* p. 430.— (2) Bellée, p. 14-15. — (3) *Supplément d'Hélyot,* p. 266.— (4) *Ibid.,* p. 1117 *seq.* — (5) *Vie de M. Démia,* p. 137 *seq.* — (6) Beaurepaire, t. II, p. 250 *seq.* — (7) Merlet, p. 39.

de *Nantes* (1), les *religieuses de Saint-Paul de Tréguier* (2) » et les *Filles de Notre-Dame de Tourcoing* (3), etc., etc.

Le XVIII° siècle est presque aussi fécond que le XVII°. Voici en 1702, les *Sœurs de la Providence* d'Évreux (4) ; en 1712, les *Sœurs de la Doctrine chrétienne* dites *Vatelottes* du nom de leur fondateur, l'abbé Vatelot, prêtre du diocèse de Toul dont le dévouement aux intérêts de l'enseignement populaire fut admirable (5) ; en 1715, *les Sœurs de la Sagesse* dont le premier établissement se fit à la Rochelle par les soins du saint missionnaire Grignion de Montfort (6) ; elles avaient 25 maisons dès 1750 et 80, au moment de la Révolution (7) ; en 1720, les *Sœurs du Saint-Esprit* fondées au Légué près Saint-Brieuc par sœur Renée Burel qui comptent bientôt 18 établissements (8). Puis vinrent les *Sœurs du Saint-Sacrement* à Mâcon (9), les *Sœurs de la Miséricorde* dans la Manche (10), celles de *Saint-Charles* à Nancy (11), enfin les *Filles de la Providence de Portieux*, œuvre admirable d'un saint prêtre à qui nous avons déjà rendu hommage, M. Moye, d'abord vicaire à Metz, puis missionnaire en Chine, mort enfin à Trèves, dans l'exil qu'il souffrait patiemment pour la foi. Il y avait en Lor-

(1) *Supplément d'Hélyot*, p. 423. — (2) Buisson Vº Côtes-du-Nord. p. 591. — (3) Resbecq, p. 261. — (4) *Supplément d'Hélyot*, p. 1186 Elles avaient beaucoup d'établissements dans l'Eure. — (5) *Ibid*. p. 401. seq. — Maggiolo, *Pouillé scolaire de Toul*, p. 25. — (6) *Vie de Grignion de Montfort*, p. 354. — (7) *Supplément d'Hélyot*. p. 1315. — (8) *Ibid.*, p. 1358. — Piéderrière. *Les petites écoles de la province de Bretagne*. (*Revue de Bretagne*, octobre 1877.) p. 291. — Buisson, vº Côtes-du-Nord, p. 591. — (9) Ravelet, p. 61. — (10) *Ibid.* — (11) *Supplément d'Hélyot*, p. 325.

raine de nombreux couvents de Notre-Dame, mais la clôture observée par les religieuses du B. P. Fourier rendait plus difficile leur action sur le peuple. Les Vatelottes n'étaient pas cloîtrées, mais leur fondateur exigeait qu'on leur assurât un logement et des moyens d'existence convenables. M. Moye « se proposa de donner de bonnes institutrices aux petites paroisses, aux hameaux sans ressources qui, à cause de la pauvreté des habitants et de la commune, étaient dans l'impossibilité de faire les fondations exigées et se voyaient par suite privées du bienfait d'une école chrétienne (1). » La première école fut fondée à Vigy, en 1762, par la vénérable Sœur Marguerite Lecomte qui eut, pour premier logement, une porcherie abandonnée où elle porta un peu de paille et une vieille couverture (2). Malgré des difficultés infinies, M. Moye parvint à fonder beaucoup d'écoles. On ignore le nombre exact des Sœurs au moment de la Révolution. Il devait être assez considérable, car elles étaient fort répandues dans les diocèses de Metz, Nancy, Toul et Saint-Dié et les noviciats étaient florissants (3).

C'est ainsi que la charité catholique démontra en France, aux deux derniers siècles en quelle estime l'Église tenait l'enseignement populaire. Selon M. Taine, notre pays comptait environ

---

(1) Marchal, *Vie de M. l'abbé Moye* (1730-1793). Paris, 1874, in-8, p. 51. — (2) *Ibid*. p. 53-55. — Matthieu. *L'Ancien Régime dans la province de Lorraine*, p. 65. — (3) Marchal, p. 581. En 1869, les diverses branches de la congrégation de la Providence de Portieux comptaient 3,874 sœurs formant 1,491 communautés, instruisant 132,800 élèves (*Ibid*).

37,000 religieuses en 1790 (1); « parmi ces communautés, plusieurs centaines étaient des maisons d'éducation, un très grand nombre donnaient gratuitement l'enseignement primaire (2). » Quel spectacle que celui de ces humbles et admirables dévouements, et quelle plus éclatante condamnation des assertions mensongères que nous avons combattues (3)!

(1) Taine. *L'Ancien Régime*. 3e édit. Paris. 1876, in-8, p. 530.
— (2) Taine, *La Révolution*, t. I. Paris, 1878, in-8, p. 217.
— (3) Nous indiquerons rapidement diverses communautés moins importantes : *La Présentation de N.-D.* à Senlis, 1687 (Hélyot, t. IV, p. 324 seq.) — *Les Providenciennes* d'Auxerre (Quantin, p. 27.) — *Les Sœurs des écoles charitables de l'hôpital de Rouen*, 1671 (Beaurepaire, t. II, p. 236.) — Les *Communautés séculières de maîtresses d'école* pour le diocèse de Châlons fondées vers la même époque par Félix Vialart de Herse et L. A. de Noailles (*Statuts de Châlons*, 1693, in-4, p. 381 seq.) — Les *Filles de Sainte-Marguerite,* ou de Notre-Dame des Vertus, de la paroisse Saint-Paul à Paris, 1679 (*Supplément d'Hélyot*, p. 1561). — *La Providence de Charleville*, 1679 (*Ibid.* p. 1153 seq. — *Les Sœurs de l'Instruction chrétienne de Felletin*, 1707 (Buisson, p. 613 v° Creuse). — *Les dames du Bon Pasteur* de Saint-Lô, 1712. (*Supplément d'Hélyot*, p. 194. — *Les Sœurs régentes ou filles dévotes de Wattrelos* (Nord), 1713. (Resbecq, p. 263). — *La congrégation de Sainte-Anne* à Saumur, fondée par J. de La Noire, (1666-1736) (*Supplément d'Hélyot*, p. 1383). — *Les Religieuses du Saint-Sacrement de Romans* 1715 (*Ibid.* p. 1333). — *Les Sœurs du Sacré-Cœur de Coutances* fondées au xviiie siècle par les Eudistes de Marigny. (*Ibid.* p. 1271.) Nous ajouterons à cette nomenclature une judicieuse observation d'A. Ravelet concernant ce qu'on pourrait appeler les congrégations oubliées : « En combien de diocèses se fondaient des communautés que l'histoire même n'a point aperçues! Leurs noms ne sont plus inscrits que dans ce livre éternel, plus riche que les nôtres et où Dieu enregistre ces actes de la sainteté si mystérieux que la main gauche elle-même les ignore, quand la droite les accomplit. Non seulement beaucoup de diocèses renfermaient de ces communautés, mais il n'y en avait pour ainsi dire aucun qui en fût dépourvu. L'érudition, quand elle fouille les archives locales de ce temps-là, retrouve des traces chaque jour moins apparentes de ces œuvres puissantes. » (Ravelet, p. 62.)

II

Autant les communautés de femmes étaient nombreuses, autant les congrégations d'hommes vouées à l'enseignement étaient rares. La raison de ce fait est fort simple : les institutrices laïques réunissant les conditions voulues de capacité et de vertu étaient presque introuvables, tandis qu'il était relativement facile de rencontrer des instituteurs chrétiens et suffisamment instruits (1).

Plusieurs essais avaient été tentés avant le Vénérable de la Salle ; aucun n'eut un succès durable. Nous n'entendons point parler des Jésuites, des Oratoriens et des Doctrinaires puisqu'ils consacrèrent exclusivement leurs efforts à l'enseignement secondaire.

Nous devons rappeler le nom de Ch. Démia à qui Lyon dut ses écoles gratuites et un séminaire spécial où des ecclésiastiques se formaient à

(1) Cette situation est parfaitement expliquée par Abelly qui nous montre Marie Lhuillier de Villeneuve, bienfaitrice des Filles de la Croix, poussée à développer cette œuvre parce qu'elle « reconnut le grand besoin qu'il y avoit de procurer que les petites filles fussent dès leur bas-âge, instruites à la connoissance de Dieu et aux bonnes mœurs, et le peu de personnes qui se rencontroient particulièrement dans les petites villes, bourgs et villages qui fussent capables de bien faire cette instruction ; les religieuses Ursulines et autres qui font une spéciale profession d'y vaquer ne pouvant s'établir en ces petits lieux, et les filles ou femmes veuves qui voulaient se mêler d'y faire les petites écoles en étant souvent fort incapables et ne prenant aucun soin de former et d'instruire les filles à la piété ; outre qu'il se trouve un très grand nombre de lieux où il n'y avoit aucunes maîtresses d'écoles, de sorte que les filles étoient obligées ou de demeurer dans une très grande ignorance ou d'aller à l'école avec les garçons. » (Abelly. 1re partie, p. 176-177.)

l'œuvre de l'enseignement. Après la mort du fondateur, cet établissement ne put se soutenir ; en revanche les Sœurs de Saint-Charles lui survécurent et continuent encore de nos jours sa grande pensée (1).

Déjà « en Lorraine, le B. Pierre Fourier avait conçu le dessein de fonder une communauté de maîtres d'école en faveur des enfants pauvres des villes et des campagnes. Son plan ne fut pas approuvé à Rome. Le P. Barré, plusieurs années après Fourier, reprit son œuvre : il n'eut guère plus de succès, il ne sut obtenir des maîtres qu'il avait rassemblés l'esprit de discipline et d'abnégation absolument requis pour une pareille entreprise. Les écoles qu'il avait établies ne tardèrent pas à tomber et ce fut en vain qu'à différentes reprises, on essaya de les relever (2). Ce double échec éprouvé par des hommes d'une vertu si éminente, doués d'une volonté si énergique, entourés d'ailleurs de l'estime publique, prouve jusqu'à quel point il était malaisé d'instituer sur des bases solides une congrégation spécialement vouée, dans un but de charité, à l'instruction gratuite des enfants du peuple. Le succès de cette œuvre ardue était réservé au Vénérable de la Salle et, en lisant sa vie, on ne peut manquer

---

(1) *Vie de M. Démia* p. 137 *seq.* — (2) L'insuccès du P. Barré ne fut cependant pas absolu, s'il en faut croire Hermant d'après lequel les maîtres chrétiens choisis par ce religieux se seraient répandus en plusieurs provinces. (*Histoire des ordres religieux et des congrégations régulières et séculières de l'Eglise...* Rouen, 1710, in-12, t. IV, p. 266.)

d'être frappé de la constance qu'il lui fallut pour poursuivre et accomplir sa tâche en dépit de toutes les contraditions qu'il eut à éprouver (1). »

Nous essayerons pas de raconter la vie du Vénérable de la Salle, ses fondations et ses grandes œuvres. Nous avons le sentiment profond de notre impuissance en présence de cette admirable figure. Qu'il nous suffise de dire que ce fut un gentilhomme, prêtre de Jésus-Christ et dignitaire de l'Église qui, après avoir commencé par accorder à quelques pauvres maîtres d'école sa protection et ses bienfaits, se fit lui-même pauvre et maître d'école pour les pauvres. Il montrait ainsi, non par de vains discours mais par des œuvres, son dévouement à l'instruction du peuple et travaillait plus efficacement à la répandre que les oisifs législateurs qui remuent nos millions. Les épreuves par lesquelles le serviteur de Dieu passa furent innombrables ; tout sembla conspirer à ruiner son œuvre, mais son

---

(1) Beaurepaire, t. II, p. 323.— Nous devons un souvenir à une institution peu répandue, mais qui rendit des services appréciables. C'est la Société des Frères de Saint-Antoine fondée à Paris en 1709 par un prêtre nommé Tabourin, société à la fois religieuse et laïque; laïque, puisque ses membres ne faisaient pas de vœux, et ne portaient pas de costume spécial; religieuse, en ce sens que les associés faisaient en commun leurs exercices de piété et récitaient chaque jour le tiers de l'Office canonique. En 1787, la Société avait 32 écoles tant à Paris qu'à Auxerre. Elle fut rétablie sous le premier Empire. Sur l'histoire de cette Société et ses méthodes, on peut consulter le *Mémoire historique sur la ci-devant communauté des écoles chrétiennes du faubourg Saint-Antoine par le cit. Renaud, ancien instituteur*, Paris, an XII, in-8.— Amb. Rendu. *Essai sur l'Instruction publique et particulièrement sur l'Instruction primaire*. Paris, 1819, 3 vol. in-8, t. I, p. 130-139. — Et Buisson, p. 88-89.

courage ne fut jamais ébranlé : il savait que les contradictions sont le signe auquel on reconnaît les entreprises qui viennent de Dieu. De son vivant, le Vénérable vit ses enfants répandus dans la plupart de nos provinces; ils étaient 1,000 en 1789 (1), ils sont aujourd'hui dix fois plus nombreux. Les fils sont traités comme le père : presque partout ils sont en butte à la persécution, violente en certains lieux, hypocrite en d'autres, mais ils n'ont pas peur, et leurs amis, c'est-à-dire tous les chrétiens, tous les honnêtes gens et tous ces hommes du peuple qu'ils ont élevés par centaines de mille ne craignent pas non plus. Le passé garantit l'avenir. Si les persécutions dont le Vénérable de la Salle fut assailli n'ont pu détruire son œuvre quand elle n'était qu'un faible germe, les épreuves la tueront elle aujourd'hui, alors qu'elle est un arbre immense dont les puissantes racines se sont étendues jusqu'aux extrémités de la terre (2) ?

L'Église catholique a donc pris en main les intérêts de l'enseignement populaire ; elle a su élever en sa faveur sa grande voix ; ses évêques, ses prêtres ont fondé, doté, visité d'innombrables écoles, elle a suscité le dévouement des Olier, des Vialart, des Montfort, des Démia, des Moye, des La Salle ; elle

---

(1) P. Dumas. *Le clergé et l'Instruction primaire* (*Études religieuses*, etc., février 1872.) — (2) Nous indiquerons au lecteur curieux de connaître à fond l'histoire du Vénérable de la Salle et de son institut, les ouvrages de Blain, *La Vie de M. J.-B. de la Salle*, Rouen, 1733, 2 vol. in-4 — d'A. Ravelet, *Histoire du Vénérable J.-B. de la Salle*, que nous avons souvent citée — et du F. Lucard, *Vie du Vénérable de la Salle*, Rouen, 1874, in-4.

a enfanté par milliers ces généreuses Filles, ces admirables Frères qui ont usé leur vie à travailler au développement intellectuel du peuple. Quoi qu'en puissent dire l'ignorance et la mauvaise foi, le souvenir de ces œuvres demeurera. Tant qu'il restera sur notre sol une pierre de nos écoles chrétiennes, de nos innombrables couvents, de nos sanctuaires, e'le dira le zèle infatigable de l'Église pour l'enseignement populaire.

CONCLUSION

Quand, il y a six ans, la *Revue des Questions historiques* voulut bien accueillir notre premier essai sur l'histoire de l'Instruction primaire, nous terminions notre travail par ces paroles : « L'Église ne demande qu'une chose, la lumière; que dans tous les départements, les érudits catholiques publient des travaux comme ceux de MM. de Beaurepaire, de Charmasse, Fayet et tant d'autres! L'Église ne craint pas ce complément d'enquête. Pour que justice lui soit rendue, on l'a dit bien souvent, il ne lui faut que la vérité. » Dans ces dernières années, l'enquête a été poursuivie et des travaux si nombreux et si remarquables que nous avons essayé de résumer, est sortie une justification de plus en plus complète de notre ancienne société Française et de l'Église catholique qui l'avait si profondément pénétrée de son esprit. Que la lumière soit faite sur les origines scolaires de toutes nos provinces sans exception, que toutes nos archives soient fouillées et sûrement les faits nouveaux qu'on pourra découvrir ne concluront pas autrement que les faits innombrables déjà mis au jour.

D'ores et déjà il est acquis,

Qu'au Moyen Age, sauf à certaines époques où notre pays fut éprouvé par des calamités extraordinaires et universelles, nos campagnes elles-mêmes connurent l'instruction primaire ;

Qu'au XVI⁰ siècle, après que les guerres de Religion eurent presque détruit l'enseignement à tous les degrés, les ruines amoncelées furent relevées par l'Église, ses Conciles, ses synodes et son clergé ;

Qu'au XVII⁰ siècle la restauration de l'enseignement populaire se poursuivit d'une manière constante ;

Qu'à la fin du XVIII⁰, au moment où la Révolution vint renouveler sur toute la face du territoire les destructions de la Réforme (1), la France, dans presque toutes ses provinces, était couverte d'écoles nombreuses et florissantes ;

Que, sous l'Ancien Régime, la situation faite aux maîtres des petites écoles, tant au point de vue des intérêts matériels qu'au point de vue de la consi-

---

(1) Voir dans la *Revue des questions historiques* (avril 1880), un important article de M. Victor Pierre : *L'École sous la Révolution française*. Cet article complété par de nombreux documents inédits, est devenu un livre qui a paru récemment à la Librairie de la Société Bibliographique, sous le même titre. (1 vol. in-12).

dération, n'était guère inférieure à celle des instituteurs d'aujourd'hui ;

Que la condition matérielle de nos vieilles écoles était ordinairement convenable, leur discipline excellente, leur programme, fort simple, il est vrai, judicieusement établi, qu'elles étaient généralement fréquentées et que de riches fondations assuraient aux indigents une gratuité réelle ;

Que, dans l'ancienne France, le pouvoir civil ne s'est pas désintéressé de l'enseignement primaire, et qu'il a exercé sur lui une action qui, pour n'être pas prépondérante, n'a pas laissé d'être efficace et bienfaisante ;

Enfin que l'Église, loin de « dominer de longs siècles chez nous sans songer à fonder l'enseignement populaire » lui a donné les soins les plus dévoués et qu'à elle revient spécialement l'honneur des efforts tentés pour mettre les connaissances élémentaires à la portée de tous.

Telle est la vérité historique, vérité qui commence à prévaloir, même auprès des détracteurs acharnés de l'Église et de l'ancienne Société française, et le jour n'est pas éloigné où pas un homme sérieux n'osera la contester.

ADDITIONS & CORRECTIONS

CHAPITRE II

P. 27, ligne 12. Au lieu de : « *Des documents nombreux* établissent... » lire : « *Les exemples que nous allons faire passer sous les yeux du lecteur* établissent... » Cette citation est empruntée à la p. 175 de M. L. Delisle et non à la p. 176.

P. 29. M. l'abbé René, de Nîmes, a bien voulu, avec une obligeance dont nous lui sommes vivement reconnaissant, nous communiquer une note très nourrie de textes et de faits, où il résume de longues recherches sur les écoles des anciens diocèses de Nîmes, Uzès et Alais. Des textes assez explicites concernant le droit de nomination des maîtres dans les deux premiers, permettent de croire que les écoles y étaient nombreuses. D'autres documents démontrent l'existence d'écoles à Nîmes, Alais, Uzès, Bagnols et Beaucaire.

P. 29. La *Revue des Sociétés savantes* (1881, t. I, p. 191-222) contient un mémoire de M. Mireur, archiviste du Var, intitulé *Documents sur l'Instruction primaire en Provence avant 1789* ; trois communes y sont mentionnées comme ayant eu des écoles au XVe siècle, Draguignan, S. Maximin et Tourves.

P. 38. Parmi les faits caractéristiques qui nous semblent concourir à la démonstration de notre thèse sur la diffusion de l'enseignement populaire au Moyen Âge, nous ne devons pas omettre les libéralités en faveur des écoles qu'on rencontre souvent dans les testaments de cette époque M. Tuetey vient de publier dans le 3e vol. des *Mélanges historiques* de la collection des *Documents inédits* (Paris, 1880, in-4) une série de *Testaments enregistrés au Parlement de Paris, sous le règne de Charles VI*. On y trouve des legs nombreux ayant pour objet l'entretien aux écoles d'enfants du peuple. C'est ainsi que P. d'Auxon, médecin de Charles VI laisse la moitié de ses biens « *pro uxorando pauperes filias et tenendo in scolis pauperes filios* (p. 509), » Nicolas de l'Espoisse, notaire et secrétaire du Rei lègue vingt francs à Colin, son filleul pour « luy faire aprendre à l'escolle ou mestier (p. 608). » Même disposition de Guiot, curé de Chitry, en faveur du fils de son cousin « pour luy faire tenir à l'escolle ou luy faire aprendre aucun mestier en bonne ville (p. 378). » Cf. p. 397, 428, 461, 526, 613, etc. — Un de ces testaments

(p. 307-308) signale une école à ajouter à la liste de celles que nous avons mentionnées, celle de Neuilly-Saint-Front (Aisne) en 1402.

CHAPITRE III

P. 52. Divers textes du XVI° siècle cités par M. Mireur *(l. c.)* prouvent l'existence d'écoles dans douze paroisses du Var, paroisses rurales pour la plupart.

CHAPITRE IV

P. 57. M. F. Lebasnier qui prépare un travail d'ensemble sur l'histoire de l'enseignement dans les anciens diocèses de Coutances et d'Avranches, veut bien nous communiquer par l'entremise de M. l'abbé Trochon, un état des écoles du diocèse d'Avranches en 1790. Cent quinze paroisses en étaient pourvues, soixante-seize d'entre elles avaient école de garçons et école de filles. Le personnel enseignant se composait de quatre-vingt-quatre prêtres, douze laïques et quatre-vingt-quinze institutrices. Il était suffisant, en raison du peu d'étendue du diocèse, comme le démontrent les chiffres de la Statistique des Conjoints.

P. 84. Le Mémoire de M. Mireur confirme par de nombreux textes les conclusions de M. de Ribbe « Il était, dit le savant archiviste, bien peu de communes d'une certaine importance absolument privées d'école. Là où celle-ci existe, son origine est d'ordinaire antérieure aux plus anciens actes administratifs. Presque partout, les premiers textes que nous avons consultés s'occupent déjà de l'instruction primaire comme d'un service municipal régulier, organisé de longue date et qui fait même parfois l'objet d'une disposition spéciale des règlements de la communauté... Lorsque les communautés négligeaient ce service, elles pouvaient y être contraintes par autorité de justice. » (*l. c.* p. 191-192.)

P. 85. Nous disions que, d'après la Statistique des Conjoints, les maîtres d'école pour les garçons devaient avoir été nombreux dans le Gard. Les renseignements communiqués par M. René confirment cette appréciation. « Au XVIIIe siècle, dit notre érudit correspondant, l'existence d'une école dans chaque paroisse de quatre ou cinq cents habitants est un fait acquis, quelques-unes de cinq à sept cents en ont même deux. Les garçons sont plus favorisés que les filles, surtout dans les paroisses rurales. Les écoles sont florissantes dans les villes. De 1702 à 1777, les Frères du Vén. de la Salle fondent dans le Gard sept établissements. Au diocèse d'Uzès (1698-1789) quatre-vingt-quatre paroisses formées chacune de plusieurs hameaux, ont cent vingt-sept écoles, dirigées par cent cinquante-trois régents et régentes ; plusieurs de ces paroisses ont une population de moins de cent habitants. Quelques hameaux paient des maîtres particuliers, à cause de leur éloignement du chef-lieu. Douze paroisses en sont dépourvues en raison du petit nombre de leurs habitants qui varie entre vingt-cinq et soixante. On compte dix-neuf écoles de filles, dont quatorze sont dirigées par des religieuses. Les écoles libres prospèrent dans les villes : S. Hippolyte (4,000 h.) en possède six, en dehors des deux écoles entretenues par la commune. »

CHAPITRES VII & VIII

P. 196 *seq.* et P. 202. Un témoignage d'une haute importance touchant les ressources de l'enseignement primaire avant la Révolution nous est fourni par un homme peu suspect à l'endroit de l'Ancien Régime, l'ultra-révolutionnaire Romme. Chargé par Condorcet de calculer les frais qu'entraînerait l'application du plan d'instruction publique proposé par celui-ci, en 1792, à l'Assemblée législative, Romme montre comment la dotation dont jouissait l'enseignement avant 1790 devait suffire aux nouvelles écoles de tous les degrés. Il évalue le revenu annuel des petites écoles à douze millions. Nous croyons devoir citer *in extenso* ce texte important que nous empruntons aux *Œuvres de Condorcet*, Paris, Didot, 1847, in-8, t. VII, p. 571 et 572. « Il ne reste qu'à comparer la dépense proposée (24,300,000 livres) aux sommes employées ci-devant à l'éducation publique. Le revenu des congrégations séculières est au moins de 4,000,000 et les pensions qu'il faut laisser aux membres de ces congrégations seront beaucoup plus que compensées par le produit qui résultera de la vente des biens. On peut évaluer à une somme égale les revenus des collèges où l'enseignement était confié à des laïques. Les dépenses du trésor public relatives à l'instruction montaient au moins à 4,000,000 sous l'Ancien Régime. Il y aura donc une économie de 5,000,000 au moins sur la partie de l'instruction qui n'est pas universelle ; et ces 5,000,000 sont reportés à l'instruction générale et commune. Celle-ci est portée à 17,000,000 dans le nouveau plan ; il reste donc 12,000,000 par lesquels on remplace, 1º *Ce que la plupart des fabriques donnaient pour les maîtres des petites écoles;* 2º *Ce que, dans plusieurs villes et villages, la municipalité y ajoutant ;* 3º *Les fondations très nombreuses faites pour ces écoles* ; 4º Les mois des enfants ; 5º Le salaire des maîtres particuliers dans les villes et les bourgs, chez lesquels un grand nombre d'enfants apprenaient l'arithmétique, l'arpentage, un peu de grammaire, de géographie ou d'histoire. Il serait difficile d'apprécier à la rigueur la valeur de ces différents objets, *mais il n'est guère possible de les porter au-dessous de douze millions.* La dépense du nouveau plan d'instruction publique ne dépassera donc pas celle des anciens établissements. » On voit quelle est la valeur de l'argument tiré de l'absence d'allocation pour l'instruction primaire dans les budgets de l'ancienne monarchie.

TABLE DES MATIÈRES

	Pages.
Préface par S. G. Mgr de la Bouillerie .	i
Avant-Propros	ix
Chapitre I. Des sources de l'histoire de l'instruction primaire	1
— II. De l'existence des petites écoles au Moyen Age	21
— III. De l'existence des petites écoles au xvie siècle	40
— IV. De l'existence des petites écoles aux deux derniers siècles. . .	54
— V. De la condition des maîtres des petites écoles sous l'Ancien Régime	121
— VI. L'école primaire sous l'Ancien Régime. I. La condition matérielle de l'école, la discipline, le programme, la fréquentation scolaire	148

		Pages.
Chapitre VII.	L'école primaire sous l'Ancien Régime. II. La gratuité, les fondations scolaires	184
—	VIII. Le pouvoir civil et l'instruction primaire avant la Révolution.	201
—	IX. L'église et l'instruction primaire. I. Les conciles, les assemblées du clergé de France, les synodes diocésains.	216
—	X. L'église et l'instruction primaire. II. Le clergé	242
—	XI. L'église et l'instruction primaire. III. Les congrégations enseignantes	275
Conclusion.		293
Additions et corrections		296

SAINT-QUENTIN, — IMPRIMERIE JULES MOUREAU.

ERRATA

Page 25, antépénultième ligne, au lieu de : *épicopales et monastiques*, lisez : épiscopales et monastiques.
— 62, n. 2, supprimez : *Note de M. Gazier dans les...*
— 77, n. 1, au lieu de : *Lettres*, lisez : *Ibid.*
— 100, l. 17, au lieu de : *Catelmoron*, lisez : Castelmoron.
— 133, l. 20, au lieu de : *1674*, lisez 1764.
— 254, l. 3 des notes, au lieu de : *lermer*, lisez : fermer.
— 263, dernière ligne, après : *Ibid.* ajoutez 3.077.

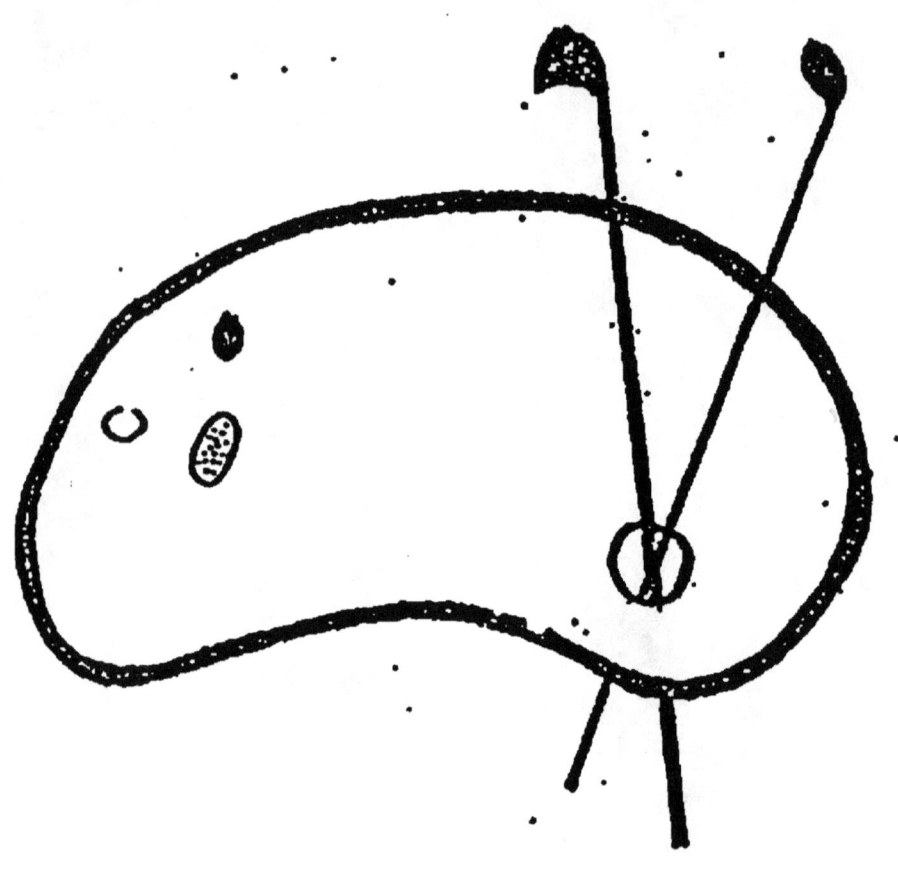

ORIGINAL EN COULEUR
NF Z 43-120-8

www.ingramcontent.com/pod-product-compliance
Lightning Source LLC
Chambersburg PA
CBHW060652170426
43199CB00012B/1761